INTRODUÇÃO À ENGENHARIA CIVIL

Blucher

Rudney C. Queiroz

INTRODUÇÃO À ENGENHARIA CIVIL

História, principais áreas e atribuições da profissão

Introdução à engenharia civil: história, principais áreas e atribuições da profissão

© 2019 Rudney C. Queiroz

Editora Edgard Blücher Ltda.

Imagem de capa: iStockphoto

Objetivando a divulgação do conhecimento técnico e a cultura nas áreas da engenharia civil, o autor e a editora se empenharam com todos os esforços nas citações adequadas, dando os devidos créditos aos detentores dos direitos autorais de quaisquer materiais utilizados na realização deste livro e comprometem-se a incluir os devidos créditos e corrigir possíveis falhas em edições subsequentes. O autor e a editora não se responsabilizam, para todos os efeitos legais, por perdas e danos a pessoas, instituições ou bens que tenham resultado desta publicação.

Blucher

Rua Pedroso Alvarenga, 1245, 4º andar
04531-934 – São Paulo – SP – Brasil
Tel.: 55 11 3078-5366
contato@blucher.com.br
www.blucher.com.br

Segundo o Novo Acordo Ortográfico, conforme 5. ed. do *Vocabulário Ortográfico da Língua Portuguesa*, Academia Brasileira de Letras, março de 2009.

É proibida a reprodução total ou parcial por quaisquer meios sem autorização escrita da editora.

Todos os direitos reservados pela Editora Edgard Blücher Ltda.

Dados Internacionais de Catalogação na Publicação (CIP)
Angélica Ilacqua CRB-8/7057

Queiroz, Rudney C.
 Introdução à engenharia civil : história, principais áreas e atribuições da profissão / Rudney C. Queiroz. – São Paulo : Blucher, 2019.
 216 p. : il.

 Bibliografia
 ISBN 978-85-212-1843-2 (impresso)
 ISBN 978-85-212-1844-9 (e-book)

 1. Engenharia civil – Profissão 2. Engenheiro civil – Orientação profissional 3. Engenharia civil – Ética profissional I. Título.

19-1161 CDD 624.002

Índice para catálogo sistemático:
1. Engenharia civil – Profissão

À minha esposa, Elaine, e à minha filha, Marcela, com amor.
À memória de meus pais, Fernando C. Queiroz e Hilda Zamboni Queiroz, dedico este livro.

AGRADECIMENTOS

Dificilmente um livro sobre uma profissão tão ampla como a engenharia civil, incluindo temas tão variados, mesmo introdutórios, é escrito sem contribuições.

Após a conclusão do manuscrito original, o autor contou com a leitura e sugestões de vários profissionais especialistas ligados às diversas áreas e temas abrangidos.

O autor agradece imensamente a esses eminentes profissionais, que tiveram a gentileza de ler partes do manuscrito e apresentaram sugestões:

Ao professor dr. Edmundo Rogério Esquível, do Departamento de Geotecnia da Escola de Engenharia de São Carlos da Universidade de São Paulo (EESC-USP).

Ao professor titular dr. José Leomar Fernandes Júnior e ao professor associado livre-docente dr. Paulo Cesar Lima Segantine, do Departamento de Engenharia de Transportes da Escola de Engenharia de São Carlos da Universidade de São Paulo (EESC-USP).

Aos professores adjuntos dr. Jorge Akutsu e dr. José da Costa Marques Neto e à professora adjunta dra. Fernanda Giannotti da Silva Ferreira, do Departamento de Engenharia Civil da Universidade Federal de São Carlos (UFSCar).

Ao professor adjunto livre-docente dr. Luttgardes de Oliveira Neto, do Departamento de Engenharia Civil e Ambiental da Faculdade de Engenharia da Universidade Estadual Paulista "Júlio de Mesquita Filho" (Unesp), *campus* de Bauru.

Ao professor Walter Logatti Filho, diretor das Faculdades Integradas de Araraquara (Fiar), engenheiro civil e de segurança do trabalho, ex-membro do Conselho Federal de Engenharia e Agronomia (Confea) (de 2003 a 2005 e de 2012 a 2014) e do Conselho Regional de Engenharia e Agronomia do Estado de São Paulo (Crea-SP) (2015-2017).

Ao professor MSc. José Eduardo Melhen, advogado e professor de Direito da Universidade de Araraquara (Uniara).

Ao professor MSc. Rodrigo Coxe Garcia, advogado e professor de Direito no Instituto Matonense Municipal de Ensino Superior (Immes).

Ao professor Walter Gonçalves Ferreira Filho, das Faculdades Integradas de Araraquara (Fiar), engenheiro civil, engenheiro agrimensor, engenheiro de segurança do trabalho e advogado.

Agradece também aos professores, estudantes, leitores e demais profissionais que irão utilizar este livro como material didático ou de estudo.

CONTEÚDO

INTRODUÇÃO	13
CAPÍTULO 1 – ENGENHARIA	15
1.1 Introdução..	15
1.2 As engenharias e as ciências	17
CAPÍTULO 2 – ENGENHARIA CIVIL	21
2.1 Engenharia civil: resumo histórico	21
2.2 Importância da engenharia civil..	43
CAPÍTULO 3 – A ENGENHARIA CIVIL NA ERA CONTEMPORÂNEA	49
3.1 A era contemporânea e profissionais ilustres	49
3.2 Grandes obras e eminentes engenheiros civis brasileiros......	65
CAPÍTULO 4 – A ENGENHARIA CIVIL COMO PROFISSÃO	69
4.1 Introdução..	69
4.2 Algumas habilidades para o estudante e futuro profissional.....	70
4.3 Principais áreas da engenharia civil	71
4.3.1 Área de estruturas	73

4.3.2	Área de estradas e transportes	94
4.3.3	Área de geotecnia	110
4.3.4	Área de hidráulica e saneamento	127
4.3.5	Área de materiais e construção civil	135
4.3.6	Engenharia urbana	150
4.3.7	Outras áreas de atuação do engenheiro civil	150

CAPÍTULO 5 – DESASTRES NATURAIS E ENGENHARIA CIVIL 153

5.1	Introdução	153
5.2	Áreas sujeitas à ação de sismos (terremotos)	154
5.3	Áreas afetadas por enchentes ou ação da água em larga escala	156
5.4	Áreas afetadas por furacões ou tornados	158
5.5	Escorregamentos de encostas	159

CAPÍTULO 6 – PRINCIPAIS MATERIAIS UTILIZADOS NA CONSTRUÇÃO CIVIL 163

6.1	Introdução	163
6.2	Concreto	164
	6.2.1 Concretos asfálticos	164
	6.2.2 Concretos de cimento Portland	165
6.3	Aglomerantes aéreos – cal e gesso	167
6.4	Argamassas	168
6.5	Materiais cerâmicos	169
6.6	Produtos siderúrgicos	170
6.7	Madeiras	172
6.8	Vidros	173
6.9	Solos e rochas	174
6.10	Materiais sintéticos	175
	6.10.1 Tintas	176
	6.10.2 Impermeabilizantes	177

		6.10.3 Geossintéticos 177
6.11	Materiais alternativos 177

CAPÍTULO 7 – LOCAIS DE TRABALHO DO ENGENHEIRO CIVIL 179

7.1	Introdução 179
7.2	Profissional liberal 180
7.3	Em empresas privadas 181
7.4	Em empresas, órgãos e instituições públicas 184
7.5	Pós-graduação em engenharia civil 187

CAPÍTULO 8 – NOÇÕES DE ÉTICA E ATRIBUIÇÕES PROFISSIONAIS DO ENGENHEIRO CIVIL 189

8.1	Conceituação de ética 189
8.2	O que se entende por ética profissional 190
8.3	Código de ética do engenheiro 191
8.4	Atribuições profissionais 191
8.5	Atribuições profissionais do engenheiro civil segundo a Resolução n. 218 do Confea 192
8.6	Anotação de Responsabilidade Técnica (ART) 194
	8.6.1 O que é a ART 194
	8.6.2 A importância da ART para a sociedade (Confea) 194
	8.6.3 A importância da ART para o profissional (Confea) 194
8.7	Placa de identificação profissional em obras/serviços 195

CAPÍTULO 9 – NOÇÕES SOBRE RESPONSABILIDADES DECORRENTES DA CONSTRUÇÃO CIVIL 197

9.1	Introdução 197
9.2	Responsabilidade civil 197
9.3	Responsabilidade penal 204
9.4	Manual do proprietário 205
9.5	Algumas considerações sobre a construção civil 206

9.6 Significados de alguns termos utilizados na construção civil 207

    9.6.1 Projeto 207

    9.6.2 Normas técnicas...................... 209

REFERÊNCIAS **211**

INTRODUÇÃO

Este livro tem o objetivo didático de fornecer informações para auxiliar os estudantes ingressantes no primeiro semestre do primeiro ano nos cursos de Engenharia Civil no Brasil e que estejam cursando a disciplina Introdução à Engenharia Civil.

Busca também fornecer subsídios básicos sobre a profissão aos orientadores vocacionais, aos estudantes do ensino médio e aos leitores em geral que desejam obter maiores informações sobre essa importante profissão.

Pretende transmitir aos estudantes iniciantes no curso noções sobre a profissão que escolheram e na qual estão começando os estudos. Essas noções incluem uma breve história, a importância da profissão na era contemporânea, as principais áreas de especialização, materiais utilizados na construção civil, desastres naturais e a engenharia civil, noções de ética profissional, atribuições profissionais do engenheiro civil conferidas pelo Conselho Federal de Engenharia e Agronomia (Confea) e noções de responsabilidades que o engenheiro civil possui quando está na prática da profissão e alguns conceitos sobre a construção civil.

Por ser uma profissão muito ampla, dentro da disciplina Introdução à Engenharia Civil o estudante necessita, além das aulas expositivas em sala, complementar esses estudos por meio de pesquisas bibliográficas em livros, revistas, legislações, anais de congressos e outras publicações especializadas que ofereçam maiores informações e conhecimentos nas diversas áreas e atividades da profissão.

A engenharia civil é uma das profissões importantes para a sociedade moderna, pois constrói e mantém com segurança os espaços utilizados e habitados pelo ser humano. É uma profissão fundamentada nas ciências exatas, como matemática, física, química, e em vários ramos das ciências e da tecnologia. Deve-se ter em mente que o profissional, além dos conhecimentos técnicos e científicos, deve ser portador de elevado padrão ético para com a sociedade na qual exercerá a profissão.

Este livro baseia-se, em parte, na experiência do autor como profissional da área e também como docente durante trinta anos do Departamento de Engenharia Civil e Ambiental da Faculdade de Engenharia da Universidade Estadual Paulista "Júlio de Mesquita Filho" (Unesp), *campus* de Bauru (SP), no qual ministrou a disciplina Introdução à Engenharia Civil por mais de dez anos, além de outras disciplinas de graduação nas áreas de geotecnia e estradas por mais de trinta anos, atuando também como professor e orientador de pós-graduação em nível de mestrado e doutorado em outras unidades da Unesp até a sua aposentadoria, em 2011. Continua a ministrar essa mesma disciplina, entre outras das áreas de geotecnia e estradas, no curso de Engenharia Civil das Faculdades Integradas de Araraquara (Fiar).

Ao longo desses anos foram redigidas pelo autor apostilas em forma de notas de aulas, com o objetivo exclusivo de auxiliar os estudantes na disciplina e como materiais didáticos complementares às aulas expositivas, objetivando um melhor aprendizado e compreensão sobre a profissão. Por sugestão da Editora Blucher, essas apostilas o levaram à redação deste livro.

As áreas e os assuntos mencionados foram obtidos por meio de estudos e consultas bibliográficas sobre a profissão e os temas abordados, legislações específicas, ementas de cursos de Engenharia Civil no Brasil, bem como a leitura e sugestões de profissionais e docentes de graduação e pós-graduação de várias instituições públicas e privadas, nas diversas áreas da profissão.

Os conteúdos deste livro não objetivam transmitir ao leitor conhecimentos profissionais, científicos e tecnológicos em engenharia civil, e sim informações gerais e básicas sobre a profissão.

Alguns termos ou palavras mais específicos são explicados nos textos, outros o leitor poderá buscar com o auxílio da bibliografia.

Nas áreas de interfaces com outras modalidades de engenharias ou com outras profissões, procurou-se fazer as citações da participação dos profissionais em equipes multidisciplinares, pois, no mundo moderno, as especialidades e a contribuição de conhecimentos e competências de outras áreas é uma necessidade na solução dos problemas complexos que se apresentam.

CAPÍTULO 1
ENGENHARIA

1.1 INTRODUÇÃO

A engenharia pode ser definida, de modo geral, como a área do saber e fazer humano que, valendo-se dos princípios fundamentais das ciências e da tecnologia, planeja, projeta, fabrica, constrói, opera e mantém todos os tipos de bens materiais, duráveis ou não, como máquinas, edifícios, estradas, manufaturas, equipamentos, produtos agrícolas, alimentos, recursos minerais, qualidade de vida e meio ambiente, geração e distribuição de energia, sistemas de comunicações, serviços, entre outros, fornecendo à humanidade bem-estar, conforto e segurança na inter-relação com o espaço construído, o meio ambiente e os sistemas, produtos, materiais, máquinas e equipamentos.

A palavra engenharia vem do latim *ingenium*, que significa inteligência, gênio, criatividade, qualidade mental, intelectual, talento, imaginação, o pensar na concepção de algo, e deriva do verbo *gignere*, que significa engendrar, gerar, criar, fazer, produzir.

Portanto, dependendo do estudioso do assunto, pode haver várias conceituações ou definições sobre engenharia, sempre, porém, em referência à criação e à produção de bens materiais.

O surgimento da engenharia na história da humanidade não se encontra registrado de forma precisa, pois ocorreu em diversos lugares e em diversas épocas diferentes.

Quando o ser humano descobriu as formas de obter o fogo e passou a fabricar os primeiros instrumentos (*Homo faber*), mesmo rudimentares, começou a desenvolver o gênio criativo e manufatureiro, surgindo a partir daí o que se pode denominar engenharia, ou seja, criar e fabricar, utilizando a inteligência, a criatividade e as habilidades humanas.

Além da madeira e da pedra lascada, um dos materiais mais antigos que o ser humano utilizou para produzir objetos foi a cerâmica, cuja descoberta é estimada em torno de 12000 a.C. tendo surgido em diferentes épocas e em diferentes regiões. De acordo com algumas descobertas recentes, a datação remonta a 24000 a.C.

Os conhecimentos e habilidades acumulados pelos seres humanos foram desenvolvidos e aperfeiçoados lentamente, de geração para geração, em diferentes épocas e lugares.

Uma das maiores descobertas da Antiguidade foi certamente a roda, que revolucionou tanto os transportes como certas atividades cotidianas, como a moagem de cereais, a produção de cerâmicas e infinitas outras aplicações mecânicas. Historiadores como Parker (1995) apontam evidências de veículos com rodas em torno de 3500 a.C. A roda é considerada uma das maiores invenções da humanidade, embora não se saiba ao certo quando e onde foi utilizada pela primeira vez.

Outra descoberta importante como ferramenta foi a alavanca, que permitia o levantamento e deslocamento de blocos de rocha ou outros objetos com menor esforço mecânico.

A descoberta dos metais, como o cobre, o estanho e o bronze (liga de cobre com estanho), ocorrida em torno de 3000 a 2000 a.C., assim como a do ferro, permitiu a criação de ferramentas, objetos, adornos e armas mais sofisticadas e com melhor qualidade.

Nas comunicações e na forma de armazenar as informações e conhecimentos, a invenção da escrita trouxe à humanidade uma grande evolução. Segundo Blainey (2007), estima-se que a escrita surgiu em torno de 3400 a.C. na Mesopotâmia e no Egito, e em outras civilizações espalhadas pela Terra em lugares e épocas diferentes, adquirindo cada uma a sua forma de representação das palavras e ideias por meio de símbolos, ideogramas e alfabetos. Nessa mesma época, inicialmente em virtude da necessidade de contar os animais domesticados e os cereais cultivados, teve início a aritmética e a matemática, também representada por símbolos.

A lógica do pensamento humano sobre o mundo que o cercava criou a ciência dedutiva e filosófica. Com a aplicação desses conhecimentos ao seu entorno, na utilização dos materiais naturais, e com o acúmulo dessas informações nasceu a tecnologia que se aperfeiçoa continuamente até hoje na criação de ferramentas, processos e materiais, sempre fundamentada nos princípios científicos.

Na vida moderna, muitos desses equipamentos, processos, produtos, materiais e tecnologia estão tão assimilados e são tão utilizados pelo ser humano que passam despercebidos nas relações cotidianas.

A importância das engenharias é notória nas indústrias e na economia de uma nação, pois, sem engenheiros e técnicos especializados, não são possíveis a geração de riquezas e o desenvolvimento.

Vemos a importância das engenharias quando viajamos por uma rodovia moderna, subimos os andares de um edifício, utilizamos sistemas de saneamento, eletrodomésticos ou energia elétrica, quando nos comunicamos por meio de equipamentos e sistemas eletrônicos, quando realizamos exames médicos ou tratamentos em equipamentos modernos, utilizamos computadores e informática, decolamos ou aterrissamos e viajamos longas distâncias atravessando continentes e oceanos em uma aeronave, cruzamos mares e oceanos com embarcações, dirigimos um automóvel, utilizamos qualquer máquina, equipamento ou produto fabricado, quando consumimos alimentos produzidos no campo ou industrializados, ou utilizamos minérios e recursos naturais, entre outros, pois praticamente tudo que se produz e fabrica tem a participação das engenharias.

O engenheiro da atualidade é o profissional diplomado e licenciado que exerce uma das modalidades das engenharias, aplicando conhecimentos científicos e tecnológicos para a solução de problemas nas várias áreas das indústrias e das atividades humanas.

Do ponto de vista das atividades humanas, pode-se considerar que, conceitualmente, uma profissão é denominada engenharia se concebe (engenha) e produz (constrói ou fabrica) determinados bens ou produtos, utilizando processos científicos e tecnológicos, dentro de uma área da indústria.

1.2 AS ENGENHARIAS E AS CIÊNCIAS

As engenharias possuem fortes ligações com várias áreas das ciências e do saber humano. Uma definição pura e simples para ciência é muito difícil, pois entra-se nos campos da filosofia e dos vários ramos das ciências, como as ciências humanas, ciências exatas, ciências da Terra, ciências biológicas, entre outras. Porém, quando se trata de ciências exatas e tecnologia, pode-se considerar de forma resumida e simplificada que:

a) Ciência: conhecimento organizado e sistemático com base na comprovação teórica ou experimental de um modelo previamente estabelecido. Pode ser considerado um saber teórico, mas é necessário que esse saber teórico seja comprovado pela experimentação. Deve-se considerar que a ciência está sempre inovando e aperfeiçoando por meio de novos conhecimentos teóricos e experimentais.

b) Tecnologia: aplicação da ciência nos conhecimentos de processos, métodos, técnicas e materiais utilizados no meio técnico, de forma pragmática e utilitária. A tecnologia de modo geral vem existindo desde os primórdios das civilizações, mas de certa forma pode ser considerada mais recente dentro da história, pois se firmou a partir da Revolução Industrial, da segunda metade do século XVIII à primeira metade do século XIX. As engenharias encontram-se entre as ciências e a tecnologia, principalmente na aplicação dos conceitos científicos.

Outro aspecto importante nas engenharias é a criatividade na busca da inovação, fundamentada nas ciências exatas e na tecnologia, centrada nas engenharias – ou seja, no criar, engenhar, conceber, fabricar, construir, aplicando os conhecimentos científicos, a inteligência e a experiência humana.

Um bom exemplo do que é engenharia é contado por Ackerman (1949) e Moreux (1983): em torno de 1394, durante a construção da catedral de Milão, na Itália, os arquitetos e mestres construtores envolvidos no projeto, em dúvida sobre alguns aspectos da construção que poderiam colocar em risco a estabilidade estrutural da obra, consultaram o mestre construtor francês Jean Mignot. Este, objetivando dar maior estabilidade física à estrutura e após uma série de polêmicas, pronunciou a célebre frase em latim "*Ars sine scientia nihil est*": em tradução livre, "A arte sem a participação da ciência não alcança plenamente seus objetivos", ou "A arte sem a ciência não é nada".

Por outro lado, as aplicações dos conhecimentos teóricos puros aos problemas práticos tiveram no passado alguns desapontamentos. Em 1742, por exemplo, a cúpula da catedral de São Pedro, no Vaticano, apresentava problemas estruturais. O papa Bento XIV nomeou uma comissão formada por eminentes cientistas da época para determinar as causas e propor uma solução para o problema, mas os cientistas, após estudar o assunto, não chegaram a uma conclusão plausível. A solução foi apresentada pelos italianos Giovanni Poleni (1683-1761), arquiteto, engenheiro, físico e matemático, e Luigi Vanvitelli (1700-1773), arquiteto e engenheiro, que, após estudar o comportamento estrutural da cúpula, propuseram a execução de cintas metálicas para sua estruturação e estabilização (nesse caso, os esforços tangenciais desenvolvidos ao longo da base da cúpula, ao serem contidos pelo cintamento metálico, mantêm a estabilidade da estrutura). Essa solução envolveu conceitos teóricos sobre a ação desses esforços e a solução prática experimental.

Verifica-se que, nas soluções dos problemas de engenharia, as ciências e as teorias científicas são fundamentais, pois dão rumo e balizam os caminhos que, unidos com a criatividade, experimentação e a prática, permitem alcançar os objetivos de forma plena e segura.

De acordo com Leonardo da Vinci (1452-1519), "aqueles que se apaixonam pela prática sem a ciência são como o timoneiro que entra em um navio sem timão ou bússola, que nunca tem certeza de para onde vai".[1]

As engenharias possuem ligações fortes com a criatividade, com a inovação, com o saber teórico e as aplicações das ciências e das tecnologias na solução dos problemas (Figura 1.1). Como abrangem campos muito vastos e diversificados, possuem ligações e conexões com praticamente todas as áreas do saber humano, ou todas as áreas das ciências.

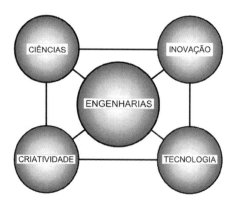

Figura 1.1 – Relações entre algumas áreas do saber e as engenharias.

---

1 No original, "Quelli che s'innamorano di pratica senza scienza sono come il nocchiere, che entra in naviglio senza timone o bussola, che mai ha certezza dove si vada". Tradução livre do autor.

Pode-se considerar que o engenheiro, enquanto profissional, é um misto entre o cientista e o técnico, pois, por meio da criatividade, dos conhecimentos científicos, da tecnologia e da experiência, equaciona, gera inovação e resolve problemas novos que podem ocorrer no dia a dia no exercício da profissão.

Portanto, engenhar tem o significado de inventar, criar, maquinar, traçar, conceber, idear; assim, é plausível dizer que os engenheiros da atualidade pesquisam, inventam e criam continuamente, com fundamentos científicos, um presente e um futuro que estão em constante dinâmica e modificação, tornando a vida do ser humano cada vez melhor por meio da utilização e da aplicação de novas descobertas científicas, metodologias, materiais e tecnologias.

CAPÍTULO 2
ENGENHARIA CIVIL

2.1 ENGENHARIA CIVIL: RESUMO HISTÓRICO

A engenharia civil é uma das profissões mais antigas da humanidade. Desenvolveu-se a partir do momento em que o ser humano deixou de ser nômade caçador-coletor e passou a praticar a agricultura, domesticar e criar animais, formando, assim, os primeiros agrupamentos ou as primeiras cidades. Nessas condições, começou a construir as primeiras habitações para se proteger do clima e dos perigos naturais.

Segundo Wood (2012), historicamente, como atividade profissional, a engenharia civil, mesmo ainda não possuindo essa denominação atual, esteve presente em todas as civilizações do passado, o que pode ser constatado por meio dos registros arqueológicos que permaneceram até hoje em diversas partes da Terra.

Pela etimologia e pela história, a "engenharia civil" – "engenharia" do latim *ingenium*, e "civil" do latim *civilis* – diz respeito aos cidadãos ou às funções que não são militares, sendo considerada atualmente a engenharia das construções "civis" ou das obras de infraestrutura das cidades, estados ou países, como rodovias, ferrovias, portos, aeroportos, pontes, túneis, barragens, eclusas, edificações, sistemas de saneamento e de abastecimento de água, canais, drenagens, entre outras.

As primeiras construções para fins civis foram erguidas de forma rudimentar, utilizando os materiais disponíveis em cada ambiente em que viviam seus construtores, como a madeira, a palha, o barro, ou as primeiras alvenarias cerâmicas ou de pedras, procurando dar abrigo e segurança contra as intempéries e os animais selvagens que os cercavam.

De acordo com Boyer (1974), as necessidades da prática das construções e das quantificações dos espaços e atividades, no dia a dia de cada agrupamento humano, proporcionaram e estimularam o surgimento da geometria, permitindo medir, desenhar, contar (calcular), para que as primeiras construções pudessem ser realizadas de maneira satisfatória. A partir daí, foi favorecido o desenvolvimento de todas as formas geométricas e estéticas em relação às construções e aos agrupamentos humanos que iam se formando. Da necessidade de contar e de trabalhar com as questões geométricas surgiu a aritmética e a matemática, incorporando a geometria e tornando-se a matemática uma forma de linguagem universal, expressa pelos números e símbolos, constituindo-se em uma das mais importantes ferramentas da engenharia.

Além das edificações para abrigo e proteção, o ser humano vem construindo desde as mais antigas civilizações canais para drenagem e irrigação, estradas, pontes, sistemas para abastecimento de água, terraços para plantações com estruturas de contenção dos terrenos, túneis, portos, barragens, poços para coleta de águas etc. Para a realização dessas obras, o ser humano, mesmo que intuitivamente e utilizando conhecimentos empíricos, necessitava aplicar princípios da física e da matemática, pois os feitos da engenharia não podem ser alcançados sem a aplicação dessas ciências.

Um dos grandes pensadores da arte da arquitetura e da construção foi Marcus Vitruvius Pollio, conhecido como Vitrúvio, que viveu no Império Romano no século I a.C. e deixou uma extensa obra, em dez volumes, denominada *De Architectura*.

Já Sextus Julius Frontinus, conhecido como Frontino (40-103 d.C.), engenheiro, político e militar romano, deixou um tratado sobre a construção de aquedutos e abastecimento de água.

Em diversas civilizações e em várias partes do mundo, como na Grécia Antiga, passando pelo Império Romano e ao longo da Idade Média, chegando até a Idade Moderna, muitos profissionais, valendo-se de conhecimentos empíricos, inteligência e criatividade, deixaram suas contribuições à arte da arquitetura e da construção.

Na história das construções para fins de proteção civil e militar, uma das obras mais grandiosas da humanidade foi a Muralha da China, ou Grande Muralha, construída entre 220 a.C. e o século XV. Possui um comprimento de 8.850 km e, considerando as várias ramificações, totaliza 21.196 km, sendo considerada uma das sete maravilhas da humanidade (Figura 2.1).

A cidade de Jericó, segundo historiadores como Leakey (1981), Blayney (2007) e Harari (2016), é a mais antiga de todas – os primeiros assentamentos datam de aproximadamente 8000 a.C. –, tendo sido concebida como uma cidade fortificada nas proximidades do Rio Jordão, construída de adobe e em alvenaria de tijolos.

Deve-se considerar, entre outras, as cidades da antiga civilização que prosperou no Vale do Indo, como Mohenjo Daro, que, de acordo com historiadores, foi também uma das mais antigas cidades edificadas (em torno de 2000 a.C.).

Portanto, o ser humano construiu e edificou em várias civilizações do passado, em épocas e locais diferentes, como na antiga Mesopotâmia, com suas construções em alvenaria de tijolos cerâmicos, no antigo Egito, com as suas monumentais pirâmides, e também em outras partes da África. Entre as cidades, templos e monumentos da Grécia Antiga, pode-se citar também o túnel de Samos, na ilha de mesmo nome, construído por Eupalinos de Mégara em torno do ano 540 a.C., com 1 km de extensão e seção transversal com aproximadamente 2 × 2 m (largura e altura) para servir como aqueduto. Na antiga Roma, o Império Romano edificou obras monumentais. Na Índia, foram edificados grandes templos e palácios, com sistemas de abastecimento de água, o mesmo ocorrendo na antiga China, na Tailândia, entre outras partes do Oriente. Nas Américas pré-colombianas floresceram civilizações que deixaram marcas nas construções de cidades, templos, observatórios astronômicos, pirâmides e sistemas de nivelamento do terreno e drenagem para o escoamento das águas.

Uma obra monumental do passado é o Grande Canal da China, cuja construção teve início em torno do ano 600 e prosseguiu por vários séculos, até atingir um comprimento total de aproximadamente 1.800 km. É o mais longo canal navegável do mundo, considerado patrimônio mundial pela Unesco.

Figura 2.1 – (a) Pirâmides de Gizé, no Egito; (b) Grande Muralha da China; e (c) e (d) cidade de Chichén Itzá (civilização maia), na península do Yucatán, no México.

Entre as obras civis urbanas mais importantes da Roma antiga está a *Cloaca Maxima*, ou "Grande Esgoto", para fins de saneamento. Essa grande rede subterrânea foi construída no final do século VI a.C. e recebia as águas pluviais, esgotos e lixo. Parte do que sobrou desse sistema pode ser visto nos dias de hoje ainda em funcionamento, com mais de dois milênios de existência.

Os engenheiros romanos projetaram e construíram uma rede de estradas pavimentadas com dezenas de milhares de quilômetros de extensão, da qual faz parte a famosa Via Ápia, pontes em arcos de alvenarias de pedra, sistemas de abastecimento de água com grandes aquedutos que coletavam água nas montanhas e a transportavam através de encostas e vales até as cidades, onde era oferecida à população em fontes públicas ou diretamente nas residências ou casas de banho. Ao longo de todo o Império, os romanos edificaram obras que permanecem até hoje e podem ser vistas como um registro vivo de sua criatividade e engenhosidade (Figura 2.2).

Os romanos foram também hábeis construtores de portos em suas rotas marítimas em todo o Mar Mediterrâneo, como no sul da Europa, no norte da África, Oriente Médio, Grécia, chegando até o Mar de Mármara e através do Estreito de Bósforo até o Mar Negro; no Oceano Atlântico na costa oeste da Europa, principalmente em Portugal, na França e na Inglaterra, onde atracavam as suas embarcações.

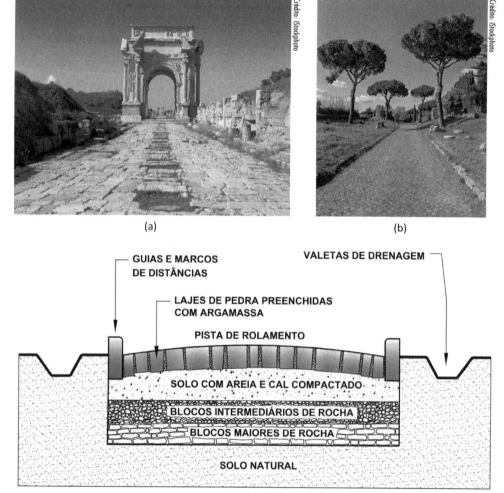

Engenharia civil

(d)

(e)

Figura 2.2 – Obras realizadas pelo Império Romano. (a) Rua em Roma, Itália; (b) Via Ápia, Roma, Itália; (c) esquema de seção transversal de uma estrada romana pavimentada; (d) aqueduto Pont du Gard, França; (e) ponte de Mérida, Espanha.

Nas medições de terras, marcação dos alinhamentos, determinação das diferenças de nível e obtenção dos perfis dos terrenos, os agrimensores romanos utilizavam instrumentos para a prática da topografia originados de antigas civilizações, passando pelo Egito, Grécia, Etrúria e chegando ao Império Romano, como a *groma* e a *dioptra*, ambas precursoras do teodolito moderno para os traçados dos alinhamentos, locação dos pontos e leitura dos ângulos; a *chorobates* precursora dos níveis para a altimetria e obtenção dos perfis dos terrenos; e as "réguas, cordas e correntes" para as medições das distâncias (Figura 2.3). Esses instrumentos eram imprescindíveis para o estudo dos terrenos no planejamento e construção das obras.

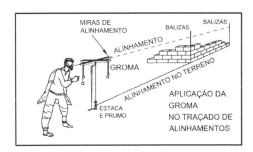

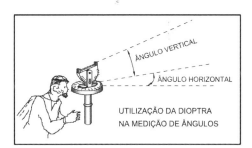

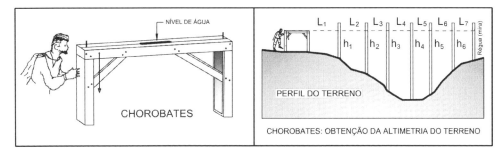

Figura 2.3 – Esquemas de aplicações da groma, dioptra e chorobates.

Para a construção das paredes de fechamento ou estruturais das edificações, bem como dos muros, as alvenarias ao longo da história e em diversos lugares tiveram formas e materiais diferentes, como tijolos cerâmicos queimados na Mesopotâmia, blocos de rochas cúbicos ou entalhados em vários formatos no antigo Egito, alvenarias de pedra na Grécia Antiga, blocos de rochas trabalhados com precisão nas civilizações pré-colombianas nas Américas, entre outros.

Na construção das alvenarias, os romanos utilizavam blocos de rochas e/ou tijolos cerâmicos queimados. Normalmente, as paredes possuíam espessuras relativamente grandes, constituindo-se de três formas básicas construtivas (Figura 2.4):

a) *Opus testaceum*, formado por blocos de rochas ou tijolos cerâmicos queimados, normalmente planos alongados e assentados com cimento em toda a largura da parede e alternados com algumas fiadas somente nas laterais, e preenchidos na parte interna com blocos menores de várias formas misturados com argamassa de cimento.

b) *Opus incertum*, constituído por blocos de rochas de várias formas com dimensões maiores assentados com cimento nas paredes laterais e blocos menores no interior misturados com argamassa de cimento.

c) *Opus reticulatum*, composto por duas paredes laterais de blocos de rochas ou tijolos cerâmicos queimados, normalmente com formas planas horizontais nas extremidades e reticuladas em diagonais com ângulo de 45° ao longo das laterais da parede.

As partes internas dessas paredes eram preenchidas com blocos menores de várias formas, misturados com uma espécie de argamassa de cimento hidráulico pozolânico e areias denominada *opus caementicium*, constituindo-se em um tipo de concreto da época (Figura 2.5). Além dessas formas básicas, utilizavam também blocos aproximadamente cúbicos ou de forma irregular em toda a largura da parede. Em vários locais utilizavam tijolos cerâmicos queimados, assentados com argamassa, formando uma parede maciça com os elementos intertravados, para proporcionar amarração e estabilidade ao conjunto, denominada *opus quadratum*, como pode ser observado nas ruínas da cidade de Ostia Antica, próximo a Roma, Itália. Essa técnica é utilizada até hoje, com algumas variações, como forma de alvenaria.

Nas colunas ou pilares, desenvolveram-se ao longo do tempo várias formas ou ordens arquitetônicas com criatividade e estética, desde as mais antigas civilizações que floresceram em vários lugares da Terra, passando pelo antigo Egito, e na antiga Grécia com as ordens Dórica, Jônica e Coríntia (Figura 2.4). Os romanos incorporaram formas estéticas dos etruscos e dos gregos, criando a ordem Toscana, derivada da Dórica; e a Compósita, uma mescla entre a Jônica e a Coríntia, além de outras formas que foram surgindo ao longo da história e em vários locais.

Essas colunas, normalmente, eram formadas por vários segmentos de rochas esculpidos separadamente, transportados até a obra e encaixados uns aos outros. As colunas romanas, em alguns locais, foram também construídas em alvenaria de tijolos cerâmicos queimados, com forma curva nas laterais.

Engenharia civil

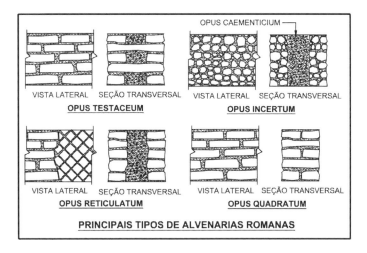

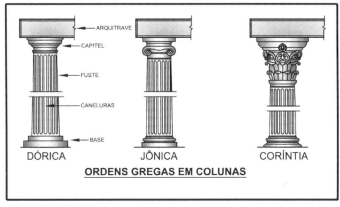

Figura 2.4 – Esquemas de alvenarias romanas e colunas gregas.

Figura 2.5 – Exemplo de *opus caementicium*. Coliseu em Roma, Itália.

Uma das descobertas mais importantes da arquitetura e da engenharia no passado foi o arco, que proporcionava estabilidade e permitia vencer vãos nas mais diversas construções.

A utilização do arco, provavelmente, deve-se à observação da natureza: em algumas formações rochosas, em virtude da erosão, formam-se arcos naturais que permanecem estáveis por longos períodos de tempo (Figura 2.6).

Figura 2.6 – Arco natural em rocha.

Os etruscos, povo que viveu no norte da península itálica no período aproximadamente entre 1200 e 600 a.C. já utilizavam o arco circular e a abóbada denominada abóbada de berço, formada por arcos em sequência. Assim, embora o arco já tivesse sido utilizado em outras civilizações do passado, os romanos difundiram a sua aplicação em todos os tipos de obras, como pontes, aquedutos, termas, palácios, templos etc. Os arquitetos e engenheiros romanos foram hábeis na construção com a utilização do arco. O uso do arco como elemento arquitetônico e estrutural é disseminado nas construções, atravessando a Idade Média e chegando aos dias de hoje.

Na construção em arco verifica-se que os elementos que compõem a estrutura atuam de forma comprimida, fazendo com que os blocos de rocha se comportem muito bem estaticamente, pois a resistência à compressão da rocha é relativamente elevada. Para pequenos vãos os romanos também utilizavam estruturas planas horizontais denominadas lintéis, executadas com tijolos em forma de cunhas, porém menos eficientes estruturalmente que os arcos (Figura 2.7).

O bloco de rocha em forma de cunha trapezoidal, situado na parte superior central do arco, é denominado "chave" ou "pedra-chave" ou *keystone* em inglês, pois se constitui no último elemento a ser fixado na execução do arco. Após a fixação da pedra-chave, completam-se os demais elementos, como paredes ou passarelas, e em seguida retiram-se as fôrmas e escoramentos, fazendo com que o arco passe a trabalhar na sua plenitude. Na construção dos arcos foram também utilizados tijolos cerâmicos queimados, permitindo uma maior praticidade na execução em função das formas geométricas mais precisas e facilidade de assentamento.

O arco também favorece a construção de abóbadas, criando espaços cobertos mais amplos dentro do ambiente construído. Em abóbadas, as pedras-chave possuem as formas arredondadas, pois os esforços de compressão são aplicados no entorno do elemento em 360º. Ao longo da Idade Média e do Renascimento, arcos e abóbadas costumavam ser decorados, pois representavam o ponto de convergência principal do elemento estrutural e da estabilidade do conjunto.

Do século XI ao século XIII predominou em diversas regiões da Europa o estilo românico, com arcos semicirculares também denominados arcos de forma perfeita. Do século XII até o início do século XVI surgiu e predominou o estilo gótico, com arcos de forma ogival, com origem na França e disseminado na Europa.

Ao longo da história o arco foi adquirindo várias formas e desenhos, mas sempre fundamentados no mesmo princípio de estabilidade estrutural, com seus elementos comprimidos.

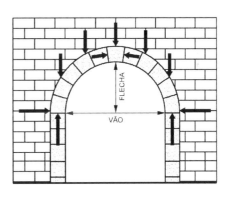

(a)

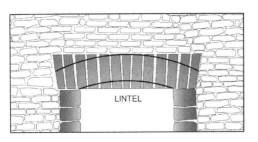

(b)

(c)

(d)

(e)

(f)

Engenharia civil 31

(g)

Figura 2.7 – (a) Arco romano semicircular e esquema do comportamento estrutural; (b) lintéis em tijolos assentados em forma de cunha para pequenos vãos (Roma, Itália; foto do autor); (c) arcos romanos nas ruínas de Conímbriga (Portugal); (d) Sé velha de Coimbra (Portugal) no estilo românico; (e) claustro da Sé velha de Coimbra no estilo gótico; (f) arcos góticos no castelo de Leiria (Portugal); (g) abóbada gótica no castelo de Leiria.

São exemplos da aplicação do conceito do arco formando abóbadas o Panteão romano, cuja construção foi ordenada pelo imperador Marco Vipsânio Agripa (63 a.C.-12 d.C.), com altura e diâmetro de 43,30 m – o maior do mundo; o domo da catedral de São Pedro no Vaticano (1506-1626), com 42 m de diâmetro; e o domo da catedral de São Paulo em Londres (1675-1711), com 29 m de diâmetro (Figura 2.8).

(a)   (b)

(c)

Figura 2.8 – Exemplos de domos em arco. (a) Catedral de São Paulo, em Londres (Inglaterra); (b) Panteão, em Roma (Itália); (c) basílica de São Pedro, no Vaticano.

Portanto, a interação do ser humano com as construções para finalidades civis, ao longo do tempo, possibilitou a criação de diversas formas artísticas e arquitetônicas, buscando o espaço construído com beleza, segurança, funcionalidade e habitabilidade.

Em um estudo mais abrangente, a história da engenharia civil, como também de outras profissões, se confunde com a história da humanidade e, portanto, com a história da civilização, desde a Idade Antiga até a Idade Contemporânea. Contar essa história é praticamente impossível, pois por detrás dela está cada construção feita pelo ser humano em todas as épocas e em todas as partes do mundo.

Cada livro de história descreve o ser humano inserido com suas manifestações arquitetônicas, artísticas, científicas, disputas territoriais, sociais, comerciais, econômicas, filosóficas, religiosas, políticas etc.

Desde as antigas civilizações da Mesopotâmia, Índia, China, Egito, Grécia, Roma, Américas, entre outras, até o século XVII, a engenharia civil, mesmo ainda não possuindo essa denominação, esteve viva e participativa, pois é uma engenharia que faz parte das necessidades do ser humano e surge naturalmente dentro da sociedade humana.

Após a queda do Império Romano (476 d.C.) e durante a Idade Média, essa atividade passou a ser denominada, dependendo do local, arquitetura ou arte da construção e incorporava tanto a parte civil como a militar. Os profissionais que se ocupavam dessas atividades eram denominados genericamente de "mestres construtores" ou "mestres obreiros", que se organizavam em guildas (associações ou corporações de ofícios) e mantinham entre seus membros os conhecimentos das técnicas e das artes de projetar e construir. Muitos desses conhecimentos empíricos sobre as construções foram passados de forma contínua, de artesão para artesão, desde a Grécia Antiga, passando pelo Império Romano até atingir a Idade Média.

Quase todas as atividades artesanais da baixa Idade Média possuíam corporações de ofícios, como as dos padeiros, oleiros, tanoeiros, ferreiros, sapateiros, tecelões, comerciantes, entre outras. Os profissionais que atuavam nas construções eram os únicos que podiam ir e vir para qualquer lugar onde houvesse uma obra. Vale lembrar que na Idade Média as pessoas não tinham a liberdade de se mudar de um lugar para outro sem a permissão do senhor feudal local, mas as construções das catedrais, de uma ponte, de uma estrada ou de um castelo demandavam uma quantidade grande de operários especializados, e esses tinham que se deslocar de outras cidades, ou mesmo de países distantes. Portanto, tinham que possuir a liberdade de se deslocarem, inclusive com suas famílias.

Nessa época os profissionais que atuavam nas áreas da construção e das engenharias não possuíam uma formação acadêmica como hoje, pois não existiam escolas especializadas para preparar os profissionais nas artes e nas técnicas da construção, isto é, um "mestre construtor".

De acordo com Verger (1990) e Charle e Verger (1996), as primeiras universidades da Europa foram fundadas a partir do início do século XIII, embora não seja possível precisar as datas de fundação dessas instituições. Alguns autores consideram que a primeira foi a Universidade de Bologna, na Itália, em 1088, seguida pela Universidade de Oxford, na Inglaterra, em 1096, e pela Universidade de Paris, na França, em torno de 1150, entre outras que se seguiram.

Segundo Charle e Verger (1996), os ramos de ensino ministrados nessas universidades, na Idade Média, eram as denominadas Artes Liberais (gramática, lógica, aritmética, geometria, retórica, música, astronomia) e a Teologia. Ensinava-se também Direito e Medicina. Portanto, as artes da construção não eram contempladas, incluindo a arquitetura e a engenharia, de modo que no século XIV os profissionais dessas áreas formavam-se fora das universidades, isto é, nos canteiros de obras (CHARLE; VERGER, 1996).

Para se tornar um profissional nas artes da construção, o postulante devia ser indicado por um mestre construtor. Se aprovado, era introduzido em uma corporação de ofício de construtores e se comprometia a não revelar as artes e as técnicas que aprendesse. As corporações seguiam essas regras corporativas pois, obviamente, se essas técnicas fossem reveladas, qualquer um poderia se tornar um artesão ou mestre nas artes da construção e elas poderiam perder os privilégios da profissão.

Começando como auxiliar-aprendiz, e a depender do talento e da competência do indivíduo, ao longo do tempo, nos canteiros de obras, ele ia recebendo mais informações e instruções das artes e das técnicas das construções e galgando postos mais elevados, como os de artesão e oficial, até atingir o posto de mestre construtor.

As principais construções eram voltadas para fins religiosos, com a participação de toda a população de uma cidade ou região, como as grandes catedrais da Europa, ou para fins de residência dos reis e nobres, como os castelos fortificados, constituindo-se em maravilhas da arte da arquitetura e da construção. Algumas dessas obras são consideradas patrimônio da humanidade pela Unesco, como a catedral de Notre-Dame de Reims, na França, e a catedral de Colônia, na Alemanha. Uma outra construção medieval famosa é a catedral de Notre-Dame de Paris (Figura 2.9), na França.

Os principais materiais utilizados eram a pedra e a madeira, sendo as estruturas principais em alvenarias de pedras, constituindo paredes, colunas, botaréus (contrafortes), arcobantes (escoras) e arcos que podem formar abóbadas e dar sustentação ao conjunto da obra.

Os arcos, nas laterais, aplicam esforços verticais e horizontais, necessitando para a estabilidade do conjunto possuir sistemas de apoios que ofereçam equilíbrio para esses esforços.

Observa-se na Figura 2.9d que, lateralmente, para a estabilidade dos arcos do edifício principal, construíam-se arcobotantes, que serviam de apoio lateral. Normalmente os arcobotantes eram apoiados aos botaréus ou coluna lateral com rigidez suficiente para dar estabilidade ao conjunto da obra (Figura 2.9f). Nas laterais da nave principal, na parte superior próximo das cúpulas, executavam-se aberturas verticais para iluminação denominadas clerestórios (Figura 2.9b).

Vale lembrar que naquela época não existiam o concreto e o aço ou o concreto armado, como atualmente, e todos os elementos estruturais eram construídos em alvenaria de pedras ou tijolos, trabalhando cada elemento sob esforços de compressão.

As construções góticas de modo geral eram mais iluminadas e com aspecto mais leve que as construções românicas, pois o arco gótico ou ogival aumentava na vertical a altura dos vãos, dando uma maior área e um aspecto estético melhor, apontando para o céu.

(a)

(b)

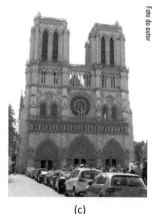
(c)

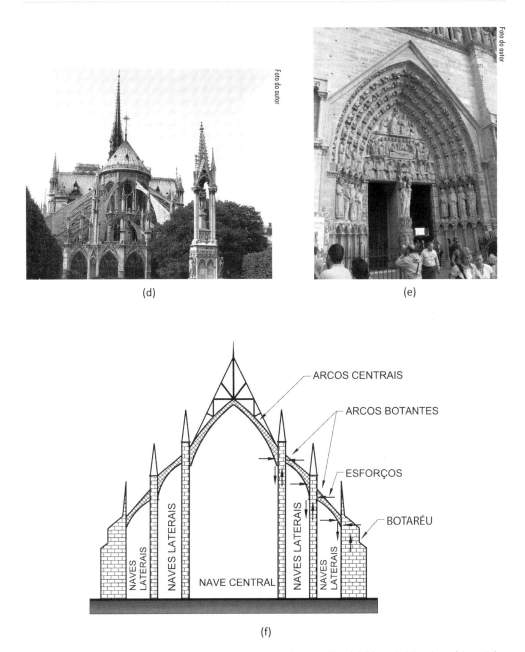

Figura 2.9 – Estilo gótico, obras dos arquitetos e mestres construtores da Idade Média. (a), (b) Catedral de Friburgo (Alemanha); (c), (d), (e) catedral de Notre-Dame de Paris (França); (f) seção transversal mostrando esquema dos arcos botantes e botaréus.

A construção das catedrais costumava levar décadas ou até mesmo alguns séculos do início até o término da obra. A catedral de Colônia, na Alemanha, por exemplo, teve a pedra fundamental assentada e o início da construção em 1248 e só foi terminada seiscentos anos depois.

Ao longo do tempo dessas construções a direção da obra era dada a diversos arquitetos, mestres construtores e artesãos, que iam planejando e construindo partes da obra e incorporando cada um o seu estilo.

Cada mestre construtor ou artífice, com seus auxiliares, se especializava em determinadas atividades, como o traçado da obra, a execução das fundações, a retirada dos blocos de rocha na pedreira e o transporte até o canteiro de obras, o corte e o entalhe das pedras (cantaria), a preparação das argamassas, a execução das paredes e pórticos, a montagem dos andaimes e escoras, dos sistemas de guindagem, a execução das coberturas, das esculturas, dos vitrais e dos ornamentos.

Naquela época ainda não existiam medidas padronizadas nem os sistemas de unidades como se tem hoje. Assim, cada mestre adotava as medidas mais usuais nas suas atividades ou da sua região de origem. Como ainda não existiam os fundamentos científicos da física nem estudos sobre a resistência dos materiais, teoria das estruturas, conhecimentos geotécnicos para as fundações ou as tecnologias atuais utilizadas na construção civil, os planos e construções eram realizados de acordo com a habilidade, conhecimento e experiência de cada mestre construtor, constituindo-se no saber e no fazer acumulado e na observação do comportamento estrutural das obras anteriormente erigidas.

Não existiam projetos desenhados e detalhados no papel, em plantas e seções e assinados por profissional autor do projeto ou responsável pela obra. Havia somente esboços traçados para definir a forma geral ou algum detalhe mais específico da obra. Naquela época o papel era muito caro e difícil de conseguir. Segundo alguns historiadores, os principais traçados eram feitos em uma superfície plana de gesso dentro de uma moldura de madeira ou em pergaminhos, a fim de orientar os construtores sobre determinados detalhes.

Além dos conhecimentos de desenho, geometria, arquitetura, materiais e construção, as ferramentas básicas do dia a dia que os mestres construtores utilizavam eram os instrumentos topográficos da época, as réguas para as medições dos comprimentos, os prumos para a verticalização das paredes e colunas, os esquadros para a marcação em 90° das linhas perpendiculares, os níveis para nivelar o terreno e demarcar o plano horizontal dos pisos e dos alinhamentos das paredes, e os compassos para o traçado geométrico das formas arquitetônicas que seriam executadas. Já os operários utilizavam ferramentas mais simples, como a colher de pedreiro, a marreta, a punção, serras para madeiras e a alavanca. Existiam também, nos canteiros de obras, andaimes, escoras, cordas e sistemas de gruas para a elevação dos blocos de rocha, das argamassas e vigas de madeira, entre outras ferramentas básicas necessárias a cada tipo de serviço.

Verifica-se, portanto, que sem os equipamentos e tecnologias dos dias atuais e sem uma formação acadêmica teórica, e com os conhecimentos empíricos passados de um mestre para outro, esses profissionais do passado conceberam e construíram verdadeiras maravilhas da arte da arquitetura e da engenharia, deixando um legado para as gerações posteriores, mostrando até onde a criatividade e o gênio humano podem chegar.

Conforme Moreux (1983), um dos arquitetos e mestres construtores do século XIII de que se tem notícia foi o francês Villard de Honnecourt, que deixou para a posteridade um caderno com desenhos contendo perfis, detalhes de janelas e vitrais, detalhes sobre a construção de telhados em madeira, detalhes sobre arcos, figuras etc. Esses desenhos encontram-se atualmente na Biblioteca Nacional de Paris.

Pode-se considerar que, para as atividades de projeto e construção dessas grandes obras do passado, necessitava-se de determinados conhecimentos que eram transmitidos de um profissional a outro de forma empírica, além de certas regras de organização do trabalho, pois essas obras eram complexas e envolviam um grande número de operários e artífices.

Um dos pensadores que deixou uma contribuição importante à arte e à técnica de construir foi o arquiteto, artista, filósofo e humanista italiano Leon Baptista Alberti (1404-1472), que publicou em 1452 um tratado em latim denominado *De re aedificatoria* (em tradução livre, *Sobre a construção* ou *A arte de construir*), considerado um dos primeiros trabalhos teóricos sobre arquitetura e construção depois de Vitrúvio, tornando-se em 1485 o primeiro livro impresso sobre a arte da construção.

Um dos primeiros conjuntos de regras para as atividades na construção civil, os Estatutos de Schaw, foi apresentado por William Schaw (1550-1602) em 1598 na Escócia. Esses estatutos contêm algumas regras comportamentais que ainda hoje ecoam nos códigos de ética dos engenheiros. Schaw era, na época, mestre construtor do rei James VI da Escócia e responsável pelos castelos e palácios do reino.

No Renascimento, surgido na Itália no século XIV e cujo apogeu se deu no século XVI, houve um grande desenvolvimento nas ciências e nas artes, propiciando a mudança do feudalismo para o capitalismo, fornecendo as bases para o surgimento da Revolução Industrial no final do século XVIII. Em torno de 1450-1455, a impressão de livros tornou-se possível com a criação da prensa de tipos móveis pelo alemão Johannes Gutenberg (1398-1468).

Nesse período a humanidade contou com grandes nomes das ciências, engenharias e artes, como o italiano Leonardo di Ser Piero da Vinci (1452-1519), conhecido como Leonardo da Vinci, que foi matemático, pintor, arquiteto, engenheiro, anatomista, cientista, inventor e músico. Considerado um dos maiores gênios da humanidade e um exemplo do homem universal renascentista, Da Vinci contribuiu com grandes ideias para a criação de máquinas e sistemas dentro das diversas áreas das engenharias, das artes e das ciências.

Podem ser citados, entre outros, os italianos Filippo Brunelleschi (1377-1446), arquiteto e construtor cuja obra-prima foi a cúpula (*duomo*) da catedral de Santa Maria del Fiore, em Florença (Itália); e Michelangelo di Lodovico Buonarroti Simoni (1475-1564), conhecido como Michelangelo, grande escultor, pintor e arquiteto que deixou várias obras famosas, como a escultura *Pietà* e a pintura do teto da capela Sistina. Michelangelo também participou da concepção arquitetônica da basílica de São Pedro, no Vaticano.

Entre os cientistas, destacam-se Galileu Galilei (1564-1642), físico, matemático, filósofo e astrônomo italiano, considerado o pai da ciência moderna, que deixou enormes contribuições à ciência e à humanidade; René Descartes (1596-1650), filósofo e matemático que, entre outras contribuições, criou o sistema cartesiano de representação geométrica por coordenadas; Blaise Pascal (1623-1662), físico, matemático, filósofo e cientista francês que deu grandes contribuições à matemática, física, mecânica e hidráulica; *sir* Isaac Newton (1642-1727), físico, matemático e cientista inglês que revolucionou a ciência moderna com a lei da gravitação universal, bem como outras importantes descobertas científicas na física e na matemática; Gottfried Wilhelm Leibniz (1646-1716) matemático, filósofo e cientista alemão que, ao mesmo tempo que Newton (mas separadamente), criou o cálculo diferencial e integral; Leonhard Paul Euler (1707-1783), cientista, matemático e físico suíço que, entre várias contribuições para a matemática e a física, apresentou a teoria da flambagem de barras comprimidas, que possui aplicações em engenharia civil na área de estruturas.

Um dos exemplos de arquiteto e construtor do século XVII foi o inglês Christopher Wren (1632-1723). Wren, que também era matemático e astrônomo, projetou e construiu a catedral de São Paulo, em Londres, entre 1675 e 1711. Essa catedral possui uma das maiores abóbadas existentes até hoje. Wren era formado em matemática e ciências e se dedicou à astronomia como professor e pesquisador em Oxford. A partir de 1662 passou a se interessar por arquitetura e construção, e uma das suas primeiras obras foi o teatro Sheldonian, para a Universidade de Oxford.

Na construção da abóbada da catedral de São Paulo, e em outras obras, Wren teve a colaboração do eminente cientista e físico inglês Robert Hooke (1635-1703), considerado o criador da lei da elasticidade sobre as deformações dos corpos submetidos à ação de esforços (a lei de Hooke). Produziu também inúmeras outras contribuições à ciência.

Vale considerar que a forma mais utilizada para a abóbada não é perfeitamente circular, e sim uma curva mais próxima de uma catenária invertida. A catenária é a curvatura formada quando se tem um cabo flexível preso pelas extremidades sob a ação da gravidade, como os fios nos postes ou uma corrente suspensa. A equação da catenária é uma função hiperbólica.

De acordo com Boyer (1974), Galileu Galilei considerava que essa curva tinha a forma de uma parábola, o que foi comprovado posteriormente por Christiaan Huygens (1629-1695), Gottfried Wilhelm Leibniz (1646-1716) e por Jakob Bernoulli (1654-1705), que estudaram separadamente o problema e apresentaram a solução hiperbólica, considerando a diferença entre a parábola e a catenária. Quando se aplicam em um cabo suspenso cargas verticais uniformes em espaçamentos horizontais constantes, como nas pontes pênseis, a catenária adquire a forma de uma parábola (Figura 2.10).

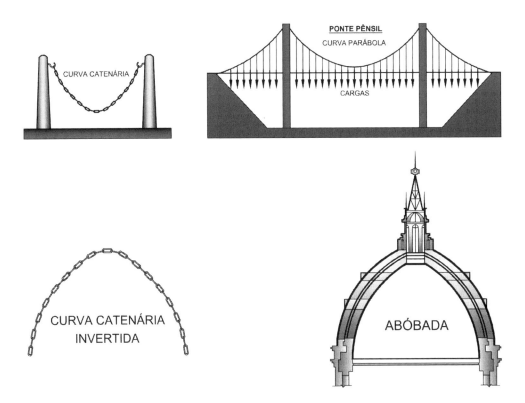

Figura 2.10 – Esquemas de corrente suspensa sob a ação da gravidade mostrando a curva catenária, ponte pênsil com curva parábola, catenária invertida e seção transversal de abóbada.

Portanto, esses grandes filósofos, artistas, arquitetos, engenheiros, construtores, físicos, matemáticos e cientistas, em virtude da sua genialidade, atuavam em vários segmentos das artes, das engenharias e das ciências.

Até então, não era utilizada a denominação geral de engenharia civil, pois os profissionais que atuavam nesse setor executavam tanto obras civis como militares. Dependendo do local, eram denominados mestres construtores, engenheiros ou arquitetos. A denominação engenheiro era dada mais especificamente às pessoas que se dedicavam ao ofício de conceber e produzir engenhos ou máquinas para fins militares ou de guerras. Essas denominações permaneceram até o final do século XVII e início do século XVIII.

De acordo com Vargas (1985), o termo "engenheiro" passou a ser incorporado como denominação profissional, oficialmente, a partir do início do século XVIII, designando aqueles que exercem a profissão com a aplicação de princípios científicos. Anteriormente ao século XVIII, essa denominação era dada aos inventores de máquinas para fins militares ou aos construtores de obras.

Na língua inglesa, o substantivo *engineer* ("engenheiro") engloba também os profissionais que operam máquinas, como os maquinistas de locomotivas, podendo-se inferir que esse termo tem origem na caracterização dos profissionais dos séculos XVIII e XIX que fabricavam e operavam máquinas.

A denominação "engenharia civil" passou a ser utilizada a partir da primeira metade do século XVIII, mais precisamente em 1747, na École Royale des Ponts et Chaussées, em Paris, França, fundada por Daniel-Charles Trudaine (1703-1769) e Jean-Rodolphe Perronet (1708-1794), sendo Perronet o primeiro diretor dessa instituição (WOOD, 2012). Com o nome de École Nationale des Ponts et Chaussées (ENPC), ela existe até hoje e é considerada a mais antiga entre as mais conceituadas escolas de engenharia do mundo. Por essa escola passaram grandes nomes e cientistas dos séculos XVIII, XIX e XX, que deram grande contribuição às engenharias e a diversos ramos das ciências, como matemática, física, química, e das artes.

Com a fundação dessa escola houve a separação entre a engenharia militar e a civil. Nessa época, era considerado engenheiro civil o profissional responsável pelos projetos e construção de obras de infraestrutura como estradas, pontes, portos, túneis, sistemas de saneamento, faróis de navegação, ou qualquer outro tipo de construção para finalidades civis.

Do século XVIII e até meados do século XIX, os engenheiros que atuavam em atividades civis eram denominados genericamente de engenheiros civis; portanto, exerciam a profissão em todas as áreas ligadas à engenharia que não tinham relações com a militar. Em alguns países e instituições de ensino do centro e do norte da Europa, ainda é utilizada essa denominação geral às engenharias que não são militares, seguidas das modalidades específicas de cada uma.

A partir da Revolução Industrial a engenharia passou por grandes transformações. Um grande passo foi a invenção da máquina a vapor, em 1765, pelo engenheiro escocês James Watt (1736-1819). Outra grande descoberta foi o aço, liga metálica constituída basicamente por ferro e carbono, desenvolvido por Henry Bessemer (1813-1898), engenheiro inglês que criou em 1856 o processo denominado Bessemer de produção de aço. Até então o aço era muito caro e sua produção artesanal era restrita a equipamentos e ferramentas que necessitavam de resistência elevada. Com o surgimento do novo processo, tornou-se possível produzir aço em grande escala, barateando o custo e permitindo a sua aplicação de forma mais ampla na metalurgia, na mecânica e na construção civil.

Essas e outras descobertas propiciaram o desenvolvimento das ferrovias e a construção de grandes vãos de pontes e coberturas em estruturas metálicas, além da força motriz para os diversos setores industriais, bombeamento de água, indústria mecânica, equipamentos, entre outros.

Com o desenvolvimento da era industrial e da indústria mecânica a partir do início do século XIX, surgiu a denominação "engenharia mecânica" como modalidade separada. Assim, a engenharia civil passou a se dedicar às atividades relativas às obras de infraestrutura e surgiu a indústria da construção civil.

Muitos dos inventores, engenheiros ou descobridores de novas técnicas, máquinas, produtos ou instrumentos não possuíam formação acadêmica teórica, e sim experiência prática. Com o avanço das descobertas das ciências e da tecnologia, os conhecimentos nas áreas das engenharias passaram a ser estudados com bases científicas nas escolas técnicas superiores. A partir do início do século XIX, elas surgiram primeiramente na Alemanha e então se espalharam pela Europa e depois pelos Estados Unidos e outras partes do mundo, substituindo gradativamente o saber prático pelo científico.

Da metade do século XIX e até o início do século XX surgiu a engenharia elétrica como modalidade separada. Essa modalidade teve grande contribuição do cientista e engenheiro eletricista Nikola Tesla (1856-1943), considerado um dos maiores gênios da humanidade, que revolucionou com as teorias do eletromagnetismo, sistemas elétricos de potência em corrente alternada, entre muitas outras importantes descobertas da área. Podem ser citados, entre outros, os cientistas William Gilbert (1544-1603), Luigi Aloisio Galvani (1737-1798), Alessandro Giuseppe Antonio Anastasio Volta (1745-1827), Michael Faraday (1791-1867), Georg Simon Ohm (1789-1854), James Clerk Maxwell (1831-1879) e Heinrich Hertz (1857-1894), que deram grandes contribuições à engenharia elétrica.

Dessa forma, em função das necessidades, surgiram as diversas modalidades de engenharias existentes atualmente, como industrial, química, eletrônica, de telecomunicações, naval, aeronáutica, agronômica, agrícola, florestal, de pesca, de minas, de metalurgia, de materiais, de alimentos, de produção, de computação, de agrimensura, ambiental, sanitária, entre outras.

Várias dessas modalidades são muito antigas. É o caso da arte e ciência de projetar e construir embarcações, existente desde o momento em que o ser humano começou a navegar, conquistando rios, lagos, mares e oceanos, e que hoje se constitui na engenharia naval. Técnicas e ciências da mineração, da agricultura, da metalurgia, da medição de terras, da produção de utensílios, do desenvolvimento e fabricação de ferramentas e máquinas, entre outras mais, também tiveram início com as primeiras civilizações.

Segundo Wood (2012), na Inglaterra o primeiro engenheiro civil foi John Smeaton (1724-1792), considerado o patrono da engenharia civil. Fundou a Society of Civil Engineers em 1771, que após a sua morte passou a se chamar Smeatonian Society, dando origem ao Institution of Civil Engineers (ICE) de Londres em 1818, fundado pelos engenheiros civis Henry Robinson Palmer (1795-1844), James Jones (1790-1864) e Joshua Field (1786–1863). O ICE teve como primeiro presidente o eminente engenheiro civil Thomas Telford (1757-1834) e é considerada a primeira instituição fundada no mundo dedicada à profissão, que permanece até hoje.

Smeaton foi um dos descobridores e desenvolvedores do cimento Portland, permitindo com essa descoberta o surgimento do concreto e, posteriormente, do concreto armado e do concreto protendido.

A primeira universidade que ensinou engenharia civil nos Estados Unidos foi a Norwich University, em 1819, no estado de Vermont. O primeiro curso formal ocorreu no Rensselaer Polytechnic Institute, em 1835, em Nova York.

Nos Estados Unidos, em 1852 foi fundada a American Society of Civil Engineers (ASCE), uma das mais respeitadas e influentes associações profissionais dos Estados Unidos, produzindo normas técnicas e artigos científicos de alto nível por meio de suas publicações científicas e tecnológicas.

De acordo com Dias de Andrade (1994), o ensino da engenharia no Brasil surgiu em 1699 com as "Aulas de Fortificações e Arquitetura Militar", na Bahia, seguida por Pernambuco e, posteriormente, Rio de Janeiro.

Pode-se considerar, ainda que de forma bastante genérica, que a primeira escola para o ensino de algumas matérias da engenharia no Brasil foi a Real Academia de Artilharia, Fortificação e Desenho, no Rio de Janeiro, criada em 1792 pelo vice-rei D. Luis de Castro por ordem da rainha de Portugal dona Maria I. Até então, as construções ligadas à engenharia civil ou militar eram projetadas e construídas por profissionais que tinham estudado no exterior ou por mestres construtores.

Segundo Dias de Andrade (1994), o primeiro curso de engenharia para fins militares e civis foi criado por D. João VI em 1811, inicialmente junto com a Real Academia Militar do Rio de Janeiro. A partir de 1858 houve a separação e surgiu a Escola Central, oferecendo a formação de engenheiros civis. Em 1874 ela passou a ser denominada Escola Politécnica, atualmente a Escola Politécnica do Rio de Janeiro da Universidade Federal do Rio de Janeiro (UFRJ).

Em 1876 foi criada a Escola de Minas de Ouro Preto, em Minas Gerais; em 1887, a Escola Politécnica da Bahia, da atual Universidade Federal da Bahia (UFBA); em 1893, a Escola Politécnica de São Paulo da Universidade de São Paulo (Poli-USP); em 1895, a Escola de Engenharia de Pernambuco, atual Escola de Engenharia da Universidade Federal de Pernambuco (UFPE); em 1896, a Escola de Engenharia Mackenzie, em São Paulo, e a Escola de Engenharia de Porto Alegre, atual Escola de Engenharia da Universidade Federal do Rio Grande do Sul (UFRS), entre outras.

O conselho profissional de que a engenharia civil faz parte é o Conselho Federal de Engenharia e Agronomia (Confea), com sede em Brasília (DF), possuindo os conselhos regionais em cada estado da federação (Conselhos Regionais de Engenharia e Agronomia, Crea). A engenharia civil, as demais modalidades de engenharias e as profissões que fazem parte do sistema Confea/Crea são regulamentadas pela Lei Federal n. 5.194, de 24 de dezembro de 1966.

Como associação que abrange os profissionais da engenharia civil no Brasil, tem-se a Associação Brasileira dos Engenheiros Civis (Abenc), que possui representação em quase todos os estados. Além disso, existem também, entre outros, o Clube de Engenharia do Rio de Janeiro e o Instituto de Engenharia (IE) em São Paulo, que congregam todas as modalidades de engenharias além de outras associações ligadas à engenharia civil nos diversos estados, como Associação Brasileira de Engenharia e Consultoria Estrutural, Associação Brasileira de Engenharia Sanitária e Ambiental, Associação Brasileira de Mecânica dos Solos e Engenharia Geotécnica, Associação Brasileira de Cimento Portland, Instituto Brasileiro do Concreto, Instituto Brasileiro de Avaliações e Perícias de Engenharia, Associação Brasileira da Construção

Metálica, Associação Brasileira de Corrosão, Associação Brasileira de Geossintéticos, Associação Brasileira de Pavimentação, Associação Brasileira de Engenharia Consultiva, entre outras. Algumas dessas associações possuem também interfaces com outras modalidades de engenharia ou outras profissões. Em nível internacional, para os estudantes de engenharia civil, há a International Association of Civil Engineering Students (Iaces).

2.2 IMPORTÂNCIA DA ENGENHARIA CIVIL

Na era contemporânea, desde que recebeu essa denominação, a engenharia civil vem se dedicando às atividades relativas ao projeto, construção e manutenção das obras civis de infraestrutura das cidades, estados ou países.

Observa-se, portanto, que era no passado e continua sendo nos dias atuais uma profissão muito ampla e de grande importância para a sociedade moderna, implicando muitas responsabilidades para quem a exerce, pois a segurança das pessoas nos diversos espaços construídos ou edificados está fortemente relacionada com essa profissão. O projeto geométrico e geotécnico e a pavimentação e sinalização de uma rodovia moderna, por exemplo, se realizados corretamente, conferem segurança aos usuários, diminuindo consideravelmente o número de acidentes. Um outro exemplo é o projeto estrutural e de fundações de uma edificação, cuja confecção e execução de acordo com as metodologias científicas e as normas técnicas faz que os espaços ocupados sejam seguros do ponto de vista da estabilidade e solidez da obra. São inúmeros os exemplos que podem ser descritos.

Quando o engenheiro civil concebe ou executa um projeto, busca a segurança e a economia dentro de cada área. Em projetos estruturais, por exemplo, é necessário que o profissional analise todas as ações que possam ocorrer, como cargas acidentais, peso próprio da estrutura, ações dos ventos, ações dinâmicas, características dos materiais, entre outras, que atuam dentro do partido estrutural adotado, buscando sempre as melhores soluções seguras, dentro das metodologias científicas consagradas, dos materiais e das normas técnicas.

É desejável que o profissional calcule e reveja os cálculos e envie o projeto para conferência a outro profissional especialista. Essa prática já está preconizada na norma NBR 6118 Projeto de estruturas de concreto – Procedimento, da Associação Brasileira de Normas Técnicas (ABNT, 2014a). Pode-se considerar que, ao longo da história, em inúmeros projetos e obras executadas a "insônia" do engenheiro civil fez com que muitos acidentes fossem evitados, salvando vidas e evitando perdas materiais.

A engenharia civil é uma profissão-fim, pois atua com responsabilidades, dentro das suas atribuições legais, no planejamento, coordenação, projeto, fiscalização, construção, operação e manutenção das obras ou atividades ligadas à indústria da construção civil. Sua presença se encontra em todos os lugares da Terra e em todos os momentos da nossa vida enquanto cidadãos.

Está presente quando dirigimos nosso automóvel por uma rodovia, circulamos por uma rua ou avenida, no metrô que usamos para nos locomover, no edifício em que trabalhamos, na residência em que vivemos, na água potável que consumimos, no tratamento dos resíduos sólidos ou líquidos que descartamos, na energia elétrica que utilizamos, nos aeroportos em que decolamos e aterrissamos com as aeronaves, nos portos onde são feitos os transbordos de mercadorias, nas ferrovias, nas hidrovias, no trânsito urbano, no planejamento dos sistemas de transportes de passageiros e de mercadorias, no planejamento urbano e territorial, nas barragens e diques, nas pontes e viadutos, nos túneis, nas escolas, nos hospitais, nas indústrias, nas áreas de lazer que frequentamos, enfim, em qualquer espaço construído ou modificado pelo ser humano na superfície e na subsuperfície terrestres.

Conforme apresentado anteriormente, do início do século XVIII até o início do século XIX todas as atividades de engenharia que não eram relativas à área militar eram desenvolvidas pela engenharia civil. Com o desenvolvimento industrial e a ampliação do conhecimento e atividades, houve a necessidade de maior especialização, surgindo as diversas modalidades de engenharias existentes atualmente.

Na história moderna, a engenharia civil produziu mudanças na geografia da Terra, com a construção de grandes canais, como o Canal do Panamá, que liga o Oceano Atlântico ao Pacífico, e o Canal de Suez, que liga o Mar Mediterrâneo ao Mar Vermelho; a construção de grandes túneis, pontes, ferrovias transcontinentais, ilhas artificiais para grandes aeroportos etc. Está tão intimamente ligada à sociedade moderna e à segurança do ser humano nos diversos espaços construídos ou edificados que é considerada uma modalidade de engenharia imprescindível, pois dela depende, em grande parte, a vida em sociedade.

Com essas obras de infraestrutura, promove-se o desenvolvimento econômico, qualidade de vida, mobilidade, bem como as edificações estáveis e seguras para a habitação ou qualquer outra atividade. A importância da profissão pode também ser verificada nas áreas de saneamento, em obras como redes de água tratada, sistemas de coleta e tratamento de resíduos líquidos (esgotos) e coleta, transporte, disposição e tratamento correto dos resíduos sólidos (lixos). Quando realizadas em um bairro ou em toda uma cidade, o número de doenças oriundas da falta de saneamento diminui consideravelmente, salvando vidas.

As principais áreas que fazem parte da engenharia civil, tanto no Brasil como no exterior, são (Figura 2.11):

- Estruturas
- Estradas e transportes
- Geotecnia
- Hidráulica e saneamento
- Materiais e construção civil

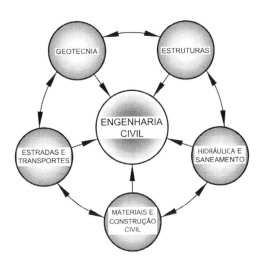

Figura 2.11 – Esquema simplificado das principais áreas da engenharia civil.

Verifica-se na Figura 2.11 que as principais áreas da engenharia civil são interligadas e de certa forma dependentes entre si. Isso se dá porque qualquer projeto ou construção em uma área possui interfaces e necessidades de conhecimentos científicos e tecnológicos das outras, caracterizando uma profissão ampla e que permite ao profissional se especializar em uma ou mais áreas, mantendo os conhecimentos e as atribuições profissionais nas demais áreas como um todo.

O engenheiro civil é um dos principais engenheiros da indústria da construção civil, sendo, portanto, um engenheiro pleno dentro de suas atribuições profissionais, e as suas realizações trazem uma enorme gratificação ao profissional na prática da profissão. Isso porque se trata de uma profissão em que o resultado do trabalho do profissional, tanto no projeto como na construção, perdura por longo período de tempo a serviço da humanidade, como uma estrada, uma rua ou avenida, um edifício, uma rede de abastecimento de água, uma rede de esgotos, uma ponte ou viaduto, um aeroporto, um porto, um túnel, uma barragem, entre outras construções.

O exercício dessa profissão exige uma série de conhecimentos científicos e tecnológicos, principalmente nas áreas da matemática, física, química, hidráulica, eletricidade, informática, materiais, geologia, topografia, geodésia, meio ambiente; e em administração, planejamento, produção, logística, economia, arquitetura, urbanismo, ética profissional, humanidades, e modernamente até biologia, entre outras. Verifica-se, portanto, que a engenharia civil é uma profissão com fundamentos principalmente nas ciências exatas e na tecnologia, possuindo também relação com outras áreas do conhecimento humano.

Engenhar tem o mesmo significado de inventar, criar, conceber, fabricar; assim, pode-se dizer também que os engenheiros civis participam diretamente da criação e construção do presente e de um futuro dinâmico, que está sempre se modificando com a utilização dos avanços científicos e de novas tecnologias.

Vale considerar que a engenharia civil, como profissão científica e tecnológica, desenvolve e aprofunda cada vez mais os conhecimentos com base nas experiências de projetos e obras, nas pesquisas desenvolvidas nos centros ou institutos públicos ou privados, e nos cursos de pós-graduação em nível de mestrado e doutorado, nas áreas de estradas e transportes, geotecnia, estruturas, hidráulica e saneamento, materiais e construção civil, entre outras, nas universidades brasileiras e estrangeiras.

Normalmente, os cursos de pós-graduação *stricto sensu* são fundamentados na pesquisa científica, buscando novos processos, métodos, materiais, teorias e sistemas que dão suporte ao meio técnico da profissão e à formação de docentes, pesquisadores nas áreas acadêmicas e especialistas atuando nos diversos setores da indústria da construção civil.

Esses conhecimentos e inovações são transferidos ao meio técnico e à indústria por meio dos cursos de graduação e especialização, das publicações específicas e em congressos, simpósios, encontros e eventos nas diversas áreas.

Como já exposto, na engenharia civil, como em outras modalidades de engenharias, os projetos e construções são feitos com base nas ciências e na tecnologia, com criatividade, gerando inovação. A criatividade e a inteligência humana resultam na arte que, aliada às ciências e à tecnologia, alcança a inovação.

Pode-se comparar a arte e as ciências com um pintor que possui o talento e os conhecimentos na arte do desenho e da pintura, mas que necessita da indústria, das ciências e da tecnologia para a produção dos insumos utilizados na sua arte.

Portanto, a arte da criação é livre no ser humano, mas a aplicação das ciências e da tecnologia, com fundamentos matemáticos, físicos, químicos, biológicos, entre outros, necessita de formação e qualificação profissional nas diversas áreas do saber científico e tecnológico, se inserindo dentro de um processo dinâmico, sempre se aperfeiçoando e se desenvolvendo em uma constante evolução.

Dentro desse processo dinâmico de desenvolvimento, a engenharia civil se caracteriza como uma profissão ligada à infraestrutura das cidades, estados e nações, envolvendo as edificações, construções, obras geotécnicas, bem como os sistemas de transportes, hidráulica, saneamento e ocupação urbana.

Não se imagina e não é possível uma sociedade moderna sem rodovias e vias urbanas pavimentadas, ferrovias, pontes e viadutos, túneis, edifícios seguros, redes de água tratada e esgotos, áreas de lazer, sistemas de drenagens das águas pluviais, sistemas de coleta com disposição e tratamento de resíduos sólidos e líquidos, barragens para a produção de energia elétrica ou abastecimento de água, sistemas eficientes de transportes urbanos e de longa distância, portos, aeroportos, entre outros.

Sem esses e outros equipamentos de infraestrutura, produzidos com a participação da engenharia civil, a vida se tornaria impossível nos grandes centros urbanos e mesmo no meio rural.

Dentro do contexto histórico da humanidade e da civilização, a engenharia civil foi uma profissão importante no passado, continua sendo no presente e se projetará no futuro de forma imprescindível para a vida em sociedade e o habitat do ser humano.

Os desafios são enormes, como planejar, gerenciar, construir, edificar e manter os espaços nas grandes cidades do futuro, cada vez mais densamente habitadas, prover meios eficientes de transporte, de geração de energia, de comunicações, de saneamento, como o abastecimento de água e a disposição e tratamentos dos resíduos sólidos e líquidos.

Deverão ser executadas grandes obras de infraestrutura, como pontes ligando trechos de mares e continentes; túneis extensos atravessando grandes maciços rochosos, subsolos urbanos, ou subaquáticos; novos sistemas de infraestrutura de suporte à geração de energia limpa; produção de água tratada e de saneamento em larga escala, provendo saúde e ambiente saudável; sistemas de infraestrutura urbanos fornecendo segurança, mobilidade e conforto nas grandes metrópoles do futuro; edifícios urbanos com dimensões enormes e alturas elevadas onde habitarão grandes quantidades de pessoas com todo o conforto e segurança, constituindo-se em minicidades verticais; ferrovias urbanas e de longas distâncias operando em altas velocidades, para o transporte de passageiros e mercadorias; complexos de rodovias permitindo o tráfego de grandes quantidades de veículos automotores com segurança e rapidez; infraestrutura aeroportuária com intenso tráfego de passageiros, cargas e aeronaves; extensos complexos de terminais portuários; grandes plantas industriais; áreas e complexos de lazer; entre outras construções que deverão surgir para manter a segurança, desenvolvimento, economia, conforto, abrigo e a qualidade de vida das pessoas nos diversos espaços e atividades.

Deve-se buscar e aprofundar conhecimentos em novas metodologias científicas e tecnológicas, bem como novos materiais, objetivando o desenvolvimento sustentável, promovendo uma integração entre os espaços construídos e edificados e o meio ambiente sem agredi-lo.

Portanto, os profissionais da engenharia civil do presente e do futuro deverão possuir sólida formação científica e tecnológica em todas as áreas da profissão, além de conceitos ambientais e humanísticos, para o estudo dos problemas que surgirão e que deverão enfrentar com técnicas adequadas, participando de equipes multidisciplinares de outras modalidades de engenharias e outras profissões, para a criação de soluções.

CAPÍTULO 3
A ENGENHARIA CIVIL NA ERA CONTEMPORÂNEA

3.1 A ERA CONTEMPORÂNEA E PROFISSIONAIS ILUSTRES

Neste capítulo, apresentaremos uma breve descrição de algumas descobertas científicas e obras da engenharia civil, seus responsáveis e alguns profissionais considerados ilustres na era contemporânea. Algumas obras monumentais da atualidade não serão citadas neste capítulo pois serão apresentadas no Capítulo 4, dentro de suas principais áreas.

A engenharia civil está relacionada à conquista e ao controle humano sobre a natureza, principalmente no que diz respeito à infraestrutura das ligações entre regiões distantes, pelos meios de transportes, como rodovias, ferrovias, canais, túneis, pontes, portos, aeroportos, entre outras obras, que conectam os povos e permitem o escoamento das riquezas; mas também na geração de energia por meio do projeto e da construção de grandes barragens para usinas hidroelétricas, na construção de usinas nucleares; no saneamento básico e nos recursos hídricos; na construção de grandes edifícios; e na vida das pessoas quanto aos espaços de trabalho, a habitação e a mobilidade nos grandes centros urbanos.

Na era contemporânea, a partir da Revolução Industrial (segunda metade do século XVIII), a engenharia civil ganhou grande impulso, principalmente com a invenção da máquina a vapor e com o advento das ferrovias, que representaram uma revolução nos sistemas de transporte, na mobilidade humana e nas comunicações. Sua construção exigia um traçado adequado e preciso, necessitando de estudos topográficos e projeto geométrico da via, de forma que a interação física entre os veículos e a via fosse adequada do ponto de vista da segurança e da operação. Necessitava também de aterros, cortes do terreno, obras de drenagem, túneis, pontes, viadutos, pátios de manobra, terminais para cargas e descargas de mercadorias e condições necessárias para o suporte estrutural da via férrea.

Segundo Haresnape (1983), a primeira ferrovia comercial foi projetada e construída em 1825 pelo engenheiro civil e mecânico George Stephenson (1781-1848). Stephenson projetou e construiu a locomotiva, os veículos, a via permanente e as obras de arte, como pontes e viadutos.

Um outro fator importante para a expansão das ferrovias foi o desenvolvimento do trilho ferroviário: os trilhos utilizados atualmente em todo o mundo são do tipo denominado "Vignoles", inventado em 1836 pelo engenheiro civil inglês Charles Blacker Vignoles (1793-1875).

Na Europa, ao longo do século XIX, foram projetados e construídos extensos sistemas ferroviários, ligando os mais diversos pontos do continente, atravessando cadeias montanhosas, com a construção de túneis, pontes e obras de infraestrutura que marcaram a presença da engenharia civil.

De acordo com Yenne (1999) e Del Vecchio (1999), os Estados Unidos da América do Norte completaram a ligação ferroviária entre o Oceano Atlântico e o Pacífico em 10 de maio de 1869, permitindo, dessa forma, o transporte de pessoas e mercadorias entre os dois oceanos, através do continente norte-americano. O idealizador dessa ferrovia foi o engenheiro civil Theodore Dehone Judah (1826-1863), que propôs o traçado da ferrovia transcontinental e se envolveu diretamente nos estudos do traçado através das montanhas da Sierra Nevada, na Califórnia. A construção da metade oeste ficou sob a responsabilidade do engenheiro civil Samuel Skerry Montague (1830-1883). Após a morte de Judah em 1863, a parte leste ficou sob a responsabilidade do engenheiro civil Grenville Mellen Dodge (1831-1916), e o financista dessa obra foi Amasa Leland Stanford (1824-1893), fundador da Universidade de Stanford, na Califórnia.

Vale considerar também que a realização física dessa obra se deve, em grande parte, a muitos outros profissionais nela envolvidos, aos operários irlandeses, chineses, aos imigrantes de outras nacionalidades e aos norte-americanos, que trabalharam incessantemente, com eficiência e dedicação, atravessando montanhas geladas, extensas florestas e regiões de desertos no interior dos Estados Unidos.

Já no século XX, uma obra que não poderia deixar de ser considerada é a barragem de Hoover (*Hoover dam*), no rio Colorado, na divisa entre os estados americanos de Nevada e Arizona. Sua construção teve início em 1931 durante a Grande Depressão e foi finalizada em 1936, constituindo na época a maior obra de engenharia civil em concreto armado. Nela foi utilizado pela primeira vez em larga escala o concreto com adição de gelo. Seu superintendente foi o engenheiro civil Francis Trenholm Crowe (1882-1946), empregando durante o período da construção milhares de trabalhadores. A barragem é formada em arco tridimensional em concreto armado, medindo 221,4 m de altura por 379,2 m de comprimento, com espessura total na base de 200,0 m e 14,0 m na crista, com potência total instalada de 2.080 MW. Fornece água e energia elétrica para a cidade de Las Vegas e região e possibilita o controle da vazão do rio Colorado, evitando enchentes e permitindo o cultivo agrícola.

Na segunda metade do século XIX, ao longo do século XX e já no século XXI, grandes obras civis, como pontes, viadutos, túneis, sistemas de drenagens, sistemas de esgotos e de abastecimento de água, edifícios altos, barragens, canais, estradas (rodovias e ferrovias), portos, aeroportos, além de obras geotécnicas, como a abertura de cortes em solos ou rochas, construção de aterros, fundações de grandes estruturas, extensos túneis, entre outras, junto com pesquisas científicas em universidades e em centros ou institutos de pesquisas, desenvolveram e forneceram, em grande parte, as bases científicas da moderna engenharia civil.

Portanto, os trabalhos da engenharia civil estão sempre se renovando, pois, terminada uma obra, surgem outras ainda mais ousadas. Nessa profissão, cada projeto e/ou obra tem uma história particular que dificilmente se repete, bem como o uso de métodos e técnicas inovadoras, cientificamente comprovadas. O profissional deve ser atuante e proativo, procurando sempre estar atualizado quanto às principais técnicas de projeto e metodologias construtivas.

É praticamente impossível citar todas as descobertas científicas e as obras já realizadas pela engenharia civil, bem como seus autores, constituindo esses feitos parte integrante da história.

A seguir são descritos de forma resumida alguns dos principais feitos da engenharia civil e seus principais autores na era contemporânea. Vale considerar que, além dos profissionais citados a seguir, existe uma infinidade de eminentes profissionais que contribuíram para o desenvolvimento da engenharia civil e de outras áreas, não apresentados por motivo de espaço.

Citam-se alguns engenheiros civis, no mundo e no Brasil, que contribuíram para a realização de grandes obras, bem como cientistas que lançaram os fundamentos básicos da moderna engenharia civil, principalmente nas áreas de geotecnia, estruturas, resistência dos materiais, materiais de construção, estradas e transportes, hidráulica, saneamento:

- John Smeaton (1724-1792), engenheiro civil inglês, foi um dos inventores do cimento (1758) posteriormente denominado cimento Portland, constituindo uma das descobertas fundamentais para o desenvolvimento da indústria da construção civil (Figura 3.1). É considerado o patrono da engenharia civil e teve grande participação nas atividades de construção, na Inglaterra, na segunda metade do século XVIII, com o projeto do farol de Eddystone, utilizando argamassa com o cimento por ele inventado. Atuou também em projetos de portos, canais, pontes etc.

Smeaton fundou, em 1771, a primeira associação de engenheiros civis da Inglaterra, que deu origem posteriormente ao Institution of Civil Engineers (ICE) de Londres.

Figura 3.1 — John Smeaton (1724-1792), patrono da engenharia civil. Fonte: Wikimedia Commons.

- Charles Augustin de Coulomb, engenheiro, matemático, físico e cientista francês (1736-1806), graduou-se em 1761 pela École Royale du Génie de Mézières. Deu enorme contribuição à engenharia e à física, principalmente na área de resistência dos materiais e de eletricidade. Como engenheiro, envolveu-se em diversos ramos, como projetos nas áreas de estruturas, mecânica dos solos, fortificações militares etc. Trabalhou na Martinica, onde foi encarregado de projetar e construir o forte Bourbon. Retornando à França, passou a dedicar-se à ciência. Em 1776 propôs o método de Coulomb para a determinação dos empuxos de maciços de solos sobre estruturas de arrimo, método esse utilizado até os dias de hoje.

- John Loudon McAdam (1756-1836) foi um engenheiro escocês especialista na construção de estradas pavimentadas. Desenvolveu, em torno de 1820, o tipo de pavimento rodoviário composto por três camadas distintas de fragmentos de pedras com diâmetros diferentes, compactadas, de modo que as camadas com fragmentos maiores ficavam abaixo das menores, propiciando um imbricamento entre as camadas e dando estabilidade ao conjunto. No início do século XX, essas camadas passaram a receber revestimento de concreto asfáltico, compactado e regularizado, denominado "macadame betuminoso" em homenagem a McAdam. Com o surgimento do veículo automotor, esse sistema de pavimento passou por desenvolvimentos, permitindo a expansão das rodovias e das vias públicas pavimentadas em todo o mundo.

- Claude Louis Marie Henri Navier (1785-1836), engenheiro civil francês, deu grandes contribuições à teoria das estruturas ao formular a teoria da elasticidade, com aplicações diretas em engenharia civil. Foi projetista de pontes pênseis, estudando as equações da catenária, considerando um cabo ou uma corrente suspensa pelas duas extremidades. Suas contribuições estão também na área de mecânica dos fluidos, com as equações de Navier-Stokes sobre o escoamento de fluidos como líquidos ou gases, as quais possuem inúmeras aplicações em diversos setores.

- Isambard Kingdom Brunel (1806-1859), engenheiro civil e naval inglês, considerado na época um dos mais criativos e famosos engenheiros da Inglaterra. De acordo com Haresnape (1983), Brunel foi o responsável pelo projeto e construção da ferrovia Great Western Railway, ligando Londres a Bristol, além de outras ferrovias na Itália, Índia e Bangladesh, tornando-se famoso pela sua capacidade de trabalho. Foi projetista de várias pontes e viadutos, inclusive a ponte pênsil de Clifton. A partir de 1843 dedicou-se, entre outras áreas, à engenharia naval. Projetou o navio a vapor batizado de Great Britain, com estrutura de ferro, que operou pela primeira vez entre Liverpool e Nova York em 1845.

- Henry Philibert Gaspard Darcy (1803-1858), engenheiro civil francês formado pela École Nationale des Ponts et Chaussées. Por meio de suas pesquisas, deu grande contribuição à área de hidráulica, principalmente no estudo do fluxo da água através de maciços de solos e/ou rochas, publicando a lei de Darcy sobre a perda de carga de fluidos através de condutos. Como engenheiro civil, participou de um grande número de obras hidráulicas.

- William John Macquorn Rankine (1820-1872), cientista e engenheiro civil escocês que deu enorme contribuição a diversos ramos da engenharia e das ciências, como a física, em termodinâmica e mecânica. Inicialmente teve interesse pela matemática e música; em seguida passou a trabalhar com projetos e construção de sistemas fluviais, hidráulica, ferrovias e portos. Na engenharia civil, suas contribuições estão ligadas à área de mecânica dos solos, com uma teoria sobre empuxos em maciços terrosos, denominada de método de Rankine, que é aplicada até hoje.

Podemos citar também, entre outros eminentes engenheiros civis que deram contribuições em diversas áreas das engenharias e das ciências, o engenheiro civil alemão Konrad Zuse (1910-1995), considerado um dos inventores dos modernos computadores; e o engenheiro civil inglês Olgierd Cecil Zienkiewicz (1921-2009), que foi um dos pioneiros do desenvolvimento do método dos elementos finitos, utilizado largamente em vários setores das engenharias.

Entre as grandes obras e tecnologias da era contemporânea, podemos citar:

- A cidade de Paris: sob a administração do barão Haussmann e a coordenação dos engenheiros civis Marie François Eugène Belgrand (1810-1878), Zoroastre Alexis Michal (1801-1875) e Jean-Charles Adolphe Alphand (1817-1891) e do paisagista Jean-Pierre Barillet-Deschamp (1824-1873), Paris passou por uma intensa reconstrução, com o surgimento de grandes avenidas, edifícios majestosos e um dos mais fabulosos sistemas de esgotos do mundo. Grande parte da atual Paris deve-se a esses e outros grandes profissionais das áreas de arquitetura, urbanismo, engenharia civil, e de outras áreas, que tiveram a ousadia e a capacidade de vislumbrar o futuro e criar uma das mais belas cidades do mundo moderno (Figura 3.2).

Figura 3.2 – Vista parcial de Paris, França, obtida da torre Eiffel.

- Esgotos de Londres: Londres, na Inglaterra, até a metade do século XIX não possuía um sistema de esgotos, e todos os resíduos líquidos eram lançados diretamente nos cursos d'água que desaguavam no Rio Tâmisa. A cidade sofria com epidemias de cólera que ceifavam a vida de milhares de pessoas por ano. Naquela época, a ciência considerava que essa epidemia era provocada pelo "miasma", odores fétidos produzidos pelos esgotos em decomposição. O médico epidemiologista britânico *sir* John Snow (1813-1858) propôs que, eliminando os esgotos dos cursos d'água e tratando adequadamente a água, as epidemias causadas pelo cólera em virtude da falta de saneamento básico poderiam ser eliminadas.

Em 1859 o Parlamento britânico aprovou o projeto de construção dos esgotos de Londres, nomeando o engenheiro civil *sir* Joseph Willian Bazalgette (1819-1891) como projetista e coordenador da construção. Entre 1859 e 1875 foram construídos 720 km de galerias, transportando os esgotos para um sistema de tratamento fora da cidade. Como resultado, a partir dessa construção, foi erradicado o cólera da cidade de Londres, salvando a vida de milhares de pessoas. Em 1875 Bazalgette recebeu da rainha Victoria o título de *sir*. Atualmente o sistema de esgotos de Londres possui em torno de 21 mil quilômetros de galerias, entre as de pequeno, médio e grande porte.

- Torre Eiffel: símbolo de Paris (Figura 3.3), foi projetada e construída pelo engenheiro Gustave Alexandre Eiffel (1832-1923). Eiffel iniciou sua carreira como engenheiro químico, passando posteriormente para a área de metalurgia e em seguida para a engenharia civil, tornando-se um grande projetista de estruturas metálicas. Projetou muitas obras famosas, como a estrutura metálica de sustentação da estátua da Liberdade em Nova York, o viaduto de Garabit na França, a ponte do Porto, em Portugal, entre outras. Eiffel construiu, na primeira década do século XX, um túnel de vento, equipamento importante para a análise da aerodinâmica das primeiras aeronaves e de estruturas altas.

Figura 3.3 — Torre Eiffel, Paris (França).

- Tower Bridge, em Londres: a ponte mais famosa de Londres, na Inglaterra, deve seu nome à vizinha torre de Londres. É constituída de duas torres que suportam um sistema de suspensão e tabuleiros nas extremidades. Construída sobre o Rio Tâmisa, na parte central possui um sistema de elevação que permite a passagem de barcos. Foi toda construída em estrutura metálica, e as torres, em alvenaria de pedra. Foi concebida pelo arquiteto *sir* Horace Jones (1819-1887) e pelo engenheiro civil *sir* John Wolfe Barry (1836-1918), que, com a morte de Horace Jones, assumiu o projeto, refazendo o sistema de elevação e construindo a ponte, inaugurada em 1894. É considerada uma das obras mais famosas de Londres e serve como uma importante via de tráfego urbano (Figura 3.4).

Figura 3.4 – Tower Bridge, Londres (Inglaterra).

- Canal de Suez: deve-se aos franceses Ferdinand de Lesseps (1805-1894), diplomata e administrador, e Louis Maurice Adolphe Linant de Bellefonds (1799-1883), engenheiro, a construção do Canal de Suez, de 1859 a 1869, ligando o Mar Mediterrâneo ao Mar Vermelho através do Egito, com 193 km (Figura 3.5). Lesseps foi também um dos primeiros idealizadores do Canal do Panamá.

Figura 3.5 – Vista do Canal de Suez, no Egito.

- Canal do Panamá: entre 1881 e 1889, a construção do Canal do Panamá esteve a cargo dos franceses, com Lesseps como responsável pela obra, mas foi abandonada devido a problemas enfrentados na selva e a condições insalubres. A partir de 1904, as obras foram retomadas pelos Estados Unidos, inicialmente sob a coordenação do engenheiro civil John Findley Wallace (1852-1921). Este enfrentou sérios problemas, principalmente com a malária, que ceifou a vida de muitos trabalhadores. Para dar continuidade às obras, o presidente Theodore Roosevelt (1858-1919) enviou o engenheiro civil John Frank Stevens (1853-1943), que contratou o médico sanitarista dr. William Crawford Gorgas (1854-1920) para a erradicação da malária. Sob a coordenação de Stevens, o projeto foi remodelado, com o saneamento dos pântanos e a construção de vilas para os operários, fornecendo melhores condições de trabalho. Antes de ir para o Panamá, Stevens era um famoso projetista e construtor de ferrovias nos Estados Unidos.

Segundo conta a história, ao terminar as obras das eclusas e da ferrovia do canal, ele regressou aos Estados Unidos, onde continuou na área de ferrovias e se aposentou em 1923. A parte final da construção coube ao engenheiro civil George Washington Goethals (1858-1928), que ficou à frente da construção até sua inauguração, em 1914 (Figura 3.6).

Figura 3.6 – Canal do Panamá, no Panamá.

Segundo os historiadores, o sucesso da construção do Canal do Panamá deve-se a três pessoas: o presidente Theodore Roosevelt, o engenheiro civil John Stevens e o médico sanitarista William Gorgas. Evidentemente, a concretização dessa obra deve-se também aos demais engenheiros envolvidos e aos inúmeros trabalhadores do Panamá e de várias partes do mundo que participaram diretamente da construção.

- Ferrovias transcontinentais: na América do Norte houve duas sagas da engenharia civil em obras ferroviárias: uma foi a construção da ferrovia transcontinental nos Estados Unidos, e a outra no Canadá. Como já exposto anteriormente, no dia 10 de maio de 1869 a ferrovia Central Pacific Railroad, atual Union Pacific Railroad, fez a ligação entre o Oceano Atlântico e o Pacífico, com a finalização da linha no local denominado Promontory, no estado de Utah. Participaram dessa obra diversos engenheiros civis, mas a ideia inicial e o traçado partiram dos engenheiros civis Theodore Dehone Judah (1826-1863), Samuel Skerry

Montague (1830-1883) e Lewis Metzler Clement (1837-1914), que participou da construção e foi posteriormente superintendente da via. A construção foi coordenada pelo engenheiro civil Greenville Mellen Dodge (1831-1916) e financiada pelo investidor Amasa Leland Stanford (1824-1893), também fundador da Universidade de Stanford, na Califórnia.

Outra obra ferroviária de grande vulto foi a construção da ferrovia Canadian Pacific. A realização dessa ferrovia deveu-se em grande parte à obstinação do superintendente William Cornelius Van Horn e ao engenheiro civil e agrimensor norte-americano Albert Bowman Rogers (1829-1887), que realizou a exploração e o levantamento topográfico das montanhas Selkirk, no Canadá, permitindo o traçado da ferrovia.

Na Rússia, entre 1890 e 1916, foi construída, sob os czares Alexandre III e seu filho Nicolau II, a ferrovia Transiberiana, ligando Moscou a Valdivostok, no Mar do Japão, com 9.289 km de extensão e atravessando oito fusos horários, constituindo-se em uma das maiores realizações da engenharia civil na época e a mais extensa ferrovia do mundo. Seu traçado foi estudado e a construção coordenada pelos engenheiros russos Constantine Mikhailovski, Alexander N. Pushechnikov, Nicholas P. Mezheninov, Orest P. Vyazemski, Alexander I. Ursati, entre outros.

- Ponte do Brooklyn, em Nova York: a ponte do Brooklyn, com cerca de 1,8 km de extensão em estrutura pênsil (Figura 3.7), foi projetada e construída pelo engenheiro civil John Augustus Roebling (1806-1869). John A. Roebling formou-se engenheiro civil na Alemanha e emigrou para os Estados Unidos, onde projetou e coordenou a construção de diversas pontes pênseis antes de ganhar o concurso para a ponte do Brooklyn.

A construção da ponte teve início em 1867 e terminou em 1884. Roebling faleceu em um acidente durante a construção e foi substituído por seu filho, também engenheiro civil, Washington Roebling (1837-1926). Este também sofreu um acidente, mas continuou a comandar a construção da ponte em uma maca, auxiliado por sua esposa Emily Warren Roebling (1843-1903).

Figura 3.7 – Ponte do Brooklyn, Nova York (Estados Unidos).

- Mecânica dos solos: até o início do século XX, os trabalhos na área de geotecnia eram realizados de forma empírica, com base na experiência do profissional. Em 1925, o professor Karl Anton von Terzaghi publicou *Erdbaumechanik*, livro pioneiro que lançou os fundamentos da mecânica dos solos como ciência da engenharia civil.

Karl Anton von Terzaghi (1883-1963) nasceu em Praga, no Reino da Boêmia, e formou-se em Viena, na Áustria, onde publicou sua tese de doutoramento. Emigrou para os Estados Unidos, onde foi professor e pesquisador na Universidade de Harvard, no Massachusetts Institute of Technology (MIT), onde, com outros pesquisadores, desenvolveu as bases da mecânica dos solos, publicando uma quantidade muito grande de artigos na área de geotecnia. Terzaghi foi um dos maiores consultores em geotecnia, participando de inúmeros projetos em todas as partes do mundo. É considerado o pai da mecânica dos solos e um dos maiores engenheiros civis do século XX.

Além de Terzaghi, podem ser citados outros eminentes engenheiros civis que deram grande contribuição à geotecnia, como Ralph Brazelton Peck (1912-2008), da Universidade de Illinois; Arthur Casagrande (1902-1981) e Donald Wood Taylor (1900-1955) do MIT; Alec Westley Skempton (1914-2001), do Imperial College de Londres; o engenheiro civil dinamarquês Laurits Bjerrum (1918-1973); e o engenheiro civil norte-americano Ralph Roscoe Proctor (1894-1962), que em 1933 apresentou a teoria e o método de ensaio de compactação dos solos denominado "método de Proctor". Deve-se considerar também o professor e engenheiro civil Wolmar Knut Axel Fellenius (1876-1957), que na década de 1910 apresentou o famoso método de análise da estabilidade de taludes denominado "método de Fellenius"; e o professor e engenheiro civil Alan Wilfred Bishop (1920-1988), do Imperial College, que apresentou na década de 1950 o "método de Bishop simplificado" para a análise da estabilidade de taludes; entre outros profissionais que foram grandes projetistas, consultores e cientistas na área.

A ASCE concede aos maiores especialistas em geotecnia que tenham contribuído para o desenvolvimento da área o prêmio Terzaghi Lecture.

- Engenharia estrutural ou área de estruturas: ao longo da história, tem contado com a participação de inúmeros cientistas e engenheiros do passado e outros mais recentes, que deram contribuições teóricas que permitiram o desenvolvimento dos conceitos modernos utilizados nessa área. Podem-se citar Leonardo da Vinci (1452-1519); o físico inglês Thomas Young (1773-1829); o físico e matemático suíço Leonhard Paul Euler (1707-1783); o engenheiro francês Adhémar Jean Claude Barré de Saint-Venant (1797-1886), que deu contribuições à teoria da elasticidade em mecânica das estruturas e também na área de hidráulica; o engenheiro civil alemão Christian Otto Mohr (1835-1918), que deu contribuições no estudo de tensões utilizando processos gráficos como o círculo de Mohr em resistência dos materiais; e o engenheiro ucraniano e naturalizado norte-americano Stephen Timoshenko (1878-1972), que deu enorme contribuição à análise de estruturas, teoria da elasticidade e resistência dos materiais.

- Concreto armado: no final do século XIX e início do século XX, tiveram grande desenvolvimento as teorias e a aplicação do concreto armado na construção de pontes e edifícios. O concreto caracteriza-se por ser um material composto por agregados graúdos (pedra britada), miúdos (areias), cimento Portland e água, de fácil produção e aplicação, podendo ser considerado uma rocha artificial. A união entre o concreto e o aço promove alta resistência, principalmente nas regiões em que o elemento de concreto é tracionado, como em vigas e lajes, sendo utilizado com eficiência também em elementos comprimidos ou sujeitos a flambagem, como nos pilares. Sua aplicação teve grande desenvolvimento, permitindo a obtenção de vãos relativamente grandes em vigas e lajes de forma plana e uma maior flexibilidade e plasticidade nos projetos dos espaços em arquitetura. Na aplicação do concreto armado, o primeiro edifício alto foi o Ingalls Building, construído em 1903 na cidade de Cincinnati, Ohio (Estados Unidos), com 64,0 m de altura.
- Concreto protendido: com o desenvolvimento do concreto armado, verificou-se que para grandes vãos necessitava-se de peças com seções relativamente grandes, que se tornavam antieconômicas. A primeira proposição sobre esse tipo de sistema estrutural deve-se a P. H. Jackson, nos Estados Unidos, que em 1888 obteve uma patente. A partir daí vários outros autores apresentaram trabalhos e patentes sobre concreto protendido.

O maior problema consistia nos fios de aços existentes até então, pois, ao serem mantidos tracionados a partir de determinado tempo, se distendiam e perdiam boa parte das tensões.

Foi o engenheiro civil francês Eugène Freyssinet (1879-1962) que, em 1934, aplicou essa técnica na construção da estação marítima de Le Havre, na França, permitindo a partir daí o desenvolvimento e aplicação do concreto protendido com o uso de armaduras especiais, que aplicavam tensões de compressão no concreto e resultavam em peças com seções mais esbeltas e econômicas.

Apresentamos a seguir as maiores obras da construção civil – os edifícios mais altos, as pontes mais extensas, as maiores usinas hidroelétricas, os túneis, autoestradas e obras de saneamento mais extensos da atualidade:

a) Edifícios: os edifícios mais altos necessitam de estudos por meio da análise em modelos em escala reduzida, instrumentados e testados em túneis de vento, para verificar os esforços provocados pelos deslocamentos do ar sobre as estruturas e a definição da forma aerodinâmica mais adequada. Entre os maiores edifícios do mundo estão:
    - Burj Khalifa, inicialmente denominado Burj Dubai, na cidade de Dubai, nos Emirados Árabes Unidos, com 828 m de altura, composto por 160 andares, construído entre 2004 e 2010.
    - Shanghai Tower, na cidade de Xangai, na China, com 632 m de altura e 128 andares, construído entre 2008 e 2014.
    - World Trade Center, em Nova York, Estados Unidos, com 541,3 m de altura, considerado o edifício mais alto dos Estados Unidos. Foi construído entre 2006 e 2014, ao lado das antigas Torres Gêmeas, ou World Trade Center.

- Shanghai World Financial Center, na cidade de Xangai, na China, com 492 m de altura e 101 andares, construído entre 1997 e 2008, abriga hotéis, escritórios, centros comerciais e demais atividades.

- Vale mencionar ainda o Petronas Twin Towers, também denominado Torres Petronas, em Kuala Lumpur, capital da Malásia, com 452 m de altura; o International Commerce Center, na cidade de Hong Kong, na China, com 484 m; o Empire State Building (1931) em Nova York, com 443 m, nos Estados Unidos; o Al Hamra Tower, na cidade do Kuwait, Kuwait, com 368 m; entre outros mais, espalhados pelos diversos países.

b) Pontes: as grandes pontes ou viadutos, normalmente, são construídos utilizando diversos materiais, como o concreto armado e protendido, estruturas de aço, estruturas pênseis ou estaiadas, para a obtenção de vãos elevados. Além dos esforços das cargas móveis e dos pesos próprios, devem ser analisados os efeitos dos ventos sobre os elementos estruturais. Na citação das grandes pontes e viadutos, em virtude da quantidade elevada dessas obras, fica difícil a apresentação das principais existentes em todo o mundo. Assim, citaremos somente algumas das maiores estruturas desse tipo da atualidade:

- Ponte de Danyang-Kunshan, que faz a ligação ferroviária de Xangai a Nanjing, na China, possui surpreendentes 164 km de extensão, a maior parte construída em terra firme, na forma de elevado, e somente 9 km sobre as águas do lago Yangcheng. Foi construída entre 2006 e 2010.

- Ponte de Tianjin, que faz a ligação ferroviária de Langfang a Qingxian, na China, com 113,7 km, foi construída entre 2006 e 2010 e é considerada a segunda maior ponte em extensão do mundo.

- Ponte do lago Pontchartrain, ou Causeway Bridge, faz a ligação rodoviária entre Nova Orleans e Mandeville, no estado da Louisiana, Estados Unidos. Possui uma extensão de 38,4 km sobre o lago Pontchartrain Causeway, formada por duas pontes paralelas com duas faixas de rolamento cada. Um lado da ponte foi construído de 1955 a 1956 e o outro lado de 1967 a 1969.

- Ponte de Runyang, na cidade de Nanjing, na China, com um comprimento total de 36,6 km, a maior parte em concreto armado e protendido, construída entre 2000 e 2005. Possui na parte norte um vão livre central em estrutura pênsil de 1.490 m sobre o Rio Yangtzé.

- Viaduto de Millau, nas proximidades da cidade de Millau, na França, atravessando o vale do rio Tarn, com extensão total de 2.240 m, é na realidade uma ponte constituída na maior parte em estruturas estaiadas com tabuleiro em estrutura de aço. Construída entre 2001 e 2004. Os vãos centrais possuem 406 m cada um, com o pilar mais alto medindo 246 m em concreto armado.

- Ponte Estaiada de Akashi-Kaikyo, ligando a cidade de Kobe à ilha de Awaji, com extensão total de 3.911 m, construída entre 1988 e 1998. Possui o maior vão livre nesse tipo de estrutura: 1.991 m.

- Ponte Atchafalaya Basin, no estado norte-americano da Louisiana, possui uma extensão total de 29,29 km e é composta por duas pontes paralelas com duas faixas de rolamento cada, pertencendo à rodovia interestadual 10. Foi construída sobre uma região pantanosa entre Baton Rouge e Lafayette. Tem estruturas em concreto armado, protendido e de aço.

c) Estradas: as estradas, considerando as rodovias e as ferrovias, são as artérias por onde escoam as mercadorias e as pessoas, promovendo o desenvolvimento e o bem-estar da humanidade, constituindo-se em extensas obras da engenharia civil. As principais rodovias são as pavimentadas e compostas por várias faixas de pistas em ambas as direções. O Brasil possui a quarta maior malha rodoviária do mundo, com 1,6 milhão de quilômetros. A seguir citam-se algumas rodovias e ferrovias no mundo:

- Rodovia interestadual 10, ou I-10, que atravessa os Estados Unidos pelo sul, indo de leste a oeste, desde Jacksonville, na Flórida, até Santa Mônica, nas proximidades de Los Angeles, na Califórnia, com extensão total de 3.959 km, passando pelos estados da Flórida, Alabama, Mississipi, Louisiana, Texas, Novo México, Arizona e a Califórnia. Ao atravessar a cidade de Houston, no Texas, chega a possuir oito faixas de pista de rolamento em cada sentido, totalizando dezesseis faixas. Construída entre 1956 e 1990, é considerada a quarta mais longa rodovia dos Estados Unidos.

- Rodovia BR-101: é a mais extensa rodovia do Brasil e a segunda maior do mundo, totalizando 4.772 km, tendo início na cidade de Touros, no estado do Rio Grande do Norte, e ponto final na cidade de São José do Norte, no estado do Rio Grande do Sul. Atravessa doze estados brasileiros de norte a sul do país, tendo sua rota no lado leste, próxima do litoral brasileiro.

- Ferrovias transcontinentais: a mais extensa ferrovia do mundo é a já citada ferrovia Transiberiana, na Rússia, que parte de Moscou e termina em Vladivostok, no Mar do Japão, com 9.289 km de extensão. Em vários países, como nos Estados Unidos, Canadá, Austrália, China, Índia, entre outros, existem extensas malhas ferroviárias que foram construídas desde o século XIX até os dias atuais. O Brasil possui atualmente uma malha ferroviária de cerca de 30 mil quilômetros.

d) Túneis: na construção civil, são obras viárias executadas quando se deseja atravessar um maciço para a passagem de uma rodovia, ferrovia, dutos, ou outras finalidades. Os túneis são obras complexas e as que mais necessitam de estudos geotécnicos detalhados, pois a escavação e a estruturação do maciço dependem das condições dos solos e/ou rochas atravessadas. Em todo o mundo existem túneis que marcaram a história moderna, com a ousadia e genialidade do ser humano na concepção e execução dessas obras, para fins civis, como estradas (rodovias ou ferrovias), condução de água, tubulações, ou outras finalidades, considerados verdadeiros patrimônios da humanidade e maravilhas da engenharia. Muitos sistemas subterrâneos, como linhas metroviárias, chegam a possuir dezenas de quilômetros, como o metrô de Guangzhou, na China, que possui 67,3 km de túneis. Dentre inúmeras dessas obras, podem ser citadas algumas, como:

- Túnel Base de São Gotardo, faz a ligação entre a Suíça e a Itália através do maciço de São Gotardo, nos Alpes. Possui uma extensão total de 57,1 km entre as cidades de Ticino, na Itália, e o cantão de Uri, na Suíça. Construído entre 1996 e 2016, é considerado o maior túnel ferroviário construído até o momento, chegando a atingir profundidades da ordem de 2.300 m e temperatura da rocha de 47 °C. Deve-se considerar também que o primeiro túnel construído na região foi o túnel ferroviário de São Gotardo, executado em 1882. Há também o túnel rodoviário de São Gotardo, com uma extensão total de 16,9 km, fazendo a ligação entre as mesmas cidades.

- Túnel de Seikan, no Japão, é um túnel subaquático com uma extensão total de 53,85 km através do estreito de Tsugaru, no norte do Japão. Faz a ligação ferroviária entre Honshu a Hokkaido. Construído entre 1971 e 1988, é considerado o segundo maior túnel em extensão e o mais longo túnel subaquático do mundo.

- Túnel do Canal da Mancha, "Eurotunnel" ou "Channel Tunnel", é um túnel ferroviário subaquático construído sob o Canal da Mancha, entre a França e a Inglaterra. Construído entre 1988 e 1994, possui uma extensão total de 50,5 km e é considerado o segundo maior túnel subaquático.

e) Barragens: são obras que interceptam um curso d'água, formando um lago artificial para diversas finalidades. As barragens podem ser construídas de solo compactado, solos e enrocamento, de concreto armado, ou outros materiais. Normalmente em vales abertos, para a geração de energia elétrica, são compostas por dois trechos laterais de solo compactado e a parte central em concreto armado, onde ficam localizadas as casas de força e os vertedouros. Em regiões montanhosas, em vales estreitos, normalmente são construídas barragens em arco, ancorado em fundações rochosas. A seguir, citam-se algumas das principais barragens:

- Barragem de Três Gargantas, no rio Yangtzé, na China, é a maior usina hidrelétrica do mundo. A barragem em concreto armado possui uma extensão de 2.235 m e altura de 181 m. O lago artificial formado por essa barragem ocupa uma área de 1.045 km², sendo a maior usina hidroelétrica em potência instalada do mundo, com 22.400 MW.

- Barragem de Itaipu Binacional, no rio Paraná, na fronteira do Brasil com o Paraguai, construída em maciços de solo compactado e enrocamento, e em concreto armado, é considerada a segunda maior usina hidroelétrica em potência instalada no mundo, com 14.000 MW. A barragem, incluindo a parte em solo, enrocamento e em concreto armado, possui um comprimento total de 7.919 m e uma altura máxima da base até a crista da barragem de 196 m.

- Barragem de Grand Coulee, no Rio Columbia, no estado norte-americano de Washington, possui uma extensão de 1.270 m em concreto armado e altura de 167 m. Construída de 1933 a 1942, possui uma potência instalada de 7.000 MW.

- Barragem em arco de Xiaowan, China, é considerada a mais alta barragem nesse tipo de estrutura, possuindo 300 m da base até o topo, interceptando o Rio Mekong. Foi construída entre 1961 e 1980, com uma potência instalada de 4.200 MW.

f) Canais e portos: são as obras de infraestrutura por onde são transportados ou realizados os transbordos de mercadorias ou passageiros, através de canais artificiais ou por via marítima. Como canais e portos mais importantes, podem ser citados:

- Canal do Panamá, no Panamá (já mencionado), ligando o Oceano Atlântico ao Pacífico, com extensão total de 77,1 km, construído entre 1880 e 1914.

- Canal de Suez, no Egito (já mencionado), ligando o Mar Mediterrâneo ao Mar Vermelho, com extensão total de 193 km, construído entre 1859 e 1869. Os canais do Panamá e o de Suez são as principais obras desse tipo executadas até hoje.

- Canal de Corinto, na Grécia, que faz a ligação entre os Mares Egeu e Jônico através da península do Peloponeso. A ideia da construção desse canal remonta ao imperador Nero, em 67 a.C. Somente em 1882 foi iniciada a construção, com término em 1893. Possui uma extensão de 6,5 km, largura de 21 m e uma profundidade de 58 m, com taludes laterais aproximadamente verticais. Nas duas embocaduras, nos golfos de Corinto e de Egina, foram construídos quebra-mares para a proteção contra os impactos das ondas.

- No Brasil, vale mencionar o Canal de Pereira Barreto, que conecta o lago da Usina Hidrelétrica de Ilha Solteira, no Rio Paraná, ao lago da Usina Hidrelétrica de Três Irmãos, no Rio Tietê, no estado de São Paulo. Possui uma extensão total de 9.600 m, sendo o maior canal artificial da América do Sul.

- Porto de Shanghai, na cidade de Xangai, na China, é considerado o maior porto de transbordo de contêineres do mundo. Em virtude da sua localização, é considerado um porto marítimo e fluvial, pois envolve o oceano e o Rio Yangtzé, com um total de 125 berços de atracamento de navios.

- Porto de Singapura, considerado o terceiro maior porto do mundo, atendendo à demanda de transporte marítimo na região da Ásia. Localizado em uma região de economia intensa, possui a capacidade de processamento de 58 mil contêineres por dia.

- Porto de Roterdã, na Holanda, considerado o maior porto marítimo da Europa. Possui interligações com diversas modalidades de transportes, como ferroviário, rodoviário, fluvial, dutoviário, entre outros.

- Porto de Santos, na cidade de Santos, estado de São Paulo, considerado o maior porto do Brasil. Recebe mercadorias, principalmente por vias ferroviárias e rodoviárias, dos estados de São Paulo, Mato Grosso do Sul, Mato Grosso, Goiás e Minas Gerais. Está classificado no *ranking* mundial como o 38º porto mundial em movimentação de contêineres.

g) Sistemas de saneamento: são as obras de infraestrutura que objetivam o fornecimento de água tratada; coleta, esgotamento e tratamentos dos resíduos líquidos; coleta, transporte, disposição e tratamento dos resíduos sólidos; e mitigação e solução de problemas ambientais. A seguir, alguns dos principais sistemas de saneamento no mundo:

- Sistemas de abastecimento de água: com o crescimento populacional e a concentração de pessoas nos grandes centros, torna-se necessário o suprimento contínuo de água potável. Estudos sobre os recursos hídricos são realizados em larga escala, com sistemas de captação, tratamento e distribuição da água de grande porte em diversas cidades e países. Como exemplo, tem-se o sistema de tratamento de água denominado James W. Jardine Water Purification Plant (JWPP), na cidade de Chicago, no estado de Illinois, Estados Unidos, considerado o maior sistema desse tipo no mundo, tratando em torno de 3,8 milhões de metros cúbicos de água por dia. Esse sistema abastece aproximadamente 5 milhões de pessoas na cidade de Chicago e na região do entorno.

- Sistemas de tratamento de resíduos líquidos: a história da humanidade sempre sofreu com a falta de saneamento, principalmente quanto à disposição dos dejetos das cidades. Até a metade do século XIX, a falta de tratamento adequado dos esgotos provocava inúmeras epidemias. Conforme já apresentado anteriormente, a cidade de Londres teve o seu sistema de esgotos construído a partir de 1859, diminuindo consideravelmente as epidemias de cólera que assolavam a capital britânica. Esse sistema é considerado um dos maiores existentes. A partir daí, outras cidades da Europa, Américas e de outras partes do mundo implantaram os seus sistemas de coleta e tratamentos dos resíduos líquidos, proporcionando maior bem-estar e saúde à população.

- Disposição e tratamento de resíduos sólidos: os resíduos sólidos (lixos) podem ser de várias origens, sendo necessários a coleta, o transporte, a disposição e o tratamento adequado para proteger a população e o meio ambiente. Sistemas de disposição, como os aterros sanitários, têm sido executados em toda parte do mundo, procurando separar e isolar corretamente os resíduos. Dependendo dos resíduos, são separados e reciclados em complexos especiais, que devolvem à indústria os materiais descartados na forma de novos produtos, evitando a contaminação e provendo as indústrias de matéria-prima, diminuindo, assim, o consumo dos recursos naturais.

É óbvio que as obras citadas não esgotam os assuntos abordados. Um maior aprofundamento pode ser obtido por meio do estudo das grandes construções civis já realizadas e atualmente em construção ao redor do mundo.

3.2 GRANDES OBRAS E EMINENTES ENGENHEIROS CIVIS BRASILEIROS

O Brasil possui uma engenharia civil de excelente qualidade, equiparando-se aos países mais desenvolvidos. Isso se deve a grandes obras como usinas hidroelétricas, rodovias, pontes, sistemas de metrôs, grandes edifícios, túneis, sistemas de abastecimento de água e de saneamento, entre outras, que foram projetadas e executadas no Brasil, e às principais universidades e centros de pesquisas avançadas nas diversas áreas da engenharia civil, que desenvolvem pesquisas e oferecem ensino de alta qualidade.

Podem ser citadas como grandes obras da engenharia civil nacional o projeto e construção da Usina Hidrelétrica de Itaipu (Binacional), Usina Hidrelétrica de Tucuruí, Usina Hidrelétrica de Ilha Solteira, o Canal de Pereira Barreto, a rodovia dos Imigrantes, a rodovia dos Bandeirantes, a Via Dutra, a ponte Rio-Niterói, a construção de Brasília, a ferrovia do Aço, a ferrovia de Carajás, os sistemas de metrô nas principais cidades brasileiras, como São Paulo e Rio de Janeiro, o Sistema Cantareira e a Estação de Tratamento de Águas do Guaraú, a Estação de Tratamento de Esgotos de Barueri, o rodoanel de São Paulo, entre outras obras de vulto, projetadas e construídas no Brasil.

A ponte Rio-Niterói, denominada ponte Presidente Costa e Silva, no estado do Rio de Janeiro, faz a ligação entre o município do Rio de Janeiro e Niterói por meio da Baia de Guanabara. Possui uma extensão total de 13,29 km, considerando os trechos sobre o oceano e terra firme. É considerada uma das maiores pontes em concreto do mundo, sendo a maior em concreto protendido da América Latina, com vão central em estrutura de aço (Figura 3.8). Participaram dessa obra vários engenheiros brasileiros, além de trabalhadores das mais diversas áreas e especialidades.

Figura 3.8 – Vista da ponte Presidente Costa e Silva (Rio-Niterói).

A já apresentada Usina Hidrelétrica de Itaipu (Binacional Brasil-Paraguai), localizada no Rio Paraná, na fronteira do Brasil com o Paraguai, foi construída entre 1975 e 1982 e é considerada a segunda maior hidrelétrica em geração de energia do mundo, com uma potência instalada de 14.000 MW (Figura 3.9), abaixo somente da Usina Hidrelétrica de Três Gargantas, no Rio Yangtzé, na China, com uma potência instalada de 22.400 MW.

Figura 3.9 – Usina Hidrelétrica de Itaipu (Binacional), no Rio Paraná, na fronteira do Brasil com o Paraguai.

No Brasil, o Sistema Cantareira de abastecimento de água para a Grande São Paulo teve início em 1966, composto pelas represas de Jaguarí, Jacareí, Cachoeira, Atibainha, Paiva Castro, Águas Claras e pela estação de tratamento de água do Guaraú, com capacidade de 33 m³/s. Esse sistema é considerado um dos maiores do mundo e o maior da América Latina, com 48 km de túneis e uma estação elevatória. A Estação de Tratamento de Águas do Guandú, no Rio de Janeiro, considerada a maior do mundo, abastece 9 milhões de pessoas em oito cidades e está no *Livro dos Recordes*.

Como rodovias, pode-se citar o Sistema Anchieta-Imigrantes, complexos viários importantíssimos formados pelas rodovias Anchieta e Imigrantes, ligando a capital do estado de São Paulo ao litoral. Fazem parte desse complexo as rodovias Padre Manoel da Nóbrega e a rodovia Cônego Domênico Rangoni (Figura 3.10). Outra rodovia de grande importância é a Presidente Dutra (ou Via Dutra), que liga São Paulo ao Rio de Janeiro, com uma extensão de 402 km.

Do ponto de vista histórico, vale mencionar uma obra que marcou a ligação entre a capital de São Paulo e o litoral, denominada Calçada do Lorena. De acordo com Cintra (1994), sua construção foi ordenada por Bernardo José Maria de Lorena, governador da capitania de São Paulo, e ela foi projetada e construída pelos engenheiros João da Costa Ferreira e Daniel Pedro Müller, auxiliados pelo engenheiro Antonio Rodrigues Montesinhos, sendo concluída em 1792. A Calçada do Lorena é toda pavimentada em blocos de pedras, com estruturas de arrimo em alvenaria e sistemas de escoamento das águas pluviais, uma façanha para a engenharia da época.

Figura 3.10 – Túnel na rodovia dos Imigrantes, entre São Paulo e Santos, e ponte estaiada sobre a rodovia dos Imigrantes, na interligação Anchieta-Imigrantes, na Baixada Santista.

Ao longo da história, o Brasil contou com inúmeros profissionais de elevada competência que deixaram seus nomes na história da engenharia civil e de outras áreas. A quantidade de profissionais da área que deram grandes contribuições é muito extensa e não caberia neste livro. A seguir, citam-se resumidamente alguns eminentes profissionais:

- André Rebouças (1843-1898): nascido na Bahia, seguiu a carreira de engenheiro militar e civil, tornando-se, junto com seu irmão, o engenheiro Antonio Rebouças, responsável por importantes obras ferroviárias, portuárias e de saneamento em diversos estados do Brasil. Foi atuante no movimento abolicionista junto com José do Patrocínio e fundou, com Joaquim Nabuco, o Centro Abolicionista da Escola Politécnica do Rio de Janeiro, onde era professor e jornalista.

- Francisco Pereira Passos (1836-1913): nasceu no estado do Rio de Janeiro e formou-se engenheiro civil em 1856 pela Politécnica do Rio de Janeiro. Em seguida, atuou na construção de ferrovias. Como prefeito da cidade do Rio de Janeiro, de 1902 a 1906, realizou o plano de reurbanização, com a construção de obras viárias e de saneamento, dando à então capital federal um aspecto moderno.

- Antonio Francisco de Paula Souza (1843-1917): natural de Itu (em São Paulo), formou-se engenheiro civil pela Technische Hochschule em Karlsruhe, na Alemanha. Atuou em projetos ferroviários no Brasil e nos Estados Unidos, assim como na área de saneamento, com vários projetos no estado de São Paulo. Foi deputado estadual em São Paulo e ocupou vários cargos públicos, tendo participação na criação da Escola Politécnica de São Paulo em 1894 (atual Escola Politécnica da Universidade de São Paulo, Poli-USP), sendo seu primeiro diretor. Fundou o Gabinete de Resistência dos Materiais, posteriormente Laboratório de Ensaios de Materiais, dando origem, em 1934, ao Instituto de Pesquisas Tecnológicas do Estado de São Paulo (IPT) (VARGAS, 1994).

- Francisco de Paula Ramos de Azevedo (1851-1928), conforme Alvin e Goulart (1994), era engenheiro civil e arquiteto. Nascido em São Paulo, formou-se pela École Speciale du Génie Civil et des Arts et Manufactures, em Gante, na Bélgica

(1878). De volta ao Brasil, atuou nas áreas de arquitetura e construção civil, tendo participado do projeto e da construção de várias obras famosas, como o Teatro Municipal de São Paulo, a Pinacoteca do Estado, o Palácio dos Correios de São Paulo, entre outros. Foi também um dos fundadores e professor da Escola Politécnica, atual Poli-USP.

- Aarão Leal de Carvalho Reis (1853-1936): natural do Pará, formou-se engenheiro civil em 1874 na Politécnica do Rio de Janeiro. Chefiou a comissão da construção da cidade de Belo Horizonte, capital de Minas Gerais, e realizou os estudos topográficos planialtimétricos, o traçado da cidade, o projeto e a construção da capital mineira.

- Francisco Saturnino Rodrigues de Brito (1864-1929): nasceu em Campos, no Rio de Janeiro, e formou-se engenheiro civil pela Escola Politécnica do Rio de Janeiro em 1886. Iniciou sua carreira profissional na área de ferrovias, passando em seguida para a área de hidráulica e saneamento. Foi um dos maiores engenheiros brasileiros na área do saneamento básico e do urbanismo. Projetou e coordenou a construção de diversas obras de engenharia sanitária, como os canais e o saneamento da cidade de Santos (São Paulo) e a retificação do Rio Tietê, na cidade de São Paulo. Produziu inúmeras obras, como o saneamento das cidades de Campos (Rio de Janeiro), de Pelotas e Rio Grande (Rio Grande do Sul), de Recife (Pernambuco), de Campinas (São Paulo), entre outras inúmeras obras de saneamento no Brasil, deixando uma enorme contribuição nessas áreas. É considerado o patrono da engenharia sanitária brasileira.

- Eugenio Gudin (1886-1986): engenheiro civil pela Escola Politécnica do Rio de Janeiro (1905), atuou na área de ferrovias e se interessou por economia, tornando-se um dos maiores economistas brasileiros. Ocupou vários cargos importantes, com projeção internacional. A partir de 1957 foi professor da Universidade do Brasil e da Fundação Getulio Vargas, dando grande contribuição à área de economia.

- Fernando Luiz Lobo Barboza Carneiro (1913-2001): engenheiro civil pela Escola Politécnica da antiga Universidade do Brasil, atual Universidade Federal do Rio de Janeiro (UFRJ). Foi um eminente engenheiro civil e professor na área de estruturas, tendo várias contribuições, principalmente no ensaio para a determinação da resistência à tração na compressão diametral do concreto, conhecido internacionalmente como ensaio Lobo Carneiro ou ensaio brasileiro.

Entre outros eminentes engenheiros civis brasileiros, vale citar: Francisco Prestes Maia, Odair Grillo, Theodoro Fernandes Sampaio, Ernesto Pichler, Ary Frederico Torres, Emílio Henrique Baumgart, Joaquim Maria Moreira Cardoso, José Carlos de Figueiredo Ferraz, Lucas Nogueira Garcez, Telêmaco Van Langendonck, Milton Vargas e muitos outros mais, que o leitor poderá pesquisar nas obras que compõem as Referências deste livro.

CAPÍTULO 4
A ENGENHARIA CIVIL COMO PROFISSÃO

4.1 INTRODUÇÃO

Em qualquer profissão, o especialista visualiza melhor as atividades relacionadas às suas áreas de atuação, observando detalhes que passam despercebidos ao leigo. No caso da engenharia civil, o graduado passa a entender as construções que se encontram à sua volta de outra maneira. Por exemplo, quando observa um edifício, compreende de modo geral como foram desenvolvidos os projetos e a construção, os esforços aplicados e resistidos pelos elementos estruturais (pilares, vigas, lajes etc.), os materiais utilizados, os esforços transmitidos ao subsolo pelas fundações (interação solo-estrutura), as instalações hidráulicas e sanitárias etc. O mesmo ocorre quando viaja por uma rodovia: o profissional compreende como foi projetado e executado o traçado da estrada, o projeto geométrico e geotécnico (curvas, superelevações, superlarguras, cortes, aterros), a pavimentação das pistas, as intersecções (rotatórias, trevos etc.), as obras de arte (pontes, viadutos, estruturas de contenção etc.), os sistemas de drenagens, a sinalização do trânsito e os sistemas de segurança. Isso pode ser estendido a qualquer obra de construção civil, como ruas e avenidas, pontes e viadutos, túneis, barragens, sistemas de abastecimento de água e de saneamento, aeroportos, portos, entre outras.

A engenharia civil é uma modalidade de engenharia em que o profissional participa do progresso e do desenvolvimento por meio de obras de infraestrutura. O profissional vê o resultado do seu trabalho de forma concreta, prática e contínua, servindo à sociedade. Deixa, muitas vezes, o legado do seu trabalho e de suas obras para a posteridade, como atestam muitos exemplos históricos. Assim, no exercício dessa profissão é necessária uma série de atributos pessoais, científicos, éticos e morais.

4.2 ALGUMAS HABILIDADES PARA O ESTUDANTE E FUTURO PROFISSIONAL

O postulante à engenharia civil deve possuir aptidão para as ciências exatas, permitindo a análise e a solução de problemas complexos de engenharia com base nas ferramentas teóricas e conceituais de vários ramos da física, da matemática e da química. O engenheiro civil deve estar atento aos avanços científicos e tecnológicos e possuir também aptidões nas áreas de humanidades e ética profissional, pois fazem parte de sua conduta o entendimento e a busca de soluções científicas adequadas para os problemas complexos que se apresentam no dia a dia do exercício profissional.

Um aspecto importante dessa profissão é o aprender contínuo dos profissionais. Desde a fase de estudante, é fundamental adquirir, além da parte técnica e científica da profissão (física, matemática, química, ciências da Terra, ciências do ambiente, informática, disciplinas específicas etc.), uma cultura geral sólida, buscando conhecimentos nas áreas de ciências humanas (história geral, geografia, política, sociologia, economia, administração, direito, filosofia, ética, literatura, artes, entre outras). Para isso, é necessária a leitura constante em diversas áreas do saber. Deve também interessar-se pela preservação do meio ambiente, pois as obras de engenharia civil interferem diretamente na natureza, ocupando os espaços e modificando as condições naturais.

O profissional contemporâneo deve possuir também conhecimentos na área de informática, tanto na utilização de programas específicos como no desenvolvimento de programas computacionais voltados para a busca da solução de diversos problemas de engenharia.

Muitos problemas de engenharia são modelados e solucionados por meio de métodos numéricos e computacionais, como elementos finitos e elementos de contorno, com a utilização de tecnologia da informação. Esses métodos têm aplicações em uma grande variedade de áreas e diversas aplicações em engenharia civil, como estruturas, geotecnia, hidráulica, materiais etc. Possuem também aplicações em praticamente todas as demais modalidades de engenharias e em várias outras profissões.

É de fundamental importância o conhecimento da língua portuguesa e de uma segunda língua, como o inglês, pois, em virtude da globalização, é comum os profissionais participarem de atividades em conjunto com profissionais de outros países, ou ter que consultar publicações especializadas ou normas técnicas internacionais.

O conhecimento da língua portuguesa é obrigatório na profissão, pois a redação de pareceres técnicos, perícias técnicas, laudos, especificações técnicas em projetos, memoriais descritivos ou quaisquer documentos emitidos por um engenheiro civil não deve conter erros de português. Dependendo do caso específico, uma interpretação dúbia, em decorrência de um erro na redação de um texto, pode provocar uma falha ou um acidente, provocando danos materiais ou causando vítimas.

Expressar-se corretamente de forma oral também é muito importante, pois é comum o engenheiro civil participar de reuniões com profissionais e empresários de diversas áreas, com equipes multidisciplinares, para a apresentação e explanação de projetos, cálculos, memoriais, laudos, pareceres, sistemas, planos, métodos, custos, cronogramas e construções ou manutenções de obras.

Deve-se considerar que, no mundo atual globalizado, o mercado de trabalho está cada vez mais exigente e demanda profissionais muito bem qualificados e preparados para o desempenho das funções.

A capacidade de trabalho em equipe, principalmente um bom relacionamento com os demais profissionais que atuam na construção civil, é muito importante, pois no dia a dia o profissional se depara com os mais diversos problemas e tem de receber e transmitir informações precisas sobre os projetos, materiais e técnicas construtivas para diversos tipos de profissionais, como outros engenheiros, arquitetos, tecnólogos, técnicos de nível médio, mestres de obras, pedreiros, encanadores, armadores, montadores, soldadores, carpinteiros, marceneiros, entre outros profissionais da construção civil.

O profissional deve possuir comportamento proativo e estar preparado para coordenar atividades envolvendo pessoas, delegar funções e responsabilidades, saber resolver conflitos da melhor forma possível, buscar o aperfeiçoamento e bem-estar dos colaboradores, respeitar as individualidades de cada um, zelar pela segurança dos colaboradores e buscar atingir com perfeição os objetivos dos trabalhos desenvolvidos etc. Para isso, o profissional deve procurar aperfeiçoar-se em relações humanas no trabalho, para o bom exercício da profissão tanto nos escritórios de projetos e consultorias como nos canteiros de obras ou indústrias.

4.3 PRINCIPAIS ÁREAS DA ENGENHARIA CIVIL

A engenharia civil, tradicionalmente, é uma profissão antiga e de formação eclética, não sendo específica dentro de uma única área. Nos séculos XVIII e XIX costumava ser ensinada nas escolas politécnicas, denominação que algumas instituições de ensino conservam até hoje. Essas escolas abarcavam uma grande variedade de áreas e atividades voltadas para a construção civil e interfaces com o meio ambiente. Essa formação ampla é fundamentada nas necessidades da prática da profissão, que exige conhecimentos das diversas áreas, pois todas estão interligadas e dependem umas das outras dentro da grande área civil.

Na pós-graduação e no dia a dia nas atividades da profissão, o engenheiro civil se especializa em determinada área ou subárea específica, mas mantém todo o arcabouço de conhecimentos científicos e tecnológicos das demais áreas da profissão.

Conforme já exposto anteriormente, a engenharia civil engloba, tanto no Brasil como em outros países, cinco grandes áreas de atuação e especialização:

- estruturas;
- estradas e transportes;
- geotecnia;

- hidráulica e saneamento;
- materiais e construção civil.

Nas universidades e faculdades, nos departamentos de engenharia civil, corpo docente, pesquisadores e laboratórios especializados costumam dividir-se nessas cinco áreas. Quando um departamento de engenharia civil se expande, com docentes, pesquisadores e laboratórios, essas áreas se tornam departamentos especializados, como ocorre em algumas universidades do Brasil e do exterior.

Os cursos de graduação em engenharia civil duram cinco anos (dez semestres), com disciplinas obrigatórias e optativas que envolvem todas as áreas e atuações da profissão, oferecendo ao graduando uma formação eclética. Além dessa formação geral, podem possuir ênfase em uma determinada área. No último ano o estudante realiza um estágio supervisionado em uma área da profissão que normalmente faz parte da grade curricular. Desenvolve também uma pesquisa sob a orientação de um docente e apresenta uma monografia, que recebe o nome de Trabalho de Conclusão de Curso (TCC).

As disciplinas obrigatórias e optativas citadas nas seções a seguir, que detalham cada área, baseiam-se nos cursos de engenharia civil das instituições de ensino nas quais o autor atuou como docente, na proposta do MEC, nas atribuições profissionais do Confea e em outros cursos de engenharia civil pesquisados, podendo sofrer algumas variações de instituição para instituição.

Os dois primeiros anos do curso (1º a 4º semestres) são dedicados ao núcleo de conteúdo básico e proporcionam ao estudante um embasamento científico nas áreas de matemática, física, química, desenho técnico civil e informática, necessário para o entendimento e aprofundamento das demais disciplinas específicas das áreas da engenharia civil. Disciplinas relativas ao meio ambiente, metodologia científica, pesquisa operacional etc. também fazem parte do núcleo básico. Outras, como administração, economia, engenharia econômica, pesquisa operacional, ética e humanidades, legislação e direito de construir, arquitetura, urbanismo, entre outras, são ministradas nos módulos do básico ou nos demais módulos, e o estudante pode pesquisá-las nas grades curriculares dos cursos oferecidos no Brasil. Deve-se considerar também que, de tempo em tempo, a grade curricular deve ser atualizada em função das necessidades e evolução da profissão.

Essa fundamentação profissional, nas ciências e na tecnologia, é necessária para uma formação sólida em ciências exatas, pois as atividades da engenharia civil nos diversos setores da construção e edificação exigem profundos conhecimentos científicos, nos projetos, nos materiais e técnicas aplicadas, e nos processos construtivos que possam ser comprovados mediante metodologias e experimentos, fornecendo segurança nos diversos espaços construídos, edificados, utilizados ou habitados.

De acordo com a legislação profissional, que será apresentada no Capítulo 9, o engenheiro civil atua em planejamentos, direção técnica, projetos, fiscalizações, construções, manutenções, serviços, condução de equipes, reparos, mensurações, laudos, perícias, pareceres, avaliações, entre outras, dentro das cinco grandes áreas. Porém, como em qualquer outra profissão de abrangência ampla, para se tornar especialista deve-se realizar cursos de especialização em nível de pós-graduação, atuar na prática da profissão e participar de eventos específicos (congressos, simpósios etc.), pois no dia a dia o profissional entra em contato com técnicas e materiais que se desenvolvem e aperfeiçoam continuamente na indústria da construção civil.

Como já exposto, a prática da engenharia civil implica grandes responsabilidades, principalmente quanto aos projetos e construções e à segurança, estabilidade e solidez das construções e edificações, e necessita de profissionais especialistas com excelente formação acadêmica, científica e tecnológica e experiência em cada área de atuação.

4.3.1 ÁREA DE ESTRUTURAS

É uma das áreas mais antigas da engenharia civil, pois desde as primeiras construções necessitou-se de alguns conceitos ou conhecimentos a respeito da estabilidade dos elementos estruturais e dos materiais envolvidos a fim de garantir a solidez e a segurança das construções e, consequentemente, do ser humano nos diversos espaços edificados ou construídos. Teve grande desenvolvimento a partir da era industrial, com a tecnologia dos aços e a invenção do cimento pelo engenheiro civil John Smeaton, em 1758.

A primeira denominação de cimento Portland foi dada por Joseph Aspdin, em 1824, na Inglaterra, permitindo o surgimento do concreto armado e, posteriormente, do concreto protendido. O desenvolvimento do concreto armado e protendido permitiu novas formas arquitetônicas, com vãos livres relativamente grandes e peças mais esbeltas.

A área de estruturas, também denominada no meio técnico especializado de engenharia estrutural, é o ramo da engenharia civil que utiliza os conceitos da física e da matemática para estudar o comportamento estrutural dos materiais e dos sistemas construtivos e estruturais, dos esforços e dimensionamento de estruturas, como de edifícios, pontes, barragens, túneis, entre outras.

Engloba as especialidades de estruturas metálicas, estruturas de concreto armado e protendido, estruturas de madeira, alvenaria estrutural, pontes, barragens, túneis, estruturas de arrimo, plataformas de petróleo, estruturas portuárias, estruturas pênseis, estruturas tênseis, cascas e placas etc. (Figura 4.1).

Figura 4.1 – Alguns exemplos de estruturas em engenharia civil.

O cálculo estrutural, que implica conhecimentos de mecânica dos sólidos, resistência dos materiais e análise de estruturas, tem também interfaces e é utilizado por outras modalidades de engenharias, como naval, aeronáutica, mecânica, entre outras, nos projetos relativos a cada modalidade.

Essa área é muito extensa e diversificada e exige sólida formação e conhecimentos profundos em ciências exatas nas áreas específicas de estruturas, como mecânica dos sólidos, resistência dos materiais, estática, hiperestática, dinâmica, mecânica geral, análise matricial de estruturas, sistemas construtivos, materiais de construção, ensaios laboratoriais e de campo, métodos numéricos, entre outros; de matemática, como cálculo diferencial e integral, geometria analítica, cálculo matricial, cálculo numérico, álgebra linear etc.; e sobre os diversos materiais utilizados, como os componentes dos concretos, metais (aços, alumínios etc.), madeiras, polímeros etc. Verifica-se que essa área implica grandes responsabilidades e profundos conhecimentos científicos dentro da engenharia civil e da especialidade, pois dela depende diretamente a segurança das pessoas e dos bens materiais nos espaços construídos ou edificados.

Assim, o profissional especialista deve possuir sólida formação nas diversas áreas das estruturas e se dedicar ao aprofundamento dos conhecimentos científicos e da prática profissional dentro da área.

Vale considerar que a segurança estrutural de uma construção ou edificação, como uma ponte, um edifício, uma cobertura ou outro tipo de estrutura, está relacionada à elaboração do projeto estrutural, de fundações, e à execução dos elementos estruturais, realizada por especialistas nas áreas e fundamentada em teorias e metodologias científicas da engenharia civil com base nas ciências exatas (física, matemática, química etc.); a métodos numéricos aplicados à engenharia estrutural; à informática, com o desenvolvimento de programas computacionais aplicados a dimensionamentos e projetos estruturais; e a ensaios experimentais laboratoriais e de campo nos materiais e elementos estruturais utilizados.

Dentro das atividades da área de estruturas o especialista busca a concepção do projeto estrutural, adequando os elementos de forma a permitir o melhor aproveitamento dos materiais, visando à segurança e à economia.

Um projeto estrutural inicia-se com a criação da geometria do esquema estrutural, com base nas características espaciais e arquitetônicas da obra, passando à identificação e classificação das ações, a quantificação dos carregamentos, a determinação dos esforços atuantes e das deformações por meio da análise estrutural, o dimensionamento dos elementos estruturais de acordo com as solicitações e materiais utilizados, o dimensionamento dos elementos, das ligações e dos apoios e, finalmente, a produção dos documentos que irão permitir a realização do projeto básico e de detalhamento e a construção e montagem na obra, como os desenhos, memoriais descritivos, memoriais de cálculo, especificações técnicas e executivas, assinados pelos profissionais responsáveis com as respectivas "Anotações de Responsabilidades Técnicas".

No projeto e execução de estruturas, são utilizadas metodologias científicas consagradas na área, além das prescrições das normas técnicas vigentes. Nesse tipo de projeto devem-se avaliar e determinar, com o maior número de informações e precisão, as cargas acidentais aplicadas em serviço, o peso próprio dos elementos estruturais, a forma geométrica espacial e os esforços dos ventos no local da obra, esforços de ondas em estruturas marítimas, esforços das correntezas em cursos d'água, ações de sismos, condições das ligações e suportes dos elementos estruturais, características e propriedades dos materiais, bem como a interação dos materiais com o meio ambiente, entre outras ações, considerando cada tipo de estrutura projetada e construída.

Portanto, pode-se entender que a análise estrutural busca estudar e considerar as respostas estáticas e/ou dinâmicas, estabilidade, solidez, durabilidade e comportamento de todo o conjunto ou de parte da estrutura.

Em países em que ocorrem sismos (terremotos), os cursos de engenharia civil contam com disciplinas voltadas para a sismologia e a análise dinâmica das estruturas, bem como as formas de ocorrência dos abalos sísmicos e a ação direta nos elementos estruturais das construções.

Ações dinâmicas podem ocorrer também em regiões não sujeitas a sismos. São exemplos as ações decorrentes de tráfego intenso e pesado, como nas proximidades de ferrovias, vibrações provocadas por máquinas em indústrias, explosões, impactos de ondas que ocorrem diretamente sobre as estruturas em obras costeiras, entre outras que também geram efeitos dinâmicos.

Modernamente, na área de estruturas existem no mercado diversos programas computacionais para o cálculo, dimensionamento e desenho dos elementos estruturais, facilitando sobremaneira a confecção desses projetos. Para a utilização desses programas o profissional deve ser habilitado e deve possuir sólidos conhecimentos na área, de modo que as configurações do projeto, os esforços, os princípios científicos, as características dos materiais e as normas técnicas sejam seguidos rigorosamente.

Dentro da área de estruturas, o engenheiro civil atua no planejamento, concepção, cálculo, projeto, detalhamento, execução, manutenção e recuperação dos tipos de estruturas a seguir.

4.3.1.1 Estruturas metálicas

Envolve o planejamento, projeto, construção e manutenção de estruturas metálicas para diversas finalidades na construção civil, como plantas industriais, galpões, edifícios residenciais ou comerciais, coberturas, pontes, viadutos, passarelas, hangares, torres de transmissão de energia, torres de telecomunicações, entre outras.

As estruturas metálicas foram desenvolvidas na era industrial a partir de 1760. De acordo com Ostrow (1997), a primeira ponte metálica foi projetada e construída por

Abraham Darby, em 1779. Denominada de Iron Bridge, ela atravessa o Rio Severn em Shropshire, na Inglaterra, e tem 30,5 m de vão livre.

As estruturas metálicas permitem a obtenção de grandes vãos com elementos leves e com certa flexibilidade. São muito utilizadas para a construção de edifícios altos na América do Norte, na Europa e em outros países. No Brasil, esse é um importante setor da indústria da construção.

Possui certas vantagens, principalmente na precisão da fabricação dos elementos (na ordem de milímetros) e com o mínimo de desperdício de material, rapidez na produção, facilidade na montagem e desmontagem, sendo os materiais reaproveitáveis, apresentam cargas relativamente baixas nos elementos de fundações, maior limpeza no canteiro de obras, entre outras.

Para a confecção do projeto estrutural, cálculo, dimensionamento e execução de estruturas metálicas, o profissional deve possuir profundos conhecimentos de engenharia civil nas áreas de resistência dos materiais, análise de estruturas, materiais de construção e técnicas de construção civil, principalmente nas interações com os demais elementos estruturais da obra, como os pilares, fundações, paredes de fechamento e alvenarias, esforços devidos às cargas acidentais estáticas ou dinâmicas, ventos e peso próprio, pois esse tipo de estrutura interage diretamente com os demais componentes da obra. Deve também possuir conhecimentos dos sistemas de ligações entre os diversos elementos da estrutura, como chapas de ligações, rebites, parafusos e soldas, além dos sistemas de apoios, pois esses são componentes essenciais na segurança e estabilidade do conjunto da estrutura.

As estruturas metálicas normalmente são projetadas com elementos esbeltos, formando treliças planas ou espaciais. As treliças podem possuir diversas formas em função do tipo de construção, como treliça em duas águas, treliça com banzos paralelos, treliças em arcos, treliças em arcos com inércia variável, treliças Polonceau, treliças espaciais, entre outras.

Podem ser utilizadas vigas em alma cheia, vigas mistas ou vigas Vierendeel, formando pórticos ou vigas retas. Esses elementos estruturais podem ser constituídos por perfis usinados ou em perfis formados a frio.

Quanto aos apoios, as estruturas metálicas descarregam os esforços sobre pilares metálicos ou de concreto armado com sistemas rígidos ou articulados, fixos ou móveis, inclinados, horizontais ou verticais.

As estruturas metálicas envolvem também o projeto e a montagem de reservatórios metálicos para armazenamento de líquidos (água ou combustíveis), além de silos metálicos para cereais e outros produtos.

As estruturas metálicas permitem a pré-fabricação em indústria e a montagem rápida no canteiro, diminuindo o tempo de execução da obra (Figura 4.2).

A engenharia civil como profissão

Figura 4.2 – Estruturas metálicas durante a montagem. (a) Estrutura metálica em vigas de alma cheia; (b) edifício em construção em estrutura metálica.

Um segmento das estruturas metálicas leve com aplicações no Brasil e com mercado em expansão é o *steel frame* ou *light steel frame* (estruturas metálicas leves), como elementos de sustentação e estruturação de paredes, forros e telhados, em perfis galvanizados.

Verifica-se um crescimento no mercado de coberturas suportadas por estruturas em *steel frame* em substituição à madeira, principalmente em obras de pequeno e médio porte (Figura 4.3), trazendo benefícios do ponto de vista ambiental e de sustentabilidade.

Figura 4.3 – Estrutura para cobertura em *steel frame* em residência.

As paredes nesses tipos de estruturas podem ser executadas com placas de gesso acartonado, denominadas *drywall*. As paredes podem ser internas, como divisórias; em áreas úmidas como cozinhas, áreas de serviço e banheiros; ou externas. Os tipos básicos de placas podem ser resistentes à umidade (RU – cor verde), placas *standard* (ST – cor cinza), placas resistentes ao fogo (RF – cor rosa), ou placas cimentícias para áreas externas. Existem também as placas de alta dureza, chapas flexíveis e as chapas porosas para isolamento acústico.

Os elementos estruturais (perfis de aço) utilizados para o suporte das paredes de *drywall* são compostos em aço galvanizado para evitar a corrosão e proporcionar durabilidade.

Outros sistemas que utilizam estruturas metálicas pré-fabricadas são estruturas provisórias, como palcos para shows, arquibancadas provisórias, coberturas leves para armazenamento de produtos, entre outros. Enquadram-se aí as estruturas leves e as estruturas tênseis, que serão vistas em item a seguir. São estruturas para coberturas formadas por elementos leves tensionados, sendo as barras normalmente em estruturas metálicas em aço ou alumínio. As coberturas na maior parte das vezes são em lonas poliméricas sob a ação de tensões de tração. Esses tipos de estruturas podem ser usados para coberturas provisórias ou, em determinados casos, permanentes, possuindo a característica de serem rapidamente montadas e desmontadas.

Outro tipo de estrutura na maior parte das vezes formada por elementos metálicos em aço são as treliças espaciais ou estruturas formando conjuntos tridimensionais. São compostas por elementos com seção circular (tubos), perfis laminados ou chapas dobradas de diversas formas. As treliças espaciais são utilizadas para a cobertura de grandes vãos, com leveza e estética (Figura 4.4). O projeto e dimensionamento desses tipos de estruturas modernamente são realizados com o auxílio de programas de computador especialmente desenvolvidos para estruturas espaciais complexas.

Figura 4.4 – Exemplos de estruturas espaciais. (a) Passarela para tubulação *pipe rack*; (b), (c) estação Oriente, Lisboa (Portugal).

4.3.1.2 Estruturas de concreto armado e protendido

O concreto, utilizando agregados graúdos como britas, areias e aglomerantes, é conhecido desde o Império Romano, quando se utilizavam cinza pozolânica e cal, misturadas com outros componentes e água, para a produção de concretos.

Na era contemporânea, as primeiras aplicações do concreto ocorreram a partir do início do século XIX na produção de floreiras, bancos e barcos.

Após a invenção do cimento Portland e das primeiras aplicações desse material, surgiram as primeiras ideias e teorias de unir o aço com o concreto, proporcionando elementos estruturais relativamente esbeltos e com excelente capacidade portante.

O jardineiro francês Joseph Monier (1823-1906) obteve em 1867 a primeira patente na aplicação do concreto reforçado com armaduras. A partir daí, vários outros pesquisadores apresentaram teorias, metodologias e patentes para a aplicação do concreto.

A utilização do concreto armado na construção de pontes e edifícios teve início e grande desenvolvimento a partir do final do século XIX e início do século XX.

O concreto é um material de construção artificial, composto basicamente por cimento, agregados miúdos (areias), agregados graúdos (britas) e água, nas proporções corretas (traço) para a obtenção de uma determinada resistência à compressão.

O concreto resiste muito bem aos esforços de compressão e resiste pouco aos esforços de tração (em torno de 10%). Nas regiões de um elemento de concreto onde ocorrem esforços de tração, colocam-se armaduras de aço para resistir a esses esforços (Figura 4.5). O cálculo e o dimensionamento dos elementos de concreto armado são estudados nos cursos de engenharia civil nas disciplinas de Concreto Armado, normalmente em mais de um semestre, abarcando de forma geral a teoria, o projeto e o dimensionamento de lajes, escadas, vigas, pilares, blocos de fundações, entre outros elementos.

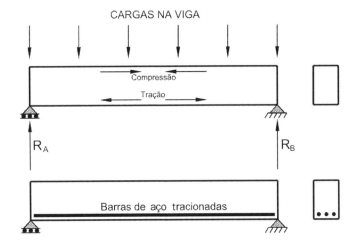

Figura 4.5 – Esquema simplificado de uma viga em concreto armado.

Em alguns elementos de concreto armado o aço auxilia o concreto na compressão, como no caso dos pilares, ou em elementos como vigas ou lajes com armadura dupla (tração e compressão).

Como armaduras complementares, têm-se os ferros porta-estribos e os estribos (armaduras transversais). Os elementos de concreto que possuem armaduras de aço, trabalhando em conjunto, denominam-se elementos de concreto armado, como pilares, vigas, lajes, escadas etc.

No concreto armado, as armaduras trabalham de forma passiva, resistindo aos esforços oriundos da aderência entre o concreto e a superfície da barra de aço. Já no concreto protendido as armaduras trabalham de forma ativa, aplicando esforços de compressão no concreto (Figura 4.6).

As primeiras pesquisas teóricas sobre concreto protendido foram realizadas antes da Segunda Guerra Mundial. O trabalho com esse tipo de concreto consiste em aplicar esforços de compressão nos locais corretos na seção da peça, aproveitando ao máximo a característica do concreto de resistir eficientemente a esforços compressivos. Baseia-se, assim, na introdução de esforços oriundos das barras especiais (fios de protensão) para o concreto, de modo a comprimir os elementos e melhorar o seu desempenho.

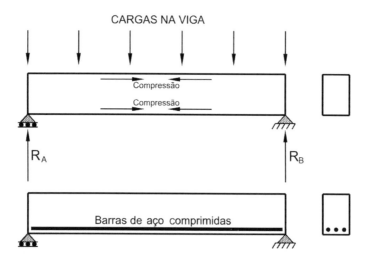

Figura 4.6 – Esquema simplificado de uma viga em concreto protendido.

O concreto protendido permite a utilização mais eficiente do concreto como material estrutural, obtendo-se maiores vãos com elementos mais leves e esbeltos, com segurança e economia. O desenvolvimento do concreto protendido permitiu à arquitetura vãos mais ousados e uma maior leveza e estética nas construções. É muito utilizado em grandes vãos, como em vigas de pontes, viadutos, lajes, estacas para fundações, e até em elementos de menor dimensão que necessitam de alta resistência, como dormentes ferroviários.

A teoria, o projeto e dimensionamento do concreto protendido são estudados nos cursos de engenharia civil na disciplina Concreto Protendido, normalmente oferecida nos últimos semestres do curso.

As estruturas de concreto armado podem ser executadas no local, montando-se as formas com as armaduras e em seguida realizando a concretagem, ou podem ser pré-moldadas em fábricas e montadas na obra. No concreto protendido, as peças podem ser pré-fabricadas, executando-se as protensões nos locais adequados, ou a protensão pode ser realizada na fábrica, antes ou durante a concretagem (Figura 4.7).

Figura 4.7 – Estruturas de concreto armado e protendido. (a) Construção de edifícios em concreto; (b) equipamento para bombeamento e lançamento de concreto em pequenas edificações.

Como esta é uma apresentação simplificada, não foram consideradas as teorias que tratam do projeto e do dimensionamento das estruturas de concreto, uma extensa área de conhecimento que envolve teorias complexas que necessitam de estudos fundamentados nas teorias das estruturas, resistência dos materiais, entre outras, e nas teorias específicas para o concreto armado e protendido. Para se tornar especialista nessa área, além dos conhecimentos das disciplinas cursadas na graduação, são necessários estudos em nível de pós-graduação em cursos de especialização *lato sensu*, ou mestrado e doutorado *stricto sensu* na área de estruturas, especificamente em concreto armado e protendido.

4.3.1.3 Estruturas de madeira

A madeira é um dos mais antigos materiais estruturais de construção. Existem registros históricos de antigas construções em madeira sobre palafitas datadas de 2000 a.C. Na construção civil, a madeira encontra um campo de aplicação muito amplo, como em estruturas de coberturas, forros, divisórias, pontes, passarelas, escoramentos em construções, construções pré-fabricadas em madeira, formas para elementos estruturais de concreto armado, em obras sujeitas a agentes corrosivos, em estacas para fundações etc.

A madeira, desdobrada em peças como vigas, terças, caibros, ripas, sarrafos e tábuas, é muito utilizada na execução de treliças (tesouras) e em outros elementos estruturais compostos, para coberturas de edificações, principalmente com telhas cerâmicas, de fibrocimento ou metálicas. Pode também ser utilizada como elemento estrutural na construção de pontes e passarelas (Figura 4.8).

Figura 4.8 – Alguns exemplos de estruturas de madeira. (a) Cobertura em estrutura de madeira; (b) montagem de uma estrutura de madeira; (c) interior de ponte de madeira coberta; (d) ponte em madeira em arco na Carolina do Norte (Estados Unidos).

A madeira pode ser industrializada e transformada em vigas e pilares compostos por placas em camadas coladas, placas para forros, divisórias, placas para marcenaria, como o *medium density fiberboard* (MDF) ou o *oriented strand board* (OSB), que são painéis formados por tiras de madeira orientadas, utilizados também para o fechamento de paredes e construção de edificações de madeira. A madeira possui aspectos estéticos muito bons e resistência estrutural relativamente elevada, pois possui boa resistência mecânica tanto a esforços de tração como de compressão, além de peso relativamente baixo. Absorve choques e cargas dinâmicas, resistindo a impactos que dificilmente seriam absorvidos por outros materiais. Na área de estruturas, a estrutura de madeira é uma especialização que tem passado por grande desenvolvimento em pesquisas e aplicações na construção civil.

4.3.1.4 Estruturas leves e estruturas tênseis

São estruturas para coberturas formadas por elementos leves tensionados, sendo as barras normalmente em estruturas metálicas em aço ou alumínio. As coberturas na maior parte das vezes são em lonas vinílicas, sob a ação de tensões de tração. Esses tipos de estruturas podem ser usados para coberturas provisórias ou, em determinados casos, permanentes, possuindo a característica de serem rapidamente montadas e desmontadas (Figura 4.9).

Figura 4.9 – Exemplo de estruturas leves tensionadas.

4.3.1.5 Cascas e placas

São elementos estruturais em que a espessura é muito pequena em relação ao comprimento e a largura. Normalmente são formadas por lajes esbeltas em concreto armado (Figura 4.10).

As placas são compostas por elementos planos, podendo ser executadas na horizontal, vertical ou inclinadas, combinando cada elemento entre si e formando conjuntos tridimensionais.

As cascas são formadas por estruturas normalmente curvas tridimensionais, semelhantes a membranas tracionadas. Essa analogia deve-se ao fato de as cascas serem calculadas considerando-se que uma membrana suspensa e com um vínculo de compressão desenvolve nas suas superfícies esforços de tração. Quando esses elementos são executados em concreto armado, com as mesmas configurações espaciais, e são submetidos a esforços inversos, as tensões passam a ser de compressão, comportando-se de forma equilibrada, pois o concreto armado trabalha bem à compressão. Existe uma variedade de tipos de cascas, cada uma com formas e vínculos específicos. O cálculo estrutural desses elementos é bastante complexo e é tratado, na área de estruturas, pelas teorias das cascas e placas.

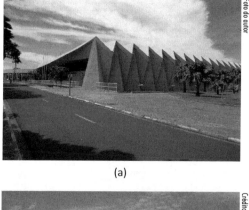

(a)

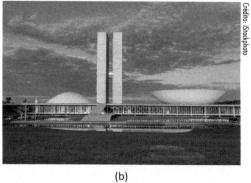

(b)

Figura 4.10 – Exemplos de estruturas em placas e cascas. (a) Ginásio de Esportes Castelo Branco ("Gigantão"), Araraquara (SP); (b) estrutura em casca: Congresso Nacional Brasileiro, Brasília, DF.

4.3.1.6 Alvenaria estrutural

Historicamente, é uma das formas mais antigas de construção, principalmente com o uso de tijolos e de blocos de pedra assentados com argamassa, formando paredes e vencendo vãos por meio de arcos. Vale lembrar que as pirâmides do Egito foram construídas em alvenaria de pedras e as construções da antiga Mesopotâmia utilizaram alvenarias de tijolos cozidos, entre outras inúmeras construções em diversas épocas e lugares. Até o final do século XIX, praticamente todas as construções eram executadas em alvenarias com diversos tipos de materiais, como tijolos cerâmicos ou blocos de pedra, ainda com a utilização do arco, sendo as coberturas em madeira. Atualmente, utilizam-se elementos de concreto pré-moldados, ou cerâmico, na forma de blocos que são interligados por argamassa, com a função de resistir aos esforços. Na alvenaria estrutural a obra dispensa os elementos convencionais de concreto armado, como pilares e vigas (Figura 4.11). As paredes executadas com os blocos estruturais absorvem os esforços e distribuem para as fundações. Os blocos podem ser cerâmicos ou de concreto de alta resistência. Nos encontros das paredes, no interior dos blocos, são colocadas barras verticais de aço que são preenchidas com concreto autoadensável (grautes). Abaixo das lajes e sobre as aberturas (portas e janelas) são executadas canaletas com barras longitudinais de aço e preenchidas com graute. A alvenaria estrutural dispensa as formas de madeira e permite uma maior rapidez na execução das obras, com menor desperdício e menor custo final. A utilização desse sistema construtivo tem crescido muito no Brasil, principalmente na construção de edifícios residenciais. A experiência brasileira no setor tem permitido a construção de edifícios de até 21 pavimentos.

Figura 4.11 – Construções em alvenaria estrutural. (a) Alvenaria estrutural em construções de pequeno porte com blocos cerâmicos; (b) parede em alvenaria estrutural com blocos de concreto; (c) construção de edifício em alvenaria estrutural.

4.3.1.7 Pontes e viadutos

São construções que permitem ligar pontos diferentes, separados por obstáculos naturais ou artificiais. Os viadutos atravessam obstáculos artificiais, como vias públicas, rodovias, ferrovias; e as pontes atravessam obstáculos naturais, como vales, rios, lagos ou trechos de mares.

As pontes são verdadeiras maravilhas da engenharia civil, tendo ao longo da história adquirido várias formas e técnicas construtivas. Pode-se inferir que as primeiras pontes utilizadas pelo ser humano, desde as mais antigas civilizações, foram os troncos de árvores caídos sobre pequenos cursos d'água, que permitiam a passagem das pessoas. Na sequência, também por meio da observação da natureza, foram construídas as primeiras pontes com lajes de pedra e, em seguida, em arco.

Os romanos foram hábeis construtores de pontes, tendo iniciado essa atividade em torno do século III a.C. para diversas finalidades, como a transposição de rios ou vales através de estradas ou para o transporte de água para abastecimento, como a ponte du Gard, na França, que fazia parte de um aqueduto. Algumas dessas maravilhas persistem até os dias de hoje, como a ponte Fabrício, ou *pons Fabricius*, que, conforme Ostrow (1997), foi construída no ano 62 a.C. por Lúcio Fabrício, sendo a mais antiga ponte da cidade de Roma existente até hoje, ligando a ilha Tiberina ao Lungotevere De'Cenci sobre a margem esquerda do Rio Tibre (Figura 4.12).

(a)   (b)

Figuras 4.12 – Exemplos de pontes romanas. (a) Ponte du Gard, França (aqueduto), século I a.C.; (b) ponte Fabrício, ano 62 a.C., Roma, Itália.

As pontes podem ter como função a passagem de rodovias, ferrovias, pedestres, tubulações, aquavias, aeroportos etc.

As pontes modernas, quanto aos sistemas construtivos e materiais, podem possuir inúmeras formas, sendo as principais em viga reta ou curva em concreto armado ou protendido, estruturas metálicas em arco ou treliçada, estruturas de madeira, estruturas pênseis, estruturas estaiadas, estruturas em *cantilever*, estruturas em arco em concreto armado, móveis ou levadiças, entre outras (Figura 4.13).

A engenharia civil como profissão

Figura 4.13 – Alguns exemplos e tipos de viadutos e pontes. (a) Viadutos em Xangai (China); (b) ponte estaiada em Millau (França); (c) ponte Golden Gate, São Francisco (Estados Unidos); (d) ponte em concreto protendido Kochertalbrücke (Alemanha); (e) ponte metálica Firth of Forth (Escócia); (f) ponte sobre o Lago Paranoá, em Brasília.

Um sistema estrutural muito utilizado para pontes e coberturas no passado e ainda em uso são as treliças, que podem ser de estrutura metálica, de madeira ou de concreto.

A Figura 4.14 ilustra alguns tipos de estruturas planas treliçadas, com as respectivas denominações, utilizadas largamente em pontes ou coberturas metálicas e em algumas de madeira, sendo as principais:

- A treliça Pratt, patenteada pelos engenheiros norte-americanos Caleb Pratt e Thomas Willis Pratt, em 1844.

- A treliça Bawstring, patenteada pelo engenheiro civil norte-americano Squire Whipple, em 1841.

- A treliça Howe, patenteada pelo arquiteto norte-americano Willian Howe, em 1840.

- A treliça Warren, patenteada pelo engenheiro britânico James Warren, em 1848.

- A treliça Waddell, patenteada pelo engenheiro civil norte-americano John Alexander Low Waddell, em 1894.

- A treliça lenticular Pauli, proposta pelo engenheiro civil alemão Friedrich August Von Pauli (1802-1883), que consiste em arcos duplos interligados por diagonais e montantes.

Além desses modelos, podem ser citadas as treliças Bollman, Baltimore, Bailey, Allan, Fink, "K", Pegram, treliça ou viga Vierendeel, entre outras.

Essas treliças são apresentadas de forma plana, em duas dimensões, mas quando do dimensionamento de estruturas o projetista considera o comportamento da estrutura em três dimensões, com os elementos como as terças, escoras, contraventamentos e as treliças interligados entre si.

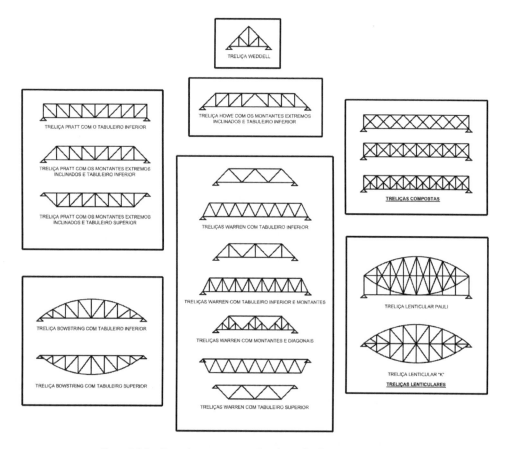

Figura 4.14 – Alguns dos principais tipos de treliças utilizados em pontes metálicas.

A especialização em projetos e cálculos estruturais de pontes, em engenharia civil, é uma subárea da estrutura.

Em virtude da grande diversidade de tipos de pontes e das responsabilidades envolvidas, o projeto e dimensionamento dessas estruturas exigem profundos conhecimentos em engenharia civil e, principalmente, nos diversos segmentos das teorias das estruturas, geotecnia e fundações, tecnologia dos materiais de construção, sistemas construtivos e logísticos, entre outros.

4.3.1.8 Reservatórios e silos

Os reservatórios normalmente servem para o armazenamento de água, produtos químicos líquidos ou derivados de petróleo. Podem ter outras finalidades, como os silos para armazenamento de grãos de cereais, materiais de construção etc. Podem ser construídos em estruturas de concreto armado, estruturas metálicas, fibra de vidro, ou até em estruturas de madeira. Podem ser elevados ou enterrados, dependendo da finalidade (Figura 4.15).

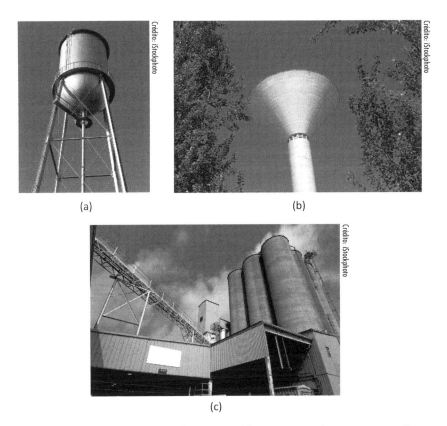

Figura 4.15 – Reservatórios para água e silo para cereais. (a) Reservatório para água em estrutura metálica; (b) reservatório para água em concreto armado; (c) silo para armazenamento de cereais.

4.3.1.9 Estruturas subterrâneas

São construções executadas na subsuperfície, como túneis ou obras subterrâneas para estações de metrô, subsolos de edifícios comerciais, garagens etc. (Figura 4.16).

O dimensionamento estrutural e o projeto desse tipo de estrutura devem levar em consideração os esforços oriundos das cargas acidentais, peso próprio, dos maciços rochosos ou terrosos no entorno da construção e das condições da água subterrânea.

(a)   (b)

Figura 4.16 – Estruturas subterrâneas para suporte de túneis. (a) Revestimento de túnel rodoviário e estrutura de contenção de talude; (b) escavação de túnel com *boring machines*.

4.3.1.10 Estruturas pênseis e estaiadas

As pontes pênseis são suportadas por cabos ou tirantes. Na era moderna, tiveram origem no século XIX, mas há evidências desse tipo de ponte desde o século III. Esse tipo de estrutura possui duas ou mais torres de sustentação, com cabos em cada lateral que suportam os pendurais, e cabos verticais ligados ao tabuleiro (Figura 4.18a). Podem cobrir grandes vãos: o maior vão coberto por uma estrutura pênsil tem 1.991,00 m, da ponte Akashi Kaikyo, no Japão, inaugurada em 1998.

Na atualidade, as pontes pênseis vêm perdendo espaço para as pontes estaiadas, pois estas últimas possuem maior estabilidade do tabuleiro e execução mais fácil (Figura 4.18b). Nas pontes estaiadas, os cabos partem dos pilares em forma de "leque" ou "harpa" e são fixados no tabuleiro. Podem ser construídas com um ou mais pilares ou mastros. Esse tipo de estrutura oferece uma melhor estabilidade ao tabuleiro e maior facilidade na construção e montagem.

Além das pontes, as estruturas pênseis ou estaiadas podem ser utilizadas em outros tipos de construções, como em coberturas de grandes vãos livres em estádios ou em estruturas leves (Figura 4.17).

A engenharia civil como profissão

(a)

(b)

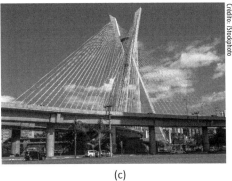
(c)

Figura 4.17 – Exemplos de estruturas pênseis e estaiadas. (a) Millenium Dome, Londres (Inglaterra), uma estrutura estaiada; (b) ponte pênsil do Brooklyn, Nova York (Estados Unidos); (c) ponte estaiada Otávio Frias, São Paulo.

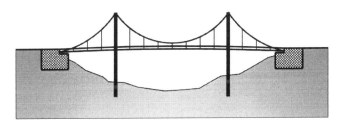
(a) Ponte pênsil

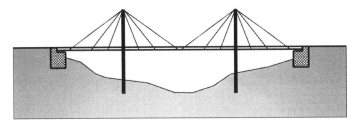
(b) Ponte estaiada

Figura 4.18 – Esquemas de ponte pênsil (a) e estaiada (b).

4.3.1.11 Estruturas dinâmicas

São estruturas que sofrem ação dinâmica, como vibrações de máquinas (bases de fixação e fundações de máquinas), trânsito pesado ou sismos. Estruturas de pontes são sujeitas à ação do tráfego de veículos e dos ventos; edifícios altos e torres normalmente são sujeitos a esforços repetitivos em virtude da ação do vento. Essas estruturas devem ser projetadas e dimensionadas para suportar com segurança as sobrecargas estáticas e dinâmicas.

4.3.1.12 Estruturas de arrimo ou de contenção

São estruturas dimensionadas para suportar com segurança as ações (empuxos) dos maciços de solos e/ou de rochas (Figura 4.19).

(a)   (b)

Figura 4.19 – Alguns exemplos de estruturas de contenção. (a) Estrutura de contenção em concreto armado; (b) estrutura de contenção em gabiões.

Podem ser estruturas por gravidade, estruturas flexíveis (gabiões), estruturas em concreto armado, estruturas atirantadas (armadas ou protendidas), solo armado ou reforçado, ou outros tipos de sistemas estruturais aplicados em contenções. As estruturas de arrimo permitem que sejam executadas na vertical, resistindo aos esforços e proporcionando um melhor aproveitamento do espaço construído.

O projeto e o dimensionamento desses tipos de estruturas exigem profundos conhecimentos na área de estruturas, principalmente em concreto armado e protendido.

A obtenção das ações (empuxos) que o maciço aplica sobre as estruturas de contenção é determinada mediante teorias da área de geotecnia, com base nos estudos geológicos e geotécnicos no local da obra, de mecânica dos solos e de mecânica das rochas, nos ensaios laboratoriais, e nas teorias das estruturas e cálculo estrutural. As estruturas de arrimo devem ser dimensionadas considerando os esforços devido aos empuxos (ativos ou passivos), resistência ao deslizamento, características do subsolo para suporte das cargas verticais e análise global relativa à instabilidade do conjunto estrutura-solo. Em alguns casos, dependendo das características das estruturas do muro e do comportamento geotécnico do subsolo, os muros são apoiados sobre fundações profundas (estacas) para resistirem adequadamente os esforços aos quais serão submetidos.

4.3.1.13 Barragens de concreto

Podem possuir várias concepções, como barragens em concreto por gravidade, em arco, em contrafortes, estruturas mistas em concreto e solo ou enrocamento (Figura 4.20). Dependendo das finalidades, mesmo as barragens em solo compactado necessitam de estruturas em concreto armado, como os vertedouros, eclusas, casas das máquinas de geração de energia etc. As barragens em arco de concreto armado normalmente são executadas em vales íngremes e possuem dupla curvatura, conferindo a esse tipo de estrutura um aspecto monumental.

Figura 4.20 – Alguns tipos de barragens de concreto armado. (a) Barragem em arco de concreto; (b) barragem de concreto por gravidade.

As estruturas das barragens de modo geral são construções que envolvem grandes responsabilidades dos profissionais, pois o acidente com esse tipo de obra pode causar danos irremediáveis, com grandes perdas.

Os engenheiros civis, para adquirir as bases fundamentais para o projeto, cálculo estrutural, dimensionamento e a execução de estruturas, estudam no curso de graduação, além das disciplinas básicas nos dois primeiros anos, como Cálculo Diferencial e Integral, Cálculo Numérico, Geometria Analítica, Álgebra Linear e Cálculo Vetorial, Mecânica Geral, Probabilidade e Estatística, Física (teoria e laboratório), e Matemática Aplicada à Engenharia, as disciplinas específicas do conteúdo de cada curso, relativas à área de estruturas, como Resistência dos Materiais, Mecânica dos Sólidos, Dinâmica das Estruturas, Sistemas Estruturais, Isostática, Análise de Estruturas, Concreto Armado, Concreto Protendido, Estruturas Metálicas, Estruturas de Madeira, Pontes, Alvenaria Estrutural, Construção de Edifícios, Sistemas Construtivos, e Método Numéricos Computacionais Aplicados à Engenharia, entre outras, dependendo da disponibilidade de cada instituição.

São também oferecidas nos cursos de engenharia civil disciplinas optativas da área de estruturas, como Concretos Especiais, Tópicos Especiais de Estruturas, Tópicos Especiais de Estruturas Metálicas, Estruturas Pré-moldadas de Concreto, Introdução ao Método dos Elementos Finitos, Patologia das Estruturas de Concreto, Introdução ao Cálculo de Coberturas Pênseis, Análise de Estruturas por Computador, Análise Experimental de Estruturas, Estruturas de Aço em Perfis Formados a Frio, entre outras disciplinas, variando conforme o curso em função das disponibilidades dentro da área.

Para o desenvolvimento mais profundo e para se tornar especialista nas áreas de estruturas, o engenheiro civil deve realizar estudos em nível de pós-graduação *lato sensu* (especialização) ou *stricto sensu* (mestrado e doutorado) em engenharia de estruturas, em cursos de pós-graduação oferecidos no Brasil ou no exterior, e atuar na prática da profissão, procurando estar sempre atualizado quanto às metodologias e normas, e participando dos eventos técnico-científicos ligados à área.

No Brasil, como entidades especializadas nas áreas de estruturas, podem ser citadas a Associação Brasileira de Engenharia e Consultoria Estrutural (Abece), com sede em São Paulo, e a Associação Brasileira de Pontes e Estruturas (ABPE), com sede no Rio de Janeiro, além da Associação Brasileira de Construção Metálica (ABCEM), também sediada em São Paulo, entre outras.

4.3.2 ÁREA DE ESTRADAS E TRANSPORTES

A área de estradas e transportes, em engenharia civil, envolve o estudo, planejamento, projeto, construção e manutenção das obras de infraestrutura dos sistemas de transportes.

Por infraestrutura dos sistemas de transportes entendem-se as redes de transportes rodoviárias, ferroviárias, vias urbanas, dutoviárias, canais navegáveis, pistas de rolamentos, infraestrutura dos aeroportos e portos, entre outras. Além dessas áreas, há também a engenharia de tráfego urbano e interurbano, no planejamento e operação das diversas modalidades de transportes (Figura 4.21).

Como nas demais áreas, as estradas são construções que surgiram da necessidade de locomoção de pessoas e mercadorias desde as mais antigas civilizações. Há resquícios de estradas que permaneceram até os dias de hoje, desde a Ásia, Europa, África e Américas. Os romanos foram os primeiros a projetar e construir estradas pavimentadas, seguindo determinadas técnicas e marcações das distâncias.

Essa área tem forte ligação com a mobilidade humana e de mercadorias, com o planejamento regional, com o planejamento urbano, com a logística, com a economia e o desenvolvimento de uma nação, e com o meio ambiente, exigindo, portanto, além dos engenheiros civis voltados para o planejamento, projeto, construção e manutenção da infraestrutura dos sistemas de transportes, também a participação de equipes multidisciplinares nos estudos econômicos e dos impactos ambientais e na mitigação desses problemas nos empreendimentos viários.

Uma atividade básica e fundamental dentro das modalidades de transportes, principalmente no traçado, projeto e locação das obras de infraestrutura, é a topografia. A topografia tem também aplicações nas demais áreas da engenharia civil, como edificações, hidráulica, saneamento e geotecnia, e em outras modalidades de engenharia e profissões. Por meio da topografia são realizados os levantamentos planialtimétricos dos terrenos, definindo os pontos principais, as cotas ou altitudes, os perfis dos terrenos, as áreas, as plantas cotadas ou com curvas de nível, as locações das obras e controles de terraplenagens, entre outras atividades relativas ao relevo e à implantação das obras civis. Modernamente, as atividades topográficas de campo são realizadas com equipamentos eletrônicos informatizados denominados estações totais, que determinam os ângulos horizontais e verticais, medidas das distâncias, diferenças de nível e as coordenadas geográficas. Esses equipamentos podem armazenar e transmitir os dados para a obtenção do relevo do terreno, bem como as distâncias e áreas, e substituíram os teodolitos, que forneciam a medição dos ângulos. Para as medições das diferenças de nível entre diversos pontos do terreno e a locação e controle de execução das obras de terraplenagem são utilizados também os níveis óticos ou eletrônicos de tripé, com o auxílio de miras graduadas.

Para o estudo do traçado de estradas e obras que ocupam extensão considerável do terreno são utilizadas as técnicas de aerofotogrametria, que, mediante fotos aéreas, permitem a restituição do relevo do terreno, com as curvas de nível.

(a)

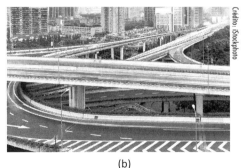
(b)

Figura 4.21 – Alguns exemplos de modalidades da área de estradas e transportes. (a) Multimodalidades; (b) modalidade: rodoviário urbano; (c) modalidade: ferroviário urbano; (d) interseções rodoviária urbana; (e) portuário intermodalidades.

Nas atividades de topografia e aerofotogrametria atuam os engenheiros agrimensores, cartógrafos, técnicos em agrimensura, entre outros profissionais especializados.

Quando se trata do projeto e construção de estradas, portos, aeroportos, entre outras obras viárias, conta-se com a participação da área de geotecnia, pois o traçado dessas obras não se baseia somente em estudos topográficos e projetos geométricos, devendo muitas vezes ser determinado em função dos tipos de solos ou maciços rochosos que ocorrem ao longo do trecho planejado, principalmente na estabilidade dos taludes de cortes e aterros e nos solos utilizados para a construção das camadas compactadas de suporte das pistas de rolamento.

Uma outra área que participa desses tipos de projetos é a hidráulica, pois devem ser realizados estudos hidrológicos e de drenagem para prever e disciplinar o escoamento superficial e subterrâneo das águas através de drenos adequadamente projetados e executados.

No projeto e dimensionamento das obras de arte, como pontes, viadutos, passarelas, estruturas de sustentação dos túneis, estruturas de arrimo e contenção contra escorregamentos de solos, rochas ou neve, sistemas de segurança como defensas, entre outras, a área de estruturas participa junto com a área de estradas e transportes. Na construção da infraestrutura dos sistemas viários, conta-se com a área de materiais e construção civil para implantação, construção e manutenção das obras.

Atualmente, para o projeto geométrico de rodovias, vias urbanas, loteamentos, ferrovias, entre outros, existem no mercado programas computacionais que, com base na topografia e nas características exigidas no projeto, auxiliam nos cálculos, traçados, desenhos e nos elementos do projeto geométrico necessários para a locação e execução das obras de terraplenagem. Para a utilização e operação desses programas computacionais, é necessário que o profissional seja habilitado e tenha conhecimentos em todas as áreas de interferências do projeto, como topografia, geotecnia, estrutura, hidrologia, hidráulica, materiais de construção, metodologias construtivas, equipamentos de terraplenagem e execução das obras, características dos veículos que irão operar na modalidade de transporte, normas técnicas etc.

Dentro da grande área de estradas e transportes, existem as modalidades e subáreas a seguir, envolvendo planejamento, projeto, construção e manutenção.

4.3.2.1 Rodovias

O projeto de uma rodovia moderna envolve os estudos de viabilidade técnica e econômica do empreendimento; os estudos topográficos do relevo da região que será atravessada pela estrada; os estudos geotécnicos para os projetos dos cortes e aterros, estabilidade dos taludes em solos e/ou rochas; aterros compactados; das fundações da via, das obras de arte (pontes e viadutos); dos túneis, entre outros. Envolvem também os projetos geométricos, geotécnicos, de pavimentação, de drenagens das águas superficiais e subterrâneas; o projeto das sinalizações horizontais, verticais e suspensos das pistas; e de segurança do tráfego, como sistemas de defensas e proteção dos veículos.

Nos estudos do relevo do terreno, uma primeira análise é feita por meio de fotos aéreas (aerofotogrametria) com estereoscopia em três dimensões. Utilizam-se também imagens de satélite e sensoriamento remoto. Posteriormente, são realizados levantamentos topográficos planialtimétricos da faixa considerada, para o projeto geométrico definitivo. Junto com o projeto geométrico é realizado também o projeto de terraplenagem, compactação dos solos, estabilidade dos taludes, drenagem superficial e subterrânea, o projeto de pavimentação, o projeto de sinalização e de equipamentos de segurança.

Detalhes importantes do projeto geométrico são os cálculos das curvas horizontais (circulares e de transição) e das curvas verticais; das superelevações e das superlarguras das pistas de rolamento. As curvas horizontais são de dois tipos: circulares e de transição. As de transição são trechos de espirais ou parábolas cúbicas, sendo as mais usuais a espiral de Cornu e a lemniscata de Bernouille, que interligam as extremidades da curva circular às tangentes. As curvas verticais normalmente são parábolas de segundo grau, posicionadas de forma côncava ou convexa.

As superelevações (inclinações transversais nas curvas) têm papel importante nas curvas, pois permitem a inserção dinâmica dos veículos com segurança, nos trechos de transição, minimizando ou impedindo (dentro da velocidade diretriz de operação e da aderência pneu-pavimento) os efeitos do escape pela tangente.

Um aspecto importante no projeto de terraplenagem dos cortes e aterros é a busca pela compensação de terras, isto é, procura-se compensar os volumes de solos retirados dos cortes para serem utilizados nos aterros compactados, minimizando custos.

Também fazem parte do projeto de rodovias as interseções, como as rotatórias, trevos, entroncamentos, cruzamentos etc. As interseções são um assunto bastante amplo, que envolve conhecimentos do projeto geométrico, de terraplenagem, da segurança do tráfego e de planejamento.

Verifica-se que as rodovias modernas são projetos e construções complexos da engenharia civil que envolvem conhecimentos das diversas áreas, como geotecnia, hidráulica, estruturas, materiais e construção civil, para que o conjunto ofereça funcionalidade e segurança ao usuário (Figura 4.22).

Em alguns locais, atravessando áreas urbanas, as rodovias recebem proteção acústica lateral para impedir que o ruído do tráfego atinja as residências e traga transtornos aos habitantes (Figura 4.23). A modalidade rodoviária tem a grande vantagem de possuir flexibilidade na movimentação de pessoas e mercadorias, constituindo-se em um sistema de transporte com poucas restrições em termos de deslocamentos.

Figura 4.22 – Rodovias modernas e interseções. (a) Autoestrada; (b) rodovias urbanas elevadas; (c), (d) complexos viários com interseções.

A engenharia civil como profissão

Figura 4.23 – Rodovia moderna com proteção acústica nas laterais, no Japão.

Em rodovias ou vias urbanas, a pavimentação das pistas de rolamento pode ser dividida em pavimentos flexíveis ou pavimentos rígidos. Os pavimentos flexíveis, normalmente, são constituídos de camadas de concreto asfáltico dimensionadas corretamente e compactadas. Os pavimentos rígidos são constituídos de lajes de concreto armado. Ambos são apoiados sobre uma base formada por camadas de solos adequados e compactados. Esse assunto é estudado nos cursos de graduação em engenharia civil na disciplina Pavimentação (teoria e laboratório) e complementado com disciplinas optativas.

Nessa subárea estão também o projeto, construção e manutenção de rodovias não pavimentadas, destinadas ao tráfego de baixas velocidades e intensidades, normalmente em áreas rurais, servindo como estradas secundárias de acesso às rodovias pavimentadas.

Um outro sistema de infraestrutura de transporte que pode ser inserido nas vias urbanas ou rurais são as ciclovias, destinadas ao tráfego de bicicletas e que consistem em pistas especiais pavimentadas ou ciclofaixas, utilizando parte de sistemas urbanos ou rodoviários, separadas para o tráfego exclusivo de bicicletas, com traçados geométricos, sistemas de proteções e sinalizações especiais. As ciclovias ou ciclofaixas devem se expandir no futuro, permitindo o transporte de pessoas tanto em grandes como em médios e pequenos centros urbanos ou no meio rural, com a vantagem de não consumir combustíveis e não poluir o meio ambiente (Figura 4.24).

(a)

(b)

Figura 4.24 – (a) Ciclovia; (b) ciclofaixas.

4.3.2.2 Ferrovias

Como nas rodovias, os projetos da via permanente ferroviária necessitam de estudos de planejamento, viabilidade técnica e econômica, levantamentos topográficos, estudos geotécnicos, projetos geométricos (curvas horizontais, curvas verticais, superelevações e superlarguras), de terraplenagem (cortes e aterros), projetos de drenagens, projetos dos elementos da superestrutura, como o lastro composto por pedra britada, os dormentes, os trilhos, as fixações dos trilhos, talas de junções (emendas dos trilhos), placas de apoio dos trilhos nos dormentes, e os aparelhos de mudança de via. Englobam também os projetos dos pátios de manobras, cargas e descargas e instalações fixas, como armazéns, depósitos, oficinas e estações (Figura 4.25).

(a)   (b)

Figura 4.25 – Ferrovias modernas com composições de cargas.

A via permanente ferroviária é classificada como composta pelos elementos da superestrutura e da infraestrutura. Como principais elementos da superestrutura temos: os trilhos, os dispositivos de emendas dos trilhos, as fixações dos trilhos nos dormentes, os dormentes, o lastro e os aparelhos de mudança de via. A infraestrutura normalmente é considerada como o sublastro, as camadas finais de terraplenagem, os cortes e aterros, os sistemas de drenagens, as estruturas de arrimo, as obras de arte (bueiros, pontes, túneis etc.).

O dimensionamento estrutural e geotécnico da via permanente ferroviária, constituída pelos trilhos, fixações, dormentes, lastro, sublastro, camadas finais de terraplenagem, sistemas de drenagens e aparelhos de mudança de via, envolve conhecimentos de estruturas, incluindo a estática e a dinâmica; de geotecnia das camadas de lastro, sublastro, solos compactados, cortes e aterros, estabilidade de taludes; hidráulica e hidrologia nos sistemas de drenagens superficiais e subterrâneos (Figura 4.26).

Essa modalidade de infraestrutura de transportes, como as demais, possui interligações com as principais áreas da engenharia civil, como estruturas, geotecnia, hidráulica e saneamento. Da fabricação dos componentes como trilhos, fixações e aparelhos de mudança de via participam as engenharias mecânica, de metalurgia, de materiais, entre outras.

A engenharia civil como profissão

A área de ferrovias inclui também o projeto e execução da infraestrutura e superestrutura de sistemas viários de metrôs, veículos leves sobre trilhos (VLT), sistemas de monotrilho, sistemas *véhicle automatique léger* (VAL), que são sistemas automatizados sobre pneus, entre outras variações da modalidade ferroviária.

Figura 4.26 – (a) e (b) Ferrovias com traçados em curvas, aterros, cortes e sistemas de drenagem (c) pátio de manobras; (d) aparelho de mudança de via.

Como no modo rodoviário, também no ferroviário, no que diz respeito à superestrutura e infraestrutura, metodologias de gerenciamento eficazes têm sido pesquisadas, principalmente na manutenção dos elementos que compõem a via permanente.

Esse modo de transporte é restrito somente à via permanente e tem sofrido grande desenvolvimento, principalmente a partir da metade do século XX, com a implantação de linhas para trens de altas velocidades. Em muitos países da Europa, da Ásia e da América do Norte foram construídas linhas com trens de passageiros buscando a rapidez e a segurança. A França tem o *train à grande vitesse* (TGV), que atingiu, experimentalmente, a marca de 574,8 km/h; o Japão tem o *shinkansen*, com velocidade máxima experimental de 443 km/h, em via convencional; entre outros nos diversos países. As vias permanentes para altas velocidades têm de ser projetadas especialmente para os veículos que irão operar, levando em consideração o traçado, as características estruturais da via e a precisão na construção e manutenção (Figura 4.27).

Figura 4.27 – Ferrovias modernas com trens de alta velocidade (TAV).

Essa modalidade tem as vantagens de ocupar menos espaço no traçado da via e poder ser alimentada com energia elétrica, não emitindo gases para a atmosfera e agredindo menos o meio ambiente, gerando menos ruídos e oferecendo conforto, rapidez e segurança no transporte de passageiros e cargas. As ferrovias têm muita importância no transporte de mercadorias em longas distâncias, principalmente produtos que se apresentam em grandes quantidades com baixo valor agregado, como grãos, petróleo e derivados, cimento, minérios, entre outros. Em função desses e outros aspectos favoráveis, pode-se considerar que a ferrovia foi o transporte do passado, continua sendo um importante meio de transporte no presente e será uma das principais modalidades de transporte no futuro.

Para se tornar especialista nessa área, na infraestrutura e superestrutura da via permanente ferroviária, o profissional deve se especializar em nível de pós-graduação *lato sensu* ou *stricto sensu* em engenharia ferroviária, ou em transportes com ênfase em ferrovias.

4.3.2.3 Pavimentação

A pavimentação é uma especialização da engenharia civil nas áreas de estradas, construção civil e materiais, envolvendo também metodologias e materiais específicos das áreas de geotecnia e estruturas, principalmente quanto aos esforços e dimensionamentos das camadas de solo compactado da base dos pavimentos e dos elementos estruturais das camadas de concreto flexível ou rígido. Esses setores envolvem profissionais e empresas especializadas no desenvolvimento dos projetos, execução e manutenção de pavimentação de rodovias, vias urbanas, aeroportos, pátios de manobras e estacionamentos, pisos industriais, calçamentos, ou qualquer tipo de sistemas de pavimentos. Os pavimentos rodoviários, urbanos, aeroportuários, estacionamentos, entre outros, podem ser em concretos asfálticos (concretos flexíveis) ou concreto armado de cimento Portland (rígido), dimensionados adequadamente para resistirem aos esforços aplicados.

Podem ser utilizados também como tipos e materiais de pavimentação blocos de concreto sextavados simples ou intertravados, blocos de concreto com outras formas geométricas, blocos de concreto ecológicos permeáveis à água, paralelepípedos de rochas, ou lajes de pedras rejuntadas com argamassas, sendo todos esses tipos assentados sobre base de solo compactado adequadamente.

Os setores de pavimentação envolvem uma indústria relativamente grande, pois as estradas e as vias urbanas pavimentadas possuem enorme extensão. Além dos novos projetos, é preciso fazer a manutenção periódica da malha já existente. As pavimentações de aeroportos possuem menor extensão, mas são estruturas de rolamento especiais, pois são solicitadas por cargas elevadas.

Essas atividades têm sido objeto de muitas pesquisas em universidades e centros tecnológicos, principalmente quanto à utilização de novos materiais e técnicas construtivas.

Um assunto que vem sendo bastante estudado e desenvolvido, principalmente com novas metodologias, é o gerenciamento de pavimentos rodoviários e urbanos, buscando a eficiência e a racionalização nos custos, principalmente quanto à utilização e manutenção.

4.3.2.4 Portos

Envolve as diversas fases de projeto, construção e manutenção de um porto, seja marítimo, fluvial ou em lagos. Um porto é uma área, ou um complexo de áreas, construída e constituída pelos equipamentos de infraestrutura, protegida de ondas e correntes e destinada ao atracamento de navios e barcos, com a finalidade de transbordo de mercadorias e passageiros (Figura 4.28). Para a proteção direta da ação das ondas e correntes marítimas, os portos são construídos em baías ou enseadas com saída para o mar aberto. Quando não é possível a instalação de um porto em uma área protegida naturalmente, devem ser executadas obras de proteção, como molhes ou quebra-mares.

Normalmente nesse tipo de projeto deve-se estudar, planejar e dimensionar, com base nas características das embarcações operantes, os seguintes elementos: os ancoradouros, cais, píeres, os sistemas de amarras das embarcações, as docas, o círculo de manobras, a bacia de evoluções, os molhes e quebra-mares, os cais e as instalações portuárias. São projetos e obras complexos que exigem conhecimentos de hidráulica, oceanografia, geotecnia, estruturas, materiais de construção e transportes. Por ser uma especialidade muito ampla e complexa, participam desse tipo de projeto, junto com os engenheiros civis, equipes multidisciplinares compostas por engenheiros navais, engenheiros mecânicos, engenheiros eletricistas, engenheiros oceânicos, engenheiros ambientais, biólogos marinhos, oceanógrafos, geólogos, entre outros, pois esse tipo de obra envolve a construção civil e os equipamentos utilizados e interfere diretamente no meio ambiente. Os portos podem possuir finalidades específicas, como o transporte de passageiros, cargas a granel, líquidos e combustíveis, contêineres, produtos industrializados, veículos, entre outros. Cada modalidade de porto ou terminal exige planejamento, projeto e equipamentos diferentes.

(a)   (b)

Figura 4.28 – Portos marítimos. (a) Porto de Santos, em São Paulo, com terminal de contêineres; (b) porto com terminal de petróleo.

4.3.2.5 Aeroportos

O planejamento, projeto, construção e manutenção das infraestruturas e superestruturas das instalações aeroportuárias trata das pistas de rolamento de decolagem e aterrissagem, de estacionamento e taxiamento das aeronaves, bem como das estruturas fixas e edificações de um aeroporto (Figura 4.29). Atualmente, existe no Brasil a modalidade de engenharia civil aeronáutica, que envolve todas as áreas da engenharia civil e é focada na infraestrutura aeronáutica, oferecida pelo Instituto Tecnológico da Aeronáutica (ITA), em São José dos Campos (São Paulo).

Para o projeto de um aeroporto devem ser planejadas e estudadas as seguintes atividades: o sistema de tráfego aéreo, o sistema de organização da aviação civil, as características das aeronaves que irão operar no local, a previsão de tráfego aéreo local, o planejamento geral e logístico do aeroporto, as pistas de decolagem, aterrissagem e taxiamento das aeronaves, as condições climáticas locais, todo o projeto geométrico das pistas e das áreas de manobras e estacionamento das aeronaves e veículos, o projeto geotécnico e de drenagem das bases das pistas, o projeto e dimensionamento dos pavimentos das pistas com base nas cargas das aeronaves, o projeto estrutural e de fundações dos terminais de cargas e passageiros, dos hangares, os sistemas de drenagem superficiais e subterrâneos, as torres de controle e todas as obras complementares necessárias, como os edifícios, estacionamentos etc. No projeto das pistas de aterrissagem e decolagem, devem ser estudadas as direções predominantes e as velocidades dos ventos, temperaturas e pressões atmosféricas, o clima local, a topografia e a geotecnia local, além da área de proteção e dos obstáculos naturais e artificiais no entorno das instalações aeroportuárias. As pistas de decolagem e aterrissagem exigem um dimensionamento especial da infra e superestrutura, como as camadas compactadas dos solos, estruturas do pavimento e sistema de aderência das pistas (*grooving*), comprimentos e larguras das pistas etc. Os pavimentos podem ser em concreto armado ou asfáltico, dependendo dos esforços aplicados. Do planejamento e projeto das edificações de um aeroporto participam a arquitetura e o urbanismo nos diversos espaços, formas, finalidades, funcionalidade, conforto e estética, além de especialidades das áreas ambientais, entre outras.

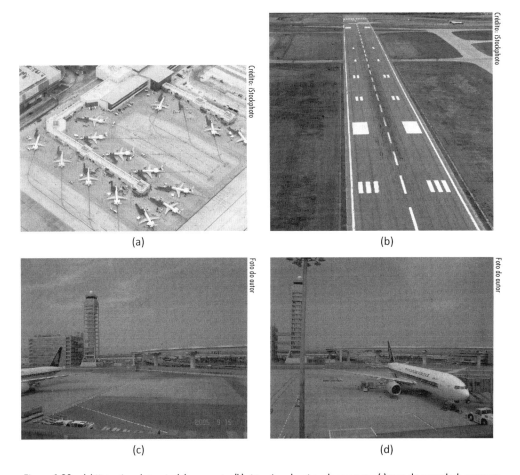

Figura 4.29 – (a) Vista aérea de terminal de aeroporto; (b) vista aérea das pistas de aeroporto; (c) torre de comando do aeroporto de Kansai (Japão); (d) sistema de embarque do aeroporto de Kansai (Japão).

4.3.2.6 Engenharia de sistemas viários urbanos

Projeto de vias urbanas (ruas, avenidas, vias expressas, interseções, pontes, viadutos etc.), loteamentos, construção e manutenção de obras de infraestrutura viária. Nessa área, no que diz respeito ao planejamento e projeto, o engenheiro civil participa junto com arquitetos urbanistas e demais profissionais especializados ligados ao planejamento urbano e meio ambiente, definindo os espaços urbanos, as interações com o meio e suas conectividades (Figura 4.30).

Figura 4.30 – (a) Áreas urbanas; (b) ocupação do espaço com loteamentos.

Devem ser orientados e especificados os estudos topográficos e geotécnicos, realizados os cálculos do projeto geométrico das vias, incluindo as curvas horizontais e verticais, superelevações e superlarguras, o projeto geotécnico e de terraplenagem, o projeto de pavimentação (rígida ou flexível), guias e sarjetas, locação e demarcação das vias e lotes, projeto dos sistemas de drenagem das águas pluviais e drenagem subterrânea, sistemas de esgotos, sistemas de distribuição e abastecimento de águas, sistemas hidráulicos de combate a incêndio, e engenharia de tráfego. Nesse tipo de obra é importante que, antes da fase de projeto, sejam realizados estudos geológicos e geotécnicos da área, com a apresentação de laudo geológico-geotécnico, pois essas características têm muita influência na viabilidade técnica e adequabilidade do futuro espaço urbano. Por exemplo, o afloramento de rochas muito próximo da superfície favorece as fundações das edificações, mas, por outro lado, dificulta e encarece as instalações de infraestrutura, como a escavação para as redes de água, esgotos e águas pluviais, bem com a fixação de postes de transmissão de energia e iluminação. Áreas formadas por rochas calcárias podem trazer problemas futuros com a movimentação do terreno, e o possível surgimento de dolinas (crateras de abatimento de tetos de cavernas). Os tipos de solos que ocorrem no local, quanto à mecânica dos solos, implicam determinados comportamentos nas obras de terraplenagem, escoamento das águas, pavimentação das vias, comportamento geotécnico e estabilidade dos maciços e erosões. Portanto, o planejamento, projeto e implantação de um loteamento não se caracterizam somente em um estudo topográfico planialtimétrico e no traçado das vias e parcelamento dos lotes, e sim em estudos mais abrangentes, envolvendo equipes multidisciplinares de profissionais com conhecimentos científicos e tecnológicos especializados.

4.3.2.7 Sistemas dutoviários

São modalidades de transportes através de tubulações para a condução de gases ou líquidos e possuem forte ligação com a área de hidráulica. Esses sistemas podem trabalhar sob a ação da gravidade ou com adução através de bombas. Nesses tipos de projetos aplicam-se os conhecimentos de mecânica dos fluidos, fenômeno dos transportes, hidráulica, estruturas e geotecnia. Nesses sistemas, em função da vazão necessária, da viscosidade do fluido, da rugosidade das paredes da tubulação, das perdas de cargas nas conexões e nas tubulações, são dimensionados os tipos e diâmetros dos tubos. As tubulações devem ser ancoradas por meio de sistemas especiais, normalmente executados em concreto armado e engastados em fundações no terreno para que não ocorra a movimentação e a ruptura do conjunto. Esses sistemas incluem também a construção de passarelas elevadas (*pipe racks*) sobre obstáculos como cursos d'água, estradas, escavações em trechos enterrados, entre outros, bem como passagens subterrâneas por meio da escavação de túneis. O traçado ao longo do terreno envolve trabalhos de topografia e estudos geotécnicos. Portanto, a participação das áreas de hidráulica, de estruturas e de geotecnia é fundamental para o projeto e execução desses sistemas (Figura 4.31).

Figura 4.31 – Sistema de dutovia elevada com suportes e ancoragens.

4.3.2.8 Sistemas de sinalizações rodoviárias e urbanas

São compostos pelas placas de sinalização, estruturas de suporte, sinalização horizontal como faixas e sistemas de orientação e organização do trânsito rodoviário e urbano. Esses sistemas fazem parte do conjunto da obra viária (rodovia ou vias urbanas) e necessitam de conhecimentos técnicos da área de transportes, principalmente quanto ao projeto geométrico das vias e sua segurança ao tráfego. Normalmente esses sistemas são estudados nas disciplinas relativas ao projeto de estradas, engenharia de tráfego, técnica e economia dos transportes, ou sistemas viários urbanos. Incluem-se também nesses sistemas os semáforos, ou a semaforização de trânsito, que devem ser estudados por meio de modelos matemáticos, buscando a segurança e o fluxo adequado do trânsito e oferecendo conforto aos veículos automotores e aos pedestres (Figura 4.32).

Figura 4.32 – Tráfego urbano e sinalizações. (a) Semaforização de trânsito; (b) sinalização de trânsito; (c) sinalização de ciclovia urbana.

4.3.2.9 Canais navegáveis e eclusas

São tipos de construções muito antigas, que servem como vias de transporte, abastecimento de água e irrigação. Abarcam o planejamento, projeto, construção, manutenção e operação dos sistemas de navegação através de cursos d'água ou canais artificiais. Esse tipo de projeto inclui os estudos topográficos, geotécnicos, hidrológicos, hidráulica fluvial, sistemas de proteção das margens, obras de transposição, bem como o estudo dos equipamentos que irão operar, como os barcos ou navios, para adequação à geometria da obra e funcionalidade do projeto.

As eclusas são sistemas que permitem a transposição de desníveis em um canal ou curso d'água. Nesses sistemas devem ser considerados os desníveis a serem vencidos, os sistemas de comportas, o dimensionamento dos elementos estruturais e das fundações, bem como todo o sistema hidráulico e fluvial e os equipamentos envolvidos no projeto (Figura 4.33).

A engenharia civil como profissão 109

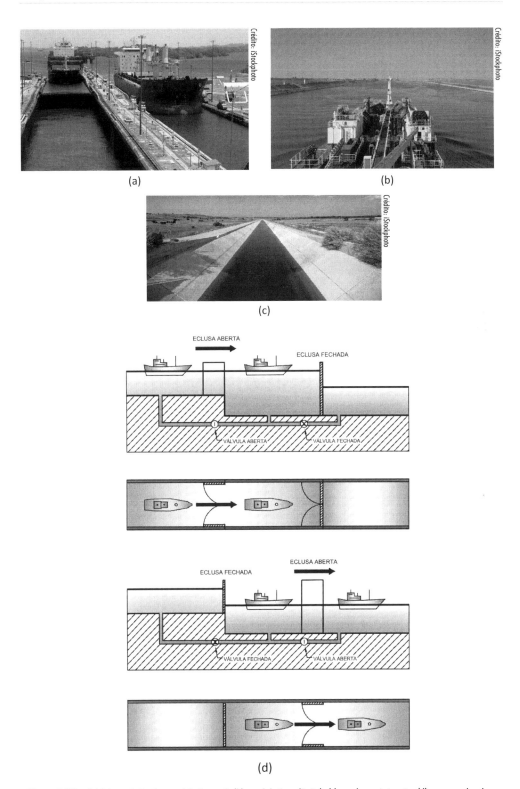

Figura 4.33 – (a) Eclusas de Gatún, canal do Panamá; (b) canal de Suez (Egito); (c) canal para irrigação; (d) esquema de eclusas.

Outras modalidades de transportes, como sistemas elevados ou de teleféricos, também fazem parte da grande área dos transportes, principalmente no projeto estrutural e de fundações das instalações fixas civis.

As áreas de planejamento dos sistemas de transportes incluem o projeto, planejamento, implantação e manutenção de engenharia de tráfego urbano, sistemas de transporte urbano e interurbano de passageiros, sistemas de transportes intermodais de mercadorias, sinalização de trânsito e logística de transportes. Os profissionais que atuam nessas áreas normalmente possuem especialização em nível de pós-graduação.

Uma área que tem passado por grande desenvolvimento são os sistemas de informações geográficas (SIG), que, mediante procedimentos computacionais, coletam, armazenam, utilizam e recuperam informações georreferenciadas de várias particularidades, dentro de um sistema geográfico de informações, para aplicações em diversos setores. Esses sistemas são usados no planejamento e no projeto e gerenciamento de sistemas de transportes. Essa área tem a participação de equipes multidisciplinares, principalmente especializadas em urbanismo, mobilidade urbana, meio ambiente, agrimensura, geografia, cartografia, economia, entre outras.

Nos cursos de graduação em engenharia civil, na área de estradas e transportes, são oferecidas as seguintes disciplinas na grade curricular: Topografia (teoria e prática de campo), Urbanismo, Projeto de Estradas, Técnica e Economia dos Transportes, Pavimentação (teoria e laboratório), Portos e Vias Navegáveis ou Portos, Rios e Canais, Projeto e Construção de Aeroportos, Transporte Ferroviário, além de disciplinas optativas como Engenharia de Tráfego, Aerofotogrametria, Pavimentação com Solos Lateríticos, Drenagem de Estradas, Topografia Avançada, Geoprocessamento, Transportes Urbanos, Projeto e Construção de Ferrovias, Planejamento de Sistemas de Transportes, Tráfego Urbano, Sistemas de Informação Geográfica Aplicada aos Transportes, Logística de Transportes, entre outras que são oferecidas nos cursos de engenharia civil, dependendo da disponibilidade de cada instituição.

Para se tornar especialista na área de estradas e transportes o engenheiro civil deve prosseguir com os estudos em nível de pós-graduação *lato sensu* (especialização) ou *stricto sensu* (mestrado e doutorado) em uma universidade ou instituição de ensino, no Brasil ou no exterior.

4.3.3 ÁREA DE GEOTECNIA

A geotecnia é o ramo da engenharia civil em que se aplicam os métodos e princípios científicos, nos estudos teóricos, experimentais em laboratórios e no campo, para o uso correto e solução dos problemas dos materiais naturais que ocorrem na crosta terrestre em face das obras de engenharia. A geotecnia engloba a mecânica dos solos, a mecânica das rochas, a geotecnia ambiental, o mapeamento geotécnico e a geologia de engenharia. A geomecânica engloba a mecânica dos solos e a mecânica das rochas.

Até o século XIX, a geotecnia era praticada empiricamente, dependendo muito da experiência do profissional. A partir do século XX, mais precisamente 1925, com a publicação em Viena, na Áustria, do livro *Erdbaumechanik* (Mecânica dos solos), pelo professor Karl von Terzaghi (1883-1963), a geotecnia passou a ser estudada com bases científicas, desenvolvendo-se muito a partir daí.

Todo projeto ou obra de engenharia civil é realizado na superfície ou na subsuperfície da Terra, interagindo diretamente com os solos e/ou rochas existentes.

São exemplos (Figura 4.34):

- Fundações de edifícios, pontes e barragens de concreto, que transmitem os esforços para o subsolo e necessitam ser adequadamente dimensionados para trabalhar com estabilidade e solidez.
- Maciços de barragens de solos e/ou enrocamentos.
- Estudos de consolidação dos maciços terrosos sob a ação de tensões e a interação com a água.
- Cortes de estradas que são executados em materiais naturais e têm de ser adequadamente projetados para não provocar escorregamentos.
- Aterros que são compactados e apoiados diretamente sobre a superfície do terreno.
- Obras subterrâneas, como túneis viários ou tubulações enterradas para condução de gases ou líquidos.

Outro aspecto importante da geotecnia são os estudos e as quantificações dos fluxos de água através dos maciços terrosos ou rochosos, principalmente no projeto e dimensionamento de sistemas drenantes e de estabilização dos maciços.

Envolve também os estudos geotécnicos e tecnológicos dos materiais naturais utilizados na construção civil, como solos e rochas.

Na geotecnia, em suas diversas aplicações, programas computacionais auxiliam nos ensaios, simulações, cálculos, dimensionamentos, desenhos, quantificações, entre outros, facilitando e promovendo rapidez na confecção dos projetos. Esses programas devem ser utilizados por profissionais habilitados e especializados, para que os dados sejam considerados e processados de forma correta e de acordo com metodologias científicas e normas técnicas.

Nos cursos de engenharia civil, as disciplinas ligadas à geotecnia são: Geologia de Engenharia (teoria e laboratório), Mecânica dos Solos (teoria e laboratório), Engenharia de Fundações, Maciços e Obras de Terra, bem como as disciplinas optativas Projeto e Construção de Taludes e Estruturas de Arrimo, Projeto e Construção de Barragens, Mecânica das Rochas, Tópicos Especiais de Mecânica dos Solos, Aterros sobre Solos Moles, Geossintéticos Aplicados à Engenharia Civil, Ensaios Especiais em Mecânica dos Solos, Projetos Especiais de Fundações, entre outras, dependendo da disponibilidade de cada instituição.

Figura 4.34 – Exemplos de atividades e obras da área de geotecnia. (a) Amostragens de solos e rochas; (b) escavação de túnel; (c) talude de corte em rodovia; (d) fundação de obra por estacas pré-moldadas; (e) execução de terraplenagem.

A área de geotecnia tem as subáreas a seguir.

4.3.3.1 Geologia de engenharia

É uma especialidade da geologia na área de geotecnia. Segundo a Associação Brasileira de Geologia de Engenharia e Ambiental (ABGE): "A geologia de engenharia e ambiental é a ciência dedicada à investigação, estudo e solução de problemas de engenharia e do meio ambiente decorrentes da interação entre a geologia e outras ciências correlatas e os trabalhos e atividades humanas" (ABGE, 2011).

Portanto, na mitigação ou solução dos problemas geológicos na engenharia, os engenheiros civis participam de equipes multidisciplinares junto com geólogos de engenharia. À engenharia civil cabem os estudos e solução dos problemas mediante projetos geotécnicos, estruturais, de drenagens e obras de engenharia preventivas ou reparadoras (construções). À geologia de engenharia cabem os estudos geológicos, a análise da compartimentação dos maciços, o planejamento e a orientação a respeito das formações geológicas, ação das águas subterrâneas, litologias, ações do meio físico, mineralogia dos materiais naturais, entre outros, que darão suporte às soluções e obras de engenharia.

4.3.3.2 Mecânica dos solos

É uma ciência da engenharia civil que procura prever o comportamento mecânico de maciços terrosos sujeitos a esforços provocados pela ação das obras ou do meio. O professor Karl Anton von Terzaghi (1883-1963) é considerado o fundador dessa ciência, pois a publicação do seu livro *Erdbaumechanik* (1925) é considerada atualmente como o ponto de partida da mecânica dos solos como novo ramo da ciência na engenharia. A mecânica dos solos é estudada na engenharia civil tanto teoricamente como por meio de ensaios de laboratório e de campo. Os modelos formulados buscam prever o comportamento físico dos solos sob a ação de esforços, deformações e a ação da água nos maciços terrosos. Nos laboratórios são realizados ensaios de identificação e caracterização dos solos para fins de engenharia civil, ensaios de resistência ao cisalhamento, ensaios de adensamento, de permeabilidade, de compactação, além de outros ensaios mais específicos. No campo são realizados ensaios *in situ* objetivando a caracterização dos solos e a obtenção de parâmetros geotécnicos (Figura 4.35). Uma outra importante atividade no estudo da mecânica dos solos é a modelagem numérica de problemas geotécnicos.

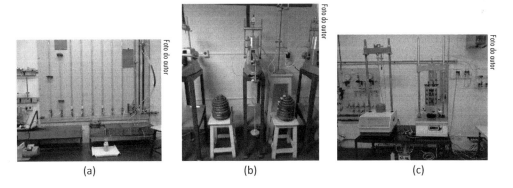

Figura 4.35 – Laboratório de mecânica dos solos. (a) Ensaios de permeabilidade; (b) ensaios de adensamento; (c) ensaios de resistência ao cisalhamento.

A mecânica dos solos fundamenta-se em várias ciências básicas, como matemática e cálculo diferencial integral, física, resistência dos materiais, mineralogia das argilas, química inorgânica, química coloidal, mecânica e dinâmica, mecânica dos sistemas granulares, mecânica dos fluidos, geologia física e geologia de engenharia.

Essa ciência busca as respostas para os principais problemas da geotecnia, especialmente no projeto e dimensionamento de maciços terrosos, estabilidade de taludes, projetos de fundações, barragens, aterros, drenagens, bases de pavimentos rodoviários e ferroviários, túneis em solos, entre outras aplicações.

Um assunto de grande importância na mecânica dos solos é o comportamento dos solos arenosos porosos fofos não saturados. Esses solos são denominados solos colapsíveis e ocorrem em grande parte da faixa tropical da Terra. No Brasil, esse assunto tem sido estudado por diversos pesquisadores em universidades e centros de pesquisas, visando principalmente ao projeto de fundações. Um outro assunto que interessa no estudo desses solos é a construção de aterros sobre terrenos naturais formados por solos colapsíveis. A sobrecarga do aterro produz no solo da base recalques (deformações) verticais que podem atingir construções vizinhas, produzindo patologias com a danificação das estruturas, como trincas em paredes, pisos e lajes. O engenheiro civil moderno tem que estar atento a esses e outros problemas geotécnicos, que podem advir da falta de conhecimentos de mecânica dos solos nos projetos. Assim, os conhecimentos relativos à mecânica dos solos são ferramentas importantes na prática da profissão, tanto nos projetos como na execução de obras.

4.3.3.3 Mecânica das rochas

Estuda o comportamento mecânico dos maciços rochosos, buscando as respostas físicas das rochas e dos maciços sob a ação de esforços decorrentes de obras de engenharia civil ou de minas. São identificados e classificados os maciços rochosos para fins de engenharia, determinando as características mecânicas para aplicação direta em projetos. A mecânica das rochas utiliza conceitos da resistência dos materiais, da mineralogia, da geologia estrutural e da geologia de engenharia. É uma ciência com grande aplicação no projeto e construção de túneis, fundações em rochas e cortes em maciços rochosos. É evidente a participação de geólogos de engenharia e engenheiros de minas, junto com os engenheiros civis, na solução dos problemas envolvendo maciços rochosos.

Nos laboratórios de mecânica das rochas são realizadas as classificações das rochas quanto à gênese (origem), mineralogia, ensaios de sanidade para verificação do estado de alteração química das amostras. Também são realizados ensaios mecânicos para obtenção de parâmetros de resistência e deformabilidade das rochas (Figura 4.36).

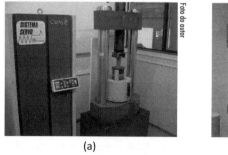

(a)   (b)

Figura 4.36 – Laboratório de mecânica das rochas. (a) Prensa para corpos de prova de rochas; (b) corpo de prova em ensaio de compressão.

4.3.3.4 Estudos e reconhecimento do subsolo

Os objetivos principais da investigação do subsolo para fins de engenharia civil são esclarecer os tipos de solos e/ou rochas, bem como as condições geológicas e geotécnicas, litologias (estudo e descrição das rochas), mineralogias, espessuras de camadas, elementos estruturais, posições dos níveis de água, entre outros, para o projeto e construção das obras civis. De modo geral, essas informações são utilizadas na escolha dos tipos de fundações e dimensionamento dos elementos estruturais de suporte da obra e no estudo do subsolo, objetivando a determinação da sua capacidade portante, deformabilidade e permeabilidade para a construção de barragens ou obras subterrâneas. A investigação do subsolo também é importante na pesquisa de materiais naturais para a construção, como argilas, areias ou jazidas de solos para a construção de aterros, ou jazidas de rochas para a construção civil. Durante a investigação do subsolo, geralmente, são obtidas amostras deformadas e indeformadas que serão ensaiadas em laboratório a fim de classificar os solos ou rochas e obter parâmetros físicos para o dimensionamento correto das obras geotécnicas.

As perfilagens geotécnicas em solos podem ser obtidas utilizando várias metodologias e equipamentos. Essas metodologias podem ser indiretas, mediante métodos geofísicos, como os gravimétricos, sísmicos, eletrorresistividade, ou pelo *ground penetrating radar* (GPR), também denominado radar de penetração no solo. Entre os métodos diretos estão as coletas de amostras próximo à superfície ou em poços escavados, trincheiras, sondagens a trado, sondagem de simples reconhecimento dos solos (*standard penetration test* – SPT), ensaios *in situ* e perfilagens utilizando o *cone penetration test* (CPT) ou o piezocone (CPTU) (Figura 4.37), ensaios pressiométricos, dilatômetricos e de palheta, entre outros.

(a) (b)

Figura 4.37 – Alguns tipos de sondagens do subsolo (perfilagens geotécnicas) para fins de engenharia civil. (a) Sondagem a percussão (SPT); (b) sondagem com piezocone (CPTU).

Nas sondagens em maciços rochosos são utilizados equipamentos especiais compostos por amostradores com coroas que possuem, na extremidade, diamantes industriais ou "widia" (carboneto de tungstênio), que cortam e coletam amostras que serão analisadas e classificadas.

Esse assunto é bastante amplo dentro da área de geotecnia e envolve uma série de metodologias, equipamentos e tecnologias que o estudante de engenharia civil estuda em Mecânica dos Solos, Mecânica das Rochas, ou em disciplina optativa específica.

4.3.3.5 Ensaios tecnológicos em rochas

Têm como objetivo determinar as características tecnológicas e a qualidade de amostras de rochas para diversas finalidades na construção civil. Esses ensaios são realizados em laboratórios por meio de amostras preparadas, obedecendo a prescrições e metodologias das normas técnicas e em equipamentos especiais. Normalmente são realizados os ensaios de granulometria de rocha britada, absorção de água, forma das partículas, peso específico das partículas, resistência ao impacto, resistência à abrasão, resistência ao desgaste, resistência à flexão, entre outros. Podem também ser realizados ensaios no campo, como o de resistência ao cisalhamento de maciços, ensaios de tensões no maciço rochoso e ensaios para a classificação de maciços rochosos, entre outros.

4.3.3.6 Barragens de terra e enrocamento

São obras constituídas por maciços de solos compactados adequadamente. Podem possuir os taludes laterais revestidos com enrocamentos a fim de barrar um curso d'água com a formação de um lago artificial para diversas finalidades, como geração de energia, abastecimento de água, irrigação, regularização de vazões, contenção de resíduos industriais ou de mineração, piscicultura, recreação etc. Enrocamentos são aterros executados com blocos de rochas fragmentados e distribuídos de forma a prover estabilidade e evitar erosão pelo impacto das águas no talude. Barragens são projetos bastante complexos que exigem do engenheiro civil conhecimentos de mecânica dos solos, mecânica das rochas, fundações, estruturas, materiais de construção, metodologias construtivas, hidrologia, hidráulica, geologia de engenharia etc. Podem se constituir em barragens de pequeno, médio e grande porte. As barragens de grande porte, na sua maioria, têm como objetivo principal a geração de energia elétrica e fazem parte de uma usina hidrelétrica.

Quando construídas em vales abertos, as barragens são constituídas por partes em solo compactado e em concreto armado (vertedouros e casa das máquinas). São exemplos as barragens para a geração de energia elétrica, a barragem da usina de Itaipu, na divisa do Brasil com o Paraguai, e a barragem de Três Gargantas, na China, a maior barragem do mundo (Figura 4.38).

A engenharia civil como profissão 117

Figura 4.38 – Exemplos de grandes barragens. (a) Barragem de Itaipu Binacional; (b) barragem de Três Gargantas (China).

As barragens de terra podem ser construídas também de forma mista, sendo de terra e enrocamento de blocos de pedras, com características tecnológicas adequadas e compactadas. Possuem, no interior do maciço, filtros e drenos que captam a água de infiltração e a conduzem adequadamente para fora da barragem. Existem também barragens construídas com gabiões, que são prismas formados por blocos de pedras assentados em invólucros de telas galvanizadas, formando um sistema interligado como uma alvenaria de grandes dimensões (Figura 4.39).

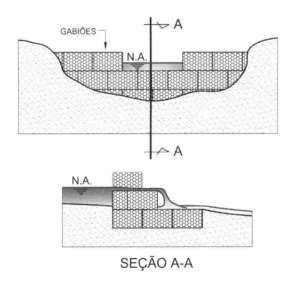

Figura 4.39 – Esquema de barragem de gabiões.

Um tipo de barragem que normalmente tem como finalidade o desvio de um curso d'água e a drenagem para a construção de estruturas no leito do rio são as ensecadeiras. Estas podem ser projetadas e executadas de várias formas e com vários materiais. São muito utilizados o aterro com solo e enrocamento com o avanço sobre o curso d'água, e podem também ser executadas em estacas-pranchas em perfis metálicos, madeira ou em concreto armado, ou misto, com duas linhas de perfis metálicos (estacas-pranchas) cravados e preenchidos na parte interna com solo ou blocos de rochas. Esses tipos de estruturas normalmente são provisórios, com a finalidade única de isolamento e drenagem da água para a construção de estruturas como barragens em concreto, pilares de pontes ou qualquer tipo de estrutura dentro de áreas alagadas de rios, lagos ou mares.

No projeto e construção de barragens, como em quase todas as atividades da engenharia civil, atuam de forma integrada praticamente todas as grandes áreas da profissão, como estruturas, transportes, hidráulica e saneamento, materiais e construção civil e geotecnia. No caso de médias e grandes barragens, participam equipes multidisciplinares das áreas de geologia de engenharia e meio ambiente, entre outras.

Na área de segurança de barragens, durante e após a construção do maciço compactado, desde o início do enchimento do lago e ao longo da vida útil da obra, dependendo do caso e das dimensões, o maciço deve ser monitorado e acompanhado por meio de instrumentações que demonstrem em tempo real as condições estruturais e de percolação da água no maciço.

Verifica-se, portanto, que o projeto, construção e manutenção de barragens são obras de engenharia civil que implicam grandes responsabilidades dos profissionais envolvidos, pois o acidente com uma estrutura desse tipo pode causar danos materiais de elevada monta, danos ambientais irreparáveis e perdas de vidas.

4.3.3.7 Diques

São construções de maciços com a finalidade de separação das águas para o aproveitamento de determinados locais para habitação, indústria ou agricultura. São estruturas normalmente em forma linear constituídas por aterros de solos compactados, revestidos com enrocamentos ou em concreto armado, que permitam o isolamento da água a montante e mantenha o solo relativamente seco a jusante. Exemplos de diques são os construídos nos Países Baixos para o aproveitamento do terreno, evitando a inundação. Nos Estados Unidos, ao longo do Rio Mississipi, foram construídos nas duas margens diques que impedem a inundação das várzeas laterais quando das cheias. Em inglês, esses diques recebem o nome de *levee*. Como no caso de barragens, os diques são obras de grande responsabilidade, necessitando de engenheiros civis especialistas e experientes para planejamento, projeto, execução, monitoramento e manutenção; além disso, são necessárias equipes multidisciplinares nas áreas de hidrologia, geologia, licenciamento e meio ambiente.

4.3.3.8 Fundações

O projeto e a execução de fundações de edifícios, pontes, barragens, entre outros, são atividades da engenharia civil geotécnica que exigem grandes responsabilidades e profundos conhecimentos na área, pois normalmente as cargas são elevadas e têm de ser transmitidas à subsuperfície de forma a suportarem os esforços, com deformações aceitáveis para a estabilidade, solidez e segurança das estruturas. Os tipos principais

A engenharia civil como profissão 119

de fundações se dividem em rasas e profundas, sendo as rasas constituídas por sapatas, blocos e *radiers*, e as profundas por estacas e tubulões (Figura 4.40).

Essa especialidade dentro da área de geotecnia possui grande importância, pois a segurança de uma construção ou edificação depende em grande parte dos elementos estruturais das fundações e do comportamento geotécnico destes na interação solo-estrutura.

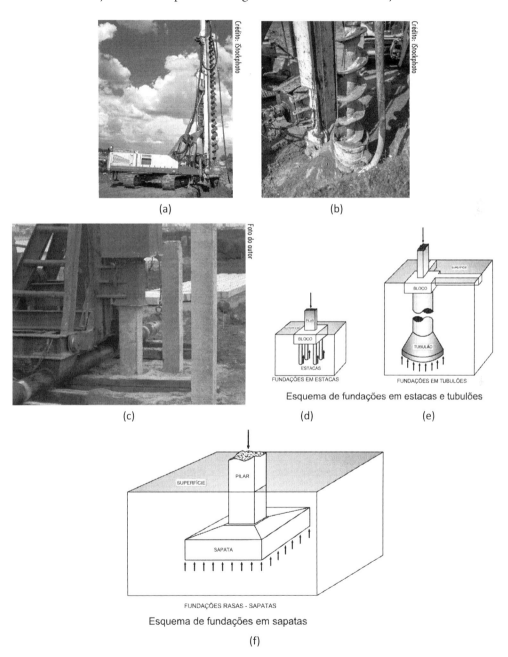

Figura 4.40 – Exemplos e esquemas de alguns tipos de fundações. (a), (b) Execução de fundação em estaca escavada; (c) cravação de estacas pré-fabricadas; (d) esquema de fundações em estacas com bloco; (e) esquema de fundações em tubulões; (f) esquema de fundação em sapata.

Os estudos para projetos de fundações exigem conhecimentos de mecânica dos solos, estudos do subsolo para fundações, metodologias de projeto e dimensionamento estrutural e geotécnico dos elementos de fundações; metodologias de construção civil; materiais de construção civil; teoria das estruturas; teorias do concreto armado e protendido; tipos de solicitações de cargas ativas, reativas e graus de liberdade; mecânica das rochas e geologia de engenharia; além das considerações sobre a interação solo-estrutura, principalmente sob a ótica de esforços *versus* deformações. Para a escolha do tipo de fundação a ser adotado em um projeto e para o dimensionamento estrutural e geotécnico dos seus elementos, deve-se ter de forma clara e precisa os esforços aplicados em cada elemento estrutural na interface da estrutura com o subsolo, as condições da obra e do entorno, os estudos do subsolo por meio de sondagens e ensaios de laboratório, que forneçam com clareza e precisão as características geotécnicas dos materiais atravessados.

As fundações podem ser executadas em terreno seco ou em locais alagados, como fundos de rios, lagos ou oceanos. Nesses casos são utilizados equipamentos especiais para a escavação e execução dos elementos estruturais das fundações.

4.3.3.9 Estabilidade de taludes e estruturas de arrimo

Talude é a inclinação de uma superfície do terreno que pode ser expressa por um ângulo da superfície inclinada com a horizontal, ou uma proporção entre a distância vertical e a horizontal. Os taludes podem ser naturais, quando o terreno é naturalmente inclinado, ou artificiais, quando executados por meio de escavações ou aterros. Os estudos da estabilidade de taludes baseiam-se nos conceitos de mecânica dos solos, mecânica das rochas e análise de estabilidade por equilíbrio limite, e objetivam o projeto e a execução de obras de estabilização de encostas naturais ou taludes artificiais em cortes ou aterros, podendo ser em estradas, terraplenagem para construções, ou em aterros de barragens. Qualquer obra de terraplenagem necessita do estudo, cálculo e projeto dos taludes, a fim de fornecer segurança e economia na utilização da obra.

As inclinações dos taludes são obtidas por meio da análise de equilíbrio limite, dos esforços atuantes e resistentes, com base nos parâmetros de resistência dos solos ou dos maciços rochosos, peso específico dos materiais, alturas dos taludes, condições dos níveis de água, compartimentação dos maciços, entre outros, determinando-se um fator de segurança de acordo com valores mínimos normatizados (Figuras 4.41a e 4.41b).

As estruturas de arrimo ou de contenção dos terrenos são obras de engenharia civil, projetadas e executadas com a finalidade de suportar e estabilizar maciços terrosos e/ou rochosos. Quando se deseja cortar ou aterrar o terreno com taludes próximos da vertical, necessita-se de obras de contenção. Os muros de arrimo podem ser por gravidade, à flexão em concreto armado, flexíveis em gabiões, solo armado ou reforçado, sistemas de geogrelhas, muros com elementos pré-moldados, ou muros atirantados com cabos armados ou protendidos, entre outros (Figura 4.41c).

A engenharia civil como profissão   121

Essa área compreende também a contenção e proteção contra a desestabilização de blocos ou fragmentos de rochas em taludes naturais ou escavados em maciços rochosos. Esses sistemas envolvem cercas ou muros de contenção, bem como telas especiais que são fixadas nos taludes para a retenção dos blocos. Uma atividade preventiva em talude em maciços rochosos é o estudo no local e o deslocamento e retirada de blocos e fragmentos, evitando a queda futura, que poderá causar acidentes.

Figura 4.41 — (a), (b) Taludes de corte em rochas; (c) muro de arrimo flexível em gabiões.

4.3.3.10 Aterros sobre solos moles

São maciços artificiais (aterros) construídos sobre camadas de solos sedimentares de baixa capacidade de suporte. Normalmente são solos argilosos saturados depositados sob a ação de cursos d'água, lagos ou mares, constituídos de materiais argilosos que podem conter matéria orgânica, siltes e/ou areias (Figura 4.42). Ocorrem com frequência em vales fluviais abertos ou em regiões litorâneas de deposição sedimentar. A construção de aterros ou fundações sobre esses tipos de sedimentos necessita de técnicas e cuidados especiais, pois, sob a ação de cargas, podem sofrer grandes recalques. Quando possuem pequenas espessuras, com material de boa qualidade na base, podem ser retirados e reaterrados de forma adequada. Espessuras relativamente grandes requerem tratamentos especiais. A engenharia civil, na área de geotecnia, possui uma série de metodologias para estudo e solução de problemas envolvendo solos de baixa capacidade de suporte, como a aplicação de sobrecargas por tempo determinado, drenagens verticais, estacas de areia ou brita, estruturação dos maciços com geossintéticos, entre outras (Figura 4.42). Esse assunto tem sido muito estudado em cursos de pós-graduação em universidades e em centros de pesquisas no Brasil e no exterior.

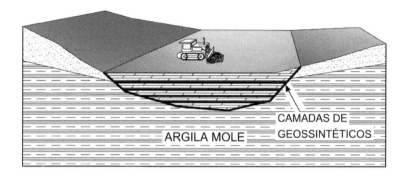

Figura 4.42 — Esquema de aterro sobre solos moles com camadas de geossintéticos.

4.3.3.11 Túneis

São consideradas as obras mais complexas da engenharia civil e verdadeiras maravilhas da profissão, constituídas por aberturas executadas em maciços rochosos e/ou terrosos com a finalidade de transporte, como a passagem de rodovias, ferrovias, condução de águas ou tubulações, mineração etc. Os túneis datam da Antiguidade. Há informações arqueológicas de túneis construídos em torno de 2200 a.C. no Egito e na Babilônia. Os túneis podem ser escavados em maciços acima do nível do mar ou atravessar camadas de solos ou rochas abaixo dos fundos dos cursos d'águas ou trechos marinhos, como os túneis subaquáticos ou submarinos. Podem ser escavados com ferramentas manuais (túneis de pequenas dimensões em solos), ou com equipamentos mecanizados em solos ou rochas, ou por meio de desmonte com explosivos (Figura 4.43).

Figura 4.43 — Exemplos de túneis. (a) Entrada de túneis em construção; (b) interior de túnel rodoviário.

Para o projeto e construção de túneis, necessita-se de estudos criteriosos da geologia e geotecnia dos maciços atravessados. Os engenheiros civis envolvidos nesse tipo de projeto e construção precisam de conhecimentos avançados de mecânica dos solos e mecânica das rochas, geologia de engenharia, teoria das estruturas, concreto armado, projeto geométrico de estradas, hidráulica dos meios permeáveis, metodologias construtivas e equipamentos de escavação e segurança. Atuam junto com equipes multidisciplinares formadas por geólogos de engenharia, geologia estrutural e engenheiros de minas, entre outros.

Uma grande parte dos sistemas de metropolitanos percorre túneis sob as áreas urbanas, incluindo como obras subterrâneas os túneis e as estações de passageiros que fazem parte desses conjuntos.

Conforme já apresentado, os maiores túneis do mundo são o túnel ferroviário Seikan, no Japão, com 53,8 km de extensão, seguido do Eurotúnel, também ferroviário, que liga a França à Inglaterra sob o canal da Mancha, com 50,4 km de extensão. Esses grandes túneis ferroviários foram superados em extensão pelo túnel de Base de São Gotardo, inaugurado em 2016, com 57,1 km de comprimento, ligando Erstfeld, na Suíça, a Bodio, na Itália, chegando a 2.500 m de profundidade sob os Alpes. O maior túnel rodoviário localiza-se na Noruega, com 24,5 km, ligando Laerdal a Aurland, seguido do túnel de São Gotardo, na Suíça, com 16,4 km, ligando Göschenen a Airolo, nos Alpes.

4.3.3.12 Instrumentação geotécnica

A instrumentação na área de geotecnia tem sofrido grande desenvolvimento, com sistemas informatizados, principalmente na auscultação de maciços terrosos ou rochosos. Tem aplicação praticamente obrigatória em maciços de barragens de solo compactado ou de solo e enrocamento, objetivando o comportamento mecânico do maciço e das fundações quanto aos esforços, deformações, percolação e pressões da água, entre outros dados necessários ao controle do maciço durante a construção e ao longo do tempo de utilização (vida útil do maciço). Encontra aplicações também em barragens de concreto, tanto nos elementos estruturais como nas fundações, e na escavação de túneis em solos ou em rochas.

4.3.3.13 Geossintéticos

É uma das áreas mais recentes da geotecnia e estuda o desenvolvimento e a aplicação de materiais sintéticos industrializados e sistemas para o reforço, estruturação, drenagem, filtragem e impermeabilização de maciços terrosos e/ou rochosos. A denominação geossintéticos é usada para descrever, de forma geral, produtos sintéticos utilizados para a solução de problemas de engenharia civil nas áreas de geotecnia, estradas, estruturas, hidráulica e saneamento. Os geossintéticos são utilizados em obras que requerem estabilidade química e durabilidade dos produtos. Por outro lado, produtos de origem vegetal também são utilizados quando a decomposição e a interação com o meio são condições favoráveis ao comportamento da obra.

4.3.3.14 Proteção costeira e de cursos d'água

Em conjunto com a área de hidráulica, tem por objetivo a proteção do terreno na interface com a água do mar ou de rios. Nos cursos d'água são utilizadas estruturas compostas por blocos de rochas, gabiões, elementos de concreto, na forma de muros laterais e de espigões transversais para a sistematização do fluxo da água e para evitar a erosão das margens. Na proteção costeira, são utilizados vários sistemas que atenuam os efeitos das ondas, evitando a erosão e o avanço da água do mar sobre o terreno adjacente. Esses sistemas são muito utilizados em regiões onde podem ocorrer sismos e maremotos. Para o projeto e dimensionamento desses sistemas devem ser considerados os efeitos de arraste e erosivos da água e os impactos ou ações dinâmica das ondas.

Os elementos estruturais básico de proteção costeira podem ser classificados simplificadamente em:

- Molhes: estruturas em forma de aterro constituído de blocos de rochas (enrocamento), blocos de concreto, ou estruturas em concreto armado que partem da linha da costa (litoral) e avançam no mar com o objetivo de manter uma área protegida para o atracamento das embarcações.

- Quebra-mares: estruturas da mesma forma que os molhes, mas construídas de forma isolada no mar, na direção paralela às ondas para atenuar os impactos da água nas regiões de atracamentos.

- Proteção da costa: estruturas em forma de muros em concreto armado, ou aterros de blocos pré-moldados em concreto ou de blocos de rochas, na forma de enrocamentos que atenuam os impactos das ondas e protegem a costa da erosão marítima.

Essa área inclui também as atividades de projeto e execução de dragagem e desassoreamento de cursos d'água e trechos oceânicos. Possui interfaces com a hidráulica, geotecnia e estrutura e, dependendo do projeto, com a oceanografia, a engenharia naval, oceânica e ambiental. Faz parte também o desenvolvimento de projetos e execução de obras de limpeza e desassoreamento de portos e ancoradouros, rios, canais, lagos naturais e artificiais, para recuperação ambiental ou permitir a navegação segura. Nesses projetos são utilizados dragas e sistemas de bombeamento e transporte de material particulado em meio aquoso.

Existe uma variedade de tipos de dragagem e desassoreamento, entre os quais as dragas de sucção, de arrasto, autotransportadoras de arrasto e sucção, dragas mecânicas para remoção de cascalhos, dragas hidráulicas etc. Cada tipo tem uma finalidade específica e uma maior eficiência para cada problema (Figura 4.44).

(a)   (b)

Figura 4.44 – Dragagens de curso d'água e canal oceânico. (a) Dragagem mecânica; (b) dragagem de sucção e arraste.

4.3.3.15 Erosões ou voçorocas

Trata dos estudos preventivos e mitigadores em áreas suscetíveis a esse tipo de ocorrência, normalmente em solos arenosos desprotegidos que, sob a ação da água superficial, e em alguns casos subterrânea, sofrem a desagregação e o transporte de partículas, formando ravinas nas superfícies. Podem atingir áreas urbanas ou rurais relativamente grandes e prejuízos materiais (Figura 4.45). Quando da ocorrência desses fenômenos, a geotecnia atua nas soluções de engenharia no combate à expansão das erosões, bem como em obras reparadoras e de recuperação física do meio. Esse assunto normalmente envolve equipes multidisciplinares de profissionais de diversas modalidades e áreas das engenharias, da geologia e de outras profissões relacionadas ao meio ambiente.

Figura 4.45 – Erosões em solo arenoso desprotegido de vegetação nativa no interior do estado de São Paulo.

4.3.3.16 Geotecnia ambiental

Trata do estudo dos problemas ambientais relacionados à degradação dos terrenos por problemas erosivos e escorregamentos, contaminação dos solos e rochas por produtos industrializados, problemas ambientais em cursos d'água e estudo de áreas de risco geológico geotécnico. Nessa área, o engenheiro civil participa de equipes multidisciplinares compostas por outros profissionais das áreas ambientais, como engenheiros ambientais, florestais, geólogos, geógrafos, biólogos etc.

4.3.3.17 Cartografia geotécnica

Nessa área os engenheiros civis participam com outros profissionais, como geólogos de engenharia, agrimensores, cartógrafos, urbanistas, entre outros, da confecção de cartas geológicas e geotécnicas, com o objetivo de planejamento urbano e regional, formações geológicas importantes para obras de engenharia civil, uso e ocupação do solo, mapeamento de áreas de risco geológico e geotécnico, entre outras finalidades. Para citar um exemplo, a ocupação urbana por meio de loteamentos, na fase de projeto, deve ser estudada primeiramente sob a ótica da topografia e da geotecnia, pois o relevo é um fator importante no traçado da vias, na implantação dos lotes e no custo de terraplenagem. A ocorrência de determinadas formações geológicas próximo da superfície do terreno, como solos argilosos moles, pode acarretar custos elevados para as fundações das futuras edificações; por outro lado, a ocorrência de rochas duras implica problemas de escavação para redes de água, esgotos e galerias de drenagens pluviais. Um outro problema que pode ocorrer com frequência em algumas regiões são solos suscetíveis à erosão, principalmente solos arenosos, necessitando do traçado adequado das ruas e avenidas, drenagem, proteção da vegetação nativa e obras que mitigam os processos erosivos. Portanto, a cartografia geológica e geotécnica prévia da área orienta os profissionais envolvidos no projeto, na execução da obra e na ocupação futura das áreas.

Verifica-se que a geotecnia é uma área muito ampla, com grande envolvimento com outras áreas da engenharia civil, meio ambiente, ciências matemáticas, físicas, química e da Terra, e com aplicações que envolvem grandes responsabilidades quanto à segurança e solidez das obras, devendo o profissional ser profundo conhecedor dos conceitos e teorias da mecânica dos solos e mecânica das rochas, além de conhecimentos de geologia geral e geologia de engenharia.

Como os projetos e obras geotécnicas possuem interfaces com outras áreas da engenharia civil, o profissional deve também possuir conhecimentos nas áreas de estruturas, hidráulica e saneamento, estradas e transportes, materiais e construção civil.

Para que o engenheiro civil possa se tornar um especialista na área de geotecnia, deve realizar cursos em nível de pós-graduação *lato sensu* (especialização) ou *stricto sensu* (mestrado e doutorado), em uma universidade no Brasil ou no exterior.

Como as áreas de engenharia oceânica e costeira são áreas específicas, para se tornar especialista o profissional deve realizar cursos de pós-graduação em universidades no Brasil ou no exterior.

A associação que congrega os engenheiros civis especialistas em geotecnia no Brasil é a Associação Brasileira de Mecânica dos Solos e Engenharia Geotécnica (ABMS), que possui vários comitês, como o Comitê Brasileiro de Túneis e o Comitê Brasileiro de Barragens. Há também a Associação Brasileira de Empresas de Engenharia de Fundações e Geotecnia (Abef). Nas áreas da geologia de engenharia há a Associação Brasileira de Geologia de Engenharia e Ambiental (ABGE). A associação internacional em mecânica dos solos e geotecnia é a International Society of Soil Mechanics and Geotechnical Engineering (ISSMGE).

4.3.4 ÁREA DE HIDRÁULICA E SANEAMENTO

Essa área envolve atividades muito antigas. Desde as primeiras civilizações há vestígios de poços, sistemas de abastecimento de água e irrigação, remontando a cerca de 5000 a.C. na Ásia. Os povos pré-colombianos das Américas, os persas, os hindus, os babilônios, os egípcios e os chineses também desenvolveram sistemas de irrigação para a agricultura e canais para o abastecimento de água. Os engenheiros romanos foram exímios construtores de sistemas de abastecimento de água, fazendo a captação da água em montanhas a distâncias de até 50 km e o escoamento por canais e aquedutos para o abastecimento das cidades. Também os romanos desenvolveram sistemas de coleta e condução das águas servidas (esgotos), de forma a promover o saneamento das cidades e evitar contaminações.

A área de hidráulica e saneamento trata do planejamento, projeto, dimensionamento, construção, operação, manutenção e reabilitação de sistemas hidráulicos para transporte de líquidos, como água de abastecimento, instalações hidráulicas e sanitárias prediais, sistemas de irrigação, sistemas de drenagem, condutos de resíduos líquidos (esgotos), sistemas de tratamento de águas, tratamento de resíduos líquidos, tratamento e disposição de resíduos sólidos como aterros sanitários (resíduos domésticos, industriais e de saúde), e recursos hídricos (Figura 4.46). Nessa área são aplicados os princípios da hidráulica a fim de dimensionar tubulações para o transporte de líquidos (normalmente água) pela força gravitacional ou bombeamento (energia externa), canais de escoamento e drenagem, sistemas de coleta e transporte de esgotos, hidráulica fluvial e marítima, canalização e regularização de cursos d'água, escolha de sistemas elevatórios para sucção e recalque de líquidos, entre outros. Faz parte da área de hidráulica e saneamento o estudo dos recursos hídricos, hidrológicos e ambientais.

É uma área que se reveste de muita importância no mundo moderno, pois busca o equilíbrio entre o desenvolvimento e o meio ambiente, como na utilização dos recursos hídricos, promovendo o tratamento das águas servidas e devolvendo-as ao meio ambiente em condições de reutilização. O mesmo ocorre com os resíduos sólidos, na disposição correta, na reciclagem e reaproveitamento na indústria.

Figura 4.46 – Exemplos de sistemas hidráulicos e obras de saneamento. (a) Captação de água; (b) adutoras de água; (c) detalhe de instalação hidráulica predial; (d) detalhe de um sistema de tratamento de água; (e) estação de tratamento de esgotos; (f) execução de um aterro sanitário.

Essa área atua também nos projetos e obras de drenagens de estradas, drenagens urbanas e de obras em geral.

É uma área em que o profissional pode escolher atuar em uma ou em várias especialidades, como no tratamento de resíduos sólidos: cada tipo de resíduo necessita de um sistema adequado de tratamento e disposição, como os urbanos, industriais, de saúde, agrícolas etc.

Na área de resíduos líquidos industriais, cada ramo das indústrias gera determinados resíduos específicos, por exemplo, os resíduos provenientes de indústrias de laticínios são diferentes dos originados pelas indústrias metalúrgicas, exigindo especialidades em cada setor.

Para que o profissional se torne especialista nessa área, deve realizar cursos de pós-graduação em nível de mestrado e doutorado ou de especialização em áreas da hidráulica ou do saneamento.

Na hidráulica e saneamento, como nas demais áreas da engenharia civil, há programas computacionais para auxiliar nos projetos, cálculos, desenhos, planilhas etc. Para utilizar esses programas, o profissional deve ser habilitado na área, a fim de determinar e aplicar corretamente os dados, metodologias científicas, configurações, materiais, normas técnicas etc.

Junto com a engenharia civil, atuam nessa área, dentro das atribuições conferidas pelo Confea para cada modalidade, as engenharias química, ambiental, sanitária, de recursos hídricos, entre outras.

Os cursos de engenharia civil costumam oferecer, nessa área, as seguintes disciplinas: Ciências do Ambiente, Fenômeno dos Transportes, Mecânica dos Fluidos, Hidráulica, Hidrologia, Saneamento Básico, Instalações Hidráulicas e Sanitárias, Saneamento Ambiental, Drenagem Urbana, além das disciplinas optativas Técnica de Tratamento de Águas, Projeto de Sistemas de Tratamento de Águas Residuárias, Disposição Final de Resíduos Sólidos, Sistemas de Irrigação, Obras Hidráulicas, entre outras que cada instituição pode oferecer. Algumas optativas podem ser incluídas entre as disciplinas obrigatórias. Na área de hidráulica e saneamento, existem as subáreas ou especializações a seguir.

4.3.4.1 Mecânica dos fluidos

Nos cursos de engenharia civil, é uma matéria básica da área de hidráulica e saneamento. É um ramo da física que trata do estudo dos fluidos, como líquidos ou gases. Possui aplicações em vários setores das engenharias, como na civil, mecânica, química, sanitária, entre outras. Pode ser subdividida em estática dos fluidos e dinâmica dos fluidos. A estática dos fluidos trata dos fluidos em equilíbrio e é aplicada em sistemas hidráulicos de pressão, ou no armazenamento de líquidos ou gases. A dinâmica dos fluidos trata do comportamento físico de líquidos ou gases sob movimento e do comportamento em relação ao meio, como em condutos forçados, sistemas abertos, como canais, ou em aerodinâmica. São muitas as aplicações dessa área, em praticamente todas as modalidades de engenharias, bem como em outras áreas das ciências.

4.3.4.2 Hidráulica

É uma ciência com aplicações nas diversas modalidades das engenharias e em outras áreas. Na engenharia civil é uma disciplina obrigatória que estuda os fundamentos e o comportamento do escoamento de líquidos em condutos forçados, perdas de cargas, linhas piezométricas, dimensionamento de adutoras e redes de distribuição de água, transportes de líquidos em tubulações, dimensionamento de sistemas elevatórios, instalações de recalques e sistemas de proteção de tubulações. Estuda também o escoamento em sistemas abertos como canais e cursos d'água, projeto e dimensionamento de canais e ressalto hidráulico, e em sistemas de dissipação de energia hidráulica. Tem aplicações diretas no projeto e dimensionamento de redes de distribuição de água, projeto e dimensionamento de instalações hidráulicas e sanitárias prediais, estruturas fluviais e marítimas, e em sistemas de medições de vazões (hidrometria), entre outras aplicações.

4.3.4.3 Hidrologia

É uma ciência aplicada que estuda a ocorrência, distribuição e movimentação da água na Terra, isto é, o ciclo hidrológico. É estudada em várias modalidades de engenharias e profissões, como na engenharia civil, ambiental, sanitária, agronomia, geologia, oceanografia, entre outras. Na engenharia civil se reveste de grande importância, pois todas as construções são executadas na superfície ou na subsuperfície da Terra, necessitando de estudos hidrológicos para o projeto e dimensionamento de sistemas de drenagens superficiais e subterrâneos de estradas, vertedouros de barragens, escoamento das águas em superfícies, drenagem urbana, cálculo de vazões em determinadas seções ou cursos d'água, canais, entre outras obras hidráulicas. A Hidrologia é uma disciplina obrigatória nos cursos de engenharia civil, incluindo o ciclo hidrológico, estudos de precipitação, características de bacias hidrográficas, água subterrânea, intensidades de precipitação, infiltração e escoamento, determinação de vazões em seções de cursos d'água ou em sistemas de drenagem, período de retorno ou tempo de recorrência, tempo de concentração, regularização de cursos d'água etc. A hidrologia baseia-se em princípios da hidráulica e utiliza formulações matemáticas e estatísticas no estudo da circulação da água na Terra.

4.3.4.4 Projetos hidráulicos

Trata-se do projeto e dimensionamento de tubulações para o transporte de água, incluindo a determinação e escolha dos sistemas elevatórios para sucção e recalque (adução), sistemas de proteção das tubulações, como válvulas de alívio, ventosas e conexões (Figura 4.47), e projeto e dimensionamento dos sistemas de ancoragem estrutural das tubulações e instalações fixas. Inclui também o projeto e dimensionamento de elementos estruturais sob esforços da ação direta da água, como pilares de pontes em cursos d'água e no mar, estruturas de proteção das margens, taludes de barragens, molhes e quebra-mares, entre outras aplicações.

Figura 4.47 – Sistemas hidráulicos (a) para sucção, bombeamento (adução) e recalque de água; e (b) para geração de energia elétrica.

4.3.4.5 Projeto de instalações hidráulicas e sanitárias prediais

Instalações prediais residenciais, comerciais e industriais de água fria, água quente, gases e instalações hidráulicas de combate a incêndio. Instalações prediais residenciais, comerciais e industriais de esgotos sanitários.

Essa área também inclui os sistemas de aquecimento de água utilizando a energia solar ou outro tipo de energia. A energia solar tem se expandido muito no mercado da construção civil, principalmente em virtude de sistemas que utilizam aquecedores solares e reservatórios de água quente, bem como tubulações especiais para abastecimento predial. Esse sistema utiliza energia sustentável, limpa e ecologicamente correta.

4.3.4.6 Sistemas de distribuição de águas

Inclui o planejamento, projeto, construção e manutenção de redes de abastecimento de águas urbanas, desde o reservatório até a entrada da unidade consumidora. Normalmente essas redes são projetadas e executadas sob as vias públicas, com ramais de abastecimento para cada unidade consumidora.

Vale considerar que as redes de distribuição de água de um bairro ou de um município são sistemas hidráulicos que trabalham sob pressão, devendo ser dimensionados corretamente para que, nos pontos de abastecimento, a água chegue dentro das pressões e vazões estipuladas pelas normas técnicas, a fim de não prejudicar as tubulações, conexões e o fornecimento, além de garantir a qualidade da água.

4.3.4.7 Sistemas de coleta de esgotos urbanos

Trata do planejamento, projeto, construção e manutenção de redes de coleta e transporte de esgotos urbanos e industriais (resíduos líquidos), incluindo toda a rede de tubulações por gravidade e as estações elevatórias, desde os pontos de coleta até as estações de tratamento. Esses projetos, entre outros fatores, devem considerar as vazões, as inclinações máximas e mínimas e os tipos de materiais das tubulações, para que estas possam ser corretamente dimensionadas.

As tubulações de resíduos líquidos devem trabalhar por gravidade e não permitir que ocorra todo o preenchimento da seção da tubulação. Para isso devem ser consideradas as características técnicas e as normas relativas a esse tipo de projeto. Nesses sistemas são também projetados e executados os poços de visita e interligação das redes subterrâneas que permitem a manutenção do sistema. No estudo para o projeto, a topografia e a geotecnia se revestem de grande importância, pois o relevo e os eixos longitudinais das vias, junto com as vazões e características das tubulações, definem as inclinações com as profundidades das tubulações. Um estudo geotécnico prévio fornece as características do subsolo, principalmente quanto à segurança na escavação das valas, que devem ser estudadas objetivando a estabilidade dos taludes laterais e dos sistemas de escoramentos. Os tipos de materiais encontrados no subsolo possuem uma importância muito grande nesses projetos, pois uma formação de rocha dura nas proximidades da superfície dificulta e encarece as escavações.

4.3.4.8 Estações de tratamento de água

O planejamento, projeto, construção, operação e manutenção de uma estação de tratamento de água para abastecimento exigem a participação de equipes especializadas em várias áreas da engenharia civil, como recursos hídricos, saneamento, hidráulica, geotecnia, estruturas, impermeabilização etc. Atuam também nessa área, com os engenheiros civis, dentro das suas atribuições, os engenheiros químicos, químicos, engenheiros sanitaristas, entre outros. São obras que necessitam de operação e manutenção permanentes, principalmente quanto ao controle da qualidade da água tratada, operação de limpeza dos filtros granulares, dos tanques de decantação, do sistema de cloração e fluoretação da água, dos sistemas hidráulicos, entre outros, pois a sua operação tem de ser contínua e não pode ser interrompida (Figura 4.48).

(a) (b)

Figura 4.48 – Detalhes de estações de tratamento de águas.

4.3.4.9 Estações de tratamento de resíduos líquidos (esgotos)

São os sistemas de saneamento que recebem os resíduos líquidos e, por meio de uma série de processos físicos, químicos e biológicos, transformam as cargas poluentes contidas nas águas residuárias até atingirem níveis aceitáveis, para que possam ser devolvidas à natureza e ao meio ambiente como efluentes tratados, isto é, águas em condições de retornar à natureza e seguir o ciclo hidrológico natural (Figura 4.49).

Todo o processo de tratamento dos efluentes (esgotos) deve seguir a legislação ambiental e as normas técnicas, atendendo à qualidade do produto final a ser devolvido ao meio ambiente.

Existem vários tipos de tratamentos de efluentes, como lagoas de estabilização (anaeróbias e facultativas), lodos ativados (aeração prolongada e valo de oxidação), filtros biológicos (oxidação biológica da matéria orgânica) etc.

(a)   (b)

Figura 4.49 – (a) Sistema de tratamento de esgotos; (b) detalhe de estação de tratamento de esgotos.

São projetos altamente especializados, nos quais o engenheiro civil atua com outros profissionais, como engenheiros químicos, sanitaristas, biólogos, químicos etc. Envolvem praticamente todas as demais áreas da engenharia civil, como hidráulica, saneamento, geotecnia, estruturas, materiais e construção civil.

4.3.4.10 Aterros sanitários

São obras de saneamento nas quais são dispostos os resíduos sólidos de forma segura e adequada. O projeto, construção, operação e manutenção de um aterro sanitário exigem conhecimentos de topografia, de saneamento, hidráulica, hidrologia, geotecnia, terraplenagem, meio ambiente etc.

Para o adequado tratamento e disposição dos resíduos sólidos, deve-se proceder à coleta seletiva, separando os principais tipos de resíduos descartados, tanto domésticos como comerciais, industriais, de saúde etc. De acordo com a Lei n. 12.305, de 2 de agosto de 2010, os resíduos sólidos se dividem em onze tipos.

Os resíduos que podem ser reaproveitados em processos de reciclagem devem ser separados segundo o tipo e enviados às indústrias de processamento para a transformação em novos produtos. Os materiais orgânicos podem ser submetidos a processos de compostagem e transformarem-se em adubos; ou, dependendo do tipo de material orgânico, serem armazenados nos aterros sanitários ou incinerados.

Essa área inclui também a disposição adequada de resíduos sólidos constituídos por rejeitos da construção civil, bem como de processos de mineração ou de indústrias. Outra ação importante é a reciclagem e reaproveitamento desses resíduos.

A geotecnia é importante principalmente para a escolha do local, em função dos tipos de solos e/ou rochas que ocorrem no subsolo, e para a drenagem e estruturação dos taludes dos maciços que vão sendo construídos ao longo do tempo de utilização dos aterros. Esse tipo de projeto envolve, além de engenheiros civis, a participação de equipes multidisciplinares, como biólogos, geólogos, engenheiros químicos, engenheiros ambientais, engenheiros sanitaristas etc., principalmente nos processos de tratamento e disposição dos resíduos líquidos gerados pelo aterro e sua interação com o meio ambiente (Figura 4.50).

Figura 4.50 – Imagens de aterros sanitários para a disposição de resíduos sólidos. (a) Aterro sanitário com o uso de geossintéticos; (b) execução de aterro sanitário.

Os resíduos sólidos urbanos, industriais e da área de saúde são desafios para o futuro da engenharia e do meio ambiente, pois, devido ao crescimento populacional e à expansão das áreas urbanas, a cada dia cresce consideravelmente a produção desses resíduos.

4.3.4.11 Drenagens e irrigação

Nessa área, o profissional projeta, executa e faz a manutenção de sistemas de drenagens urbanas, drenagens de obras, drenagens de estradas e pavimentos, drenagens subterrâneas de barragens, drenagens de taludes e muros de arrimo. Na área de irrigação, atua na escolha dos sistemas elevatórios, dimensionamento das tubulações, conexões e componentes dos sistemas de irrigação.

4.3.4.12 Regularização de cursos d'água

São obras de sistematização do fluxo hidráulico em cursos d'água, minimizando ou evitando os efeitos de enchentes, processos erosivos e deposicionais prejudiciais. Envolve também o projeto, a construção e a manutenção de canais para fins de navegação, irrigação, canalização de cursos d'água em áreas urbanas, ou regularização de vazões. Nessas atividades atuam também equipes multidisciplinares especializadas, principalmente relacionadas aos problemas ambientais.

4.3.4.13 Recursos hídricos

São as águas superficiais e subterrâneas disponíveis para uso no abastecimento urbano, industrial, agricultura, entre outros, em uma bacia ou em um aquífero. Nessa área o profissional especialista participa do estudo dos recursos hídricos de uma região, principalmente para o abastecimento urbano ou para irrigação. São estudados os recursos disponíveis na região, como a viabilidade da água superficial ou das águas subterrânea e as vazões necessárias para a utilização. O projeto e a construção de poços para a captação de águas envolve equipes multidisciplinares, com engenheiros de minas, geólogos e hidrogeólogos.

Como as demais áreas da engenharia civil, a hidráulica e o saneamento são áreas amplas e diversificadas. Dependendo da subárea de atuação, exigem especialização do profissional em nível de pós-graduação.

Para que o engenheiro civil possa se tornar um especialista nessa área e subáreas, deve realizar cursos em nível de pós-graduação *lato sensu* (especialização) ou *stricto sensu* (mestrado e doutorado) em uma universidade no Brasil ou no exterior. Como já considerado anteriormente, dependendo do projeto e da subárea, o profissional atua junto com equipes multidisciplinares de outras modalidades de engenharias, como sanitária, ambiental, de recursos hídricos, ou outras profissões relacionadas ao meio ambiente.

As associações que congregam os profissionais da área de saneamento e ambiental no Brasil são a Associação Brasileira de Engenharia Sanitária e Ambiental (ABES) e a Associação Brasileira de Recursos Hídricos (ABRH), entre outras.

4.3.5 ÁREA DE MATERIAIS E CONSTRUÇÃO CIVIL

Essa área trata dos materiais e tecnologias construtivas envolvidas na indústria da construção civil, no que diz respeito à pesquisa, desenvolvimento de novos produtos, indústrias de materiais de construção, utilização e aplicação dos materiais nas construções, sistemas construtivos, entre outros. Do desenvolvimento e fabricação de novos produtos para a construção participam, além da engenharia civil, as engenharias de materiais, química, metalurgia, produção, entre outras.

Na área da construção civil, são materializados todos os projetos das demais áreas da engenharia civil, como edificações, estruturas e sistemas prediais, estradas e sistemas de transportes, geotecnia, estruturas, hidráulica e saneamento. Envolve as atividades das construções, como o planejamento e gerenciamento de obras, fiscalização de obras, instalação dos canteiros de obras, metodologias construtivas, controle de qualidade na construção, manifestações patológicas das construções e das estruturas, recuperação de construções, recuperação de estruturas, reforço de estruturas, alvenaria estrutural, industrialização das construções, segurança nas obras, orçamentos de obras, cronogramas físico-financeiros de obras, entre outras atividades dentro dos setores da construção civil.

O termo "obras de arte" na construção civil e na engenharia civil designa obras como pontes, viadutos, pontilhões, muros de contenção, túneis, bueiros, barragens e diques. As obras de arte correntes são as de pequenas dimensões, como bueiros, e as especiais são as de maiores dimensões e complexidade, como pontes, viadutos, túneis e barragens. Essa denominação, possivelmente, vem da Idade Média até finais da Idade Moderna (século XVIII), quando as construções eram projetadas e executadas de forma empírica e artesanal e eram denominadas pelos artesãos envolvidos na construção como "obras de arte".

Construção civil é o termo que engloba a construção de obras residenciais, comerciais, industriais, edifícios altos, estádios esportivos, pontes, barragens, fundações, estradas, aeroportos, portos, obras de saneamento básico, obras hidráulicas, loteamentos, entre outras obras de infraestrutura. Quando se fala em construção ou em edificação, deve-se observar que existem algumas diferenças semânticas entre essas duas denominações.

A construção é a ação de construir, isto é, pôr em prática um projeto previamente elaborado, voltado para uma determinada área, nesse caso as obras civis de um modo geral. A construção envolve as obras de infraestrutura, como estradas, pontes, túneis, barragens, vias urbanas, obras geotécnicas, hidráulicas, entre outras que são utilizadas pelo ser humano, mas não possuem a finalidade de habitação.

A edificação é a ação de pôr em prática um projeto elaborado, para fins de habitação, trabalho, educação, saúde, entre outras. Como edificações, podem ser citados os edifícios residenciais, comerciais, industriais, escolas, hospitais, edifícios públicos, bem como todo edifício de pequeno, médio ou grande porte em que o ser humano possa habitar ou exercer alguma atividade no seu interior.

Portanto, a construção, dentro da engenharia civil, pode ser considerada como as atividades gerais de erigir obras de infraestrutura; e a edificação, as atividades específicas para a realização das obras de edifícios com a função de permanência ou habitação do ser humano, sendo que a edificação encontra-se dentro do termo genérico construção.

Como exemplos de construções, temos rodovias, ferrovias, vias urbanas, pontes ou viadutos, obras hidráulicas, estações de tratamento de água ou de resíduos líquidos, aterros sanitários, túneis, barragens, portos, aeroportos, entre outras obras que são utilizadas pelo ser humano, permanecem por longo período de tempo, mas não se destinam à habitação (Figura 4.51).

(a) (b)

Figura 4.51 – Exemplos de construção e edificação. (a) Construção de uma estrada; (b) construção de um edifício (edificação).

Dentro da construção civil há a área de materiais alternativos, que vem crescendo e passando por grande desenvolvimento. Um exemplo é a utilização do solo como material de construção denominado "adobe" ou "taipa de pilão", com a inclusão ou não de fibras naturais, que já vinha sendo utilizado por muito tempo em diversas regiões do Brasil e do mundo. A aplicação do solo-cimento na produção de tijolos (tijolos ecológicos) e outros materiais que substituem a cerâmica queimada também é uma alternativa interessante no mercado da construção. Resíduos, como sílica e cinza da casca de arroz, ou cinza proveniente do bagaço da cana-de-açúcar, podem ser incorporados ao concreto, buscando melhorar suas propriedades.

Portanto, verifica-se que a área de materiais e construção civil possui uma amplitude muito grande, necessitando de profissionais especializados e com conhecimentos na composição química, nas propriedades físicas e mecânicas dos materiais, nos processos de produção e nas técnicas de aplicação desses materiais nos diversos segmentos da indústria da construção, além das metodologias construtivas, equipamentos utilizados, organização e planejamento de obras.

Atuam nessa área, dependendo do tipo de construção, com os engenheiros civis, tecnólogos em construção civil, arquitetos, urbanistas, técnicos dos diversos setores da construção, agrimensores, mestres de obras, pedreiros, carpinteiros, armadores, operadores de máquinas e equipamentos, entre outros profissionais.

Nos cursos de Engenharia Civil, o estudante normalmente cursa, nessa área, Química Geral (teoria e laboratório) como disciplina básica e disciplinas específicas como Materiais de Construção Civil (teoria e laboratório), Construção de Edifícios, Sistemas Construtivos, Arquitetura, Economia, Pesquisa Operacional, Legislação e Direito de Construir, Engenharia Econômica, Administração, Instalações Elétricas, Gerenciamento de Obras na Construção Civil, Impermeabilização; além de disciplinas optativas como Engenharia de Avaliações e Perícias, Experimentos em Materiais de Construção, Concretos Especiais, Materiais de Construção Alternativos, Conforto no Ambiente Construído, Manifestações Patológicas em Construções, Gerenciamento de Obras, entre outras que cada instituição pode oferecer.

As atividades envolvidas nessa área da construção civil serão apresentadas a seguir.

4.3.5.1 Construção de edifícios

Compreende todas as atividades e etapas de qualquer edificação ou construção, como planejamento, projetos, gerenciamento e orientação técnica da obra, fiscalização, serviços de terraplenagem, locação da obra, instalação do canteiro de obra, execução das fundações, execução das estruturas (concreto armado ou protendido, metálicas ou de madeira), execução das alvenarias, execução das formas e sistemas de escoramentos, execução dos andaimes, execução das coberturas, execução dos revestimentos internos e externos, execução dos pisos internos e externos, execução das instalações hidráulicas e sanitárias, execução das instalações elétricas em baixa potencia, execução das tubulações, execução das instalações de gás, execução dos acabamentos, montagem dos caixilhos (portas e janelas), execução de impermeabilização, acabamento e pintura, execução dos sistemas viários de acesso e estacionamentos, execução de drenagem, entre outras atividades da construção (Figura 4.52). A construção de edifícios inclui desde unidades isoladas até núcleos habitacionais verticais ou horizontais, edifícios residenciais, recreativos, comerciais e industriais. Nesse setor, ligado diretamente às construções, o engenheiro civil atua também como engenheiro orçamentista, na composição de orçamentos e cronogramas físicos-financeiros para o contrato de construção de obras públicas ou privadas, assim como gestor da qualidade nas construções.

Figura 4.52 – Exemplos de construção de edifícios. (a) Construção de uma casa; (b) assentamento de alvenaria; (c) construção de edifício alto.

A engenharia civil como profissão

Tanto o projeto como a construção de grandes edifícios ou obras tem se desenvolvido muito atualmente, alcançando grandes proporções, como as construções em Dubai, nos Emirados Árabes Unidos, onde foram ou estão sendo construídas as maiores estruturas e obras de urbanismo do mundo. Aterros no oceano têm sido executados para a construção de ilhas artificiais para ocupação humana, como o edifício Burj Khalifa, a Jumeirah Palm Island e a World Island (Figura 4.53).

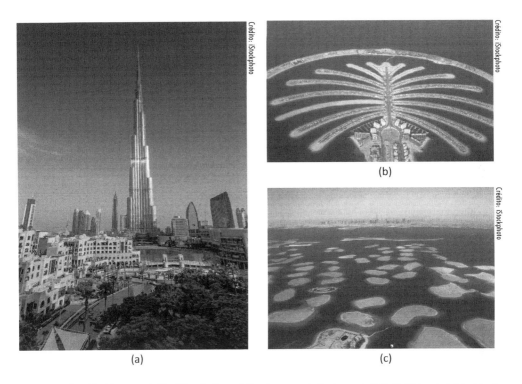

Figura 4.53 – (a) Edifício Burj Khalifa, 828 m de altura e 163 andares, o mais alto do mundo (Dubai); (b) Jumeirah Palm Island (Dubai); (c) World Island (ilhas artificiais para ocupação urbana, em Dubai).

4.3.5.2 Impermeabilização das construções

Trata-se do projeto e execução de sistemas de impermeabilização de fundações, estruturas enterradas, vigas, lajes, pisos, coberturas, reservatórios, barragens, paredes ou qualquer elemento de uma construção ou edificação em contato com a água ou outros líquidos. Inclui sistemas de proteção das estruturas quanto à ação do meio ambiente e de utilização da obra, principalmente quanto ao intemperismo físico e químico pelo meio ambiente dos materiais componentes, como os concretos, armaduras, estruturas metálicas, estruturas de madeira, elementos de fundações em ambientes contaminados, entre outros.

4.3.5.3 Construção de estradas

Compreende a execução de todas as etapas de uma rodovia ou ferrovia no que diz respeito à construção, coordenação da obra, fiscalização, gerenciamento da obra e condução de equipe técnica. Inclui desde os serviços de topografia, terraplenagem, locação dos eixos e cotas (curvas horizontais, verticais, superlargura e superelevação), execução dos taludes dos cortes e dos aterros, compactação dos aterros, execução dos sistemas de drenagens, execução dos pavimentos nas rodovias, ensaios e controle tecnológico de solos e rochas e sinalização rodoviária. Inclui também a execução da superestrutura e infraestrutura nas ferrovias, como montagem dos trilhos, fixações, dormentes, execução e compactação do lastro e sublastro, execução e compactação das camadas finais de terraplenagem, execução das drenagens superficiais e subterrâneas, execução dos cortes e aterros, execução dos pátios de manobras e desvios, montagem dos aparelhos de mudança de via, execução das infraestruturas das sinalizações ferroviárias, entre outras atividades em rodovias, ferrovias e sistemas viários (Figura 4.54).

Na construção de ferrovias, atualmente, utilizam-se para o assentamento do lastro e montagem da grade da via (dormentes e trilhos) equipamentos mecanizados, que propiciam alto rendimento.

Participam da parte relativa aos trabalhos topográficos, como os levantamentos e locações, engenheiros agrimensores, cartógrafos, técnicos em agrimensura, entre outros profissionais especializados.

Figura 4.54 – Exemplos de construção de estradas. (a) Construção de rodovia – pavimentação; (b) construção de via permanente ferroviária; (c) locação e nivelamento em estradas.

4.3.5.4 Construção de aeroportos

Inclui as etapas de projeto e construção de aeroportos, como a terraplenagem, a construção dos edifícios dos terminais de passageiros, a execução da pavimentação das pistas de taxiamento, rolamento (decolagens e aterrisagens) e estacionamentos, a construção dos edifícios de cargas e descargas de mercadorias e torres de controle, a construção dos hangares para as aeronaves, a construção dos sistemas de drenagens, a execução das sinalizações horizontais das pistas, entre outras atividades nos aeroportos relativas à construção civil.

4.3.5.5 Construção de portos

Abarca as etapas de projeto e construção de portos fluviais ou marítimos, as atividades de construção dos píeres e atracadouros, construção dos molhes e quebra-mares, construção das docas, sistemas de proteção contra impactos das ondas, infraestruturas (fundações) dos equipamentos de guindagem e transbordo de mercadorias, sistemas de integração intermodais de transportes nos portos, fundações das estruturas portuárias, construções de depósitos e armazéns portuários, dragagem e manutenção de canais de acesso etc.

4.3.5.6 Canais para navegação ou irrigação

A construção de canais envolve os estudos topográficos, geotécnicos, hidrológicos, fluviais, projeto hidráulico, considerando as condições de escoamento da água, transporte e sedimentação de sólidos, cálculo das velocidades de fluxo e vazões, a locação da obra, movimentação de solo ou rocha (terraplenagem), execução dos taludes laterais, revestimentos e sistemas de proteção, construção dos sistemas de comportas e sinalização da navegação, equipamentos utilizados na execução, cronogramas e custos. Inclui ainda a execução das obras de irrigação, com os sistemas hidráulicos, sistemas elevatórios, tubulações, entre outras atividades pertinentes a esse tipo de construção.

4.3.5.7 Eclusas e comportas

Construção das eclusas e comportas para a sobreposição de diferentes níveis em cursos d'água, lagos ou canais, em todas as etapas da obra, incluindo a locação, fundações, estruturas de concreto armado, estruturas metálicas, sistemas hidráulicos de enchimento e esgotamento das comportas, reparos e manutenções das obras civis.

4.3.5.8 Barragens e diques

A construção civil atua nas etapas de projeto e construção de barragens ou diques de solo compactado ou de concreto armado, incluindo a locação do eixo, fundações, terraplenagens e execução dos aterros compactados, execução dos filtros e drenos, proteção dos taludes, enrocamentos, vertedouros, comportas, sistemas de drenagem, controles executivos e laboratoriais, entre outras.

4.3.5.9 Terraplenagem

Trata-se da execução de terraplenagens, como cortes e aterros para estradas (rodovias, ferrovias e vias urbanas), construção de loteamentos, plantas industriais, construção de sistemas de intersecções como trevos e rotatórias, obras habitacionais, construção de barragens e diques, aterros sobre solos moles, abertura de cortes para a construção de canais e eclusas, entre outros.

Na execução de terraplenagem, deve-se proceder à escolha correta dos equipamentos, minimizando custos e tempo de execução, realizando o controle de compactação e qualidade geotécnica mediante ensaios e controle de campo e de laboratório dos maciços modificados, bem como os sistemas de drenagem superficial e subterrânea e proteção dos maciços e taludes da erosão. Outro aspecto importante na terraplenagem é a compensação dos volumes de solos escavados nos cortes, transportados e compactados nos aterros, visando à equalização desses volumes com o objetivo de economia.

4.3.5.10 Túneis

É a construção dos túneis em solos ou em rochas, na abertura com escavação mecânica ou com explosivos dos maciços, no sistema de drenagens, especificação dos equipamentos de escavação, construção dos revestimentos de suporte do maciço em concreto armado ou outro tipo de estrutura, execução das pistas de rolamento ou das ferrovias no interior dos túneis, sistemas de sinalização e de ventilação dos túneis etc. Nessa área participam também engenheiros de minas, na escavação dos maciços de forma mecanizada ou por explosivos.

4.3.5.11 Vias urbanas e condomínios

Trata-se da execução dos sistemas viários urbanos ou em condomínios fechados, como a locação e implantação das vias e dos lotes, a terraplenagem, a locação das vias com as cotas topográficas (*greide*), execução da compactação do solo dos aterros e das camadas de base dos pavimentos, execução da pavimentação das vias, os sistemas de drenagem superficial e subterrânea, a colocação das guias e sarjetas, o sistema de sinalização do trânsito e as redes de abastecimento de água, esgotos e combate a incêndio.

4.3.5.12 Pontes e viadutos

Trata-se da execução de todas as etapas de construção de uma ponte ou viaduto, desde a locação da obra, construção das fundações, construção da meso e superestrutura (pilares, vigas e tabuleiros), em pontes em alvenarias, concreto armado, concreto protendido, estrutura metálica, estrutura de madeira, estrutura pênsil ou estaiada (Figura 4.55).

Figura 4.55 – Alguns exemplos de construção de pontes. (a) Construção de um viaduto; (b) construção de ponte em avanços sucessivos com aduelas pré-fabricadas; (c) construção de ponte estaiada.

4.3.5.13 Plantas industriais

Compreende as etapas e atividades de projetos e construção de edifícios industriais para diversas finalidades, como locação da obra, terraplenagem, fundações, estruturas, coberturas, alvenarias, instalações hidráulicas e sanitárias, pisos industriais, pátios e estacionamentos, sistemas de drenagem, execução das fundações das bases para maquinários etc.

Esse setor inclui também a construção de grandes plantas industriais, como refinarias, indústrias siderúrgicas, usinas de açúcar e álcool, silos de armazenamentos e distribuição de produtos, usinas termoelétricas, usinas nucleares, usinas hidroelétricas, entre outras.

4.3.5.14 Industrialização da construção

A preparação de elementos estruturais da construção fora do canteiro de obras, como colunas e vigas, remonta à Antiguidade. Na Grécia antiga, as colunas em mármore eram entalhadas por artesãos, em partes separadas montadas no local da obra, o mesmo acontecendo com as vigas e alguns outros elementos das alvenarias.

Modernamente, a industrialização inclui as etapas de projeto e fabricação de elementos pré-moldados para a construção civil, desde construções pré-fabricadas, com seus componentes (pilares, vigas, lajes, escadas, painéis etc.), até elementos de concreto como lajes pré-fabricadas, guias, tubos, postes, mourões, blocos para pisos, blocos de concreto para alvenaria estrutural ou fechamento, vigas em concreto protendido, lajes protendidas, dormentes de concreto ferroviário (armados bibloco ou protendidos), entre outros elementos pré-fabricados para a construção civil, como edificações pré-fabricadas em madeira ou *drywall* (Figura 4.56).

No Brasil, representa a construção pré-fabricada em concreto a Associação Brasileira da Construção Industrializada de Concreto (Abcic).

Essa área inclui também os sistemas construtivos em avanços sucessivos com concretagem direta ou em aduelas pré-moldadas, como em pontes (pilares e vigas) ou em reservatórios elevados de água.

No setor de industrialização das construções, há as construções pré-fabricadas, como edifícios residenciais, comerciais e industriais (galpões e plantas industriais).

As casas pré-fabricadas podem ser de diversos tipos de materiais ou técnicas construtivas, como em elementos (placas) de concreto armado, em aço, em madeira maciça, em sistemas de *drywall*, em *steel frame*, em contêineres, entre outros materiais e técnicas. Esse tipo de construção possui um tempo de montagem relativamente curto e, em virtude da racionalização da obra, resulta em baixo desperdício de materiais e poucos resíduos. Em países como os Estados Unidos e o Canadá esse tipo de construção é largamente utilizado.

(a)

(b)

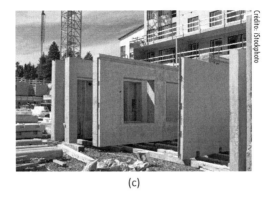

(c)

Figura 4.56 – Alguns exemplos de elementos de construções pré-fabricados. (a) Montagem de casa pré-fabricada; (b) estrutura em concreto pré-fabricada; (c) painéis de paredes em concreto pré-fabricados.

Outra atividade que vem crescendo no Brasil é a pré-montagem das armaduras para concreto armado, como de vigas, pilares, blocos, lajes, escadas, fundações, entre outros. Esse tipo de serviço normalmente é prestado por empresas que comercializam aços para a construção e se especializam também no corte, dobra e pré-montagem das armaduras. Com base no projeto estrutural, faz-se a pré-montagem das armaduras em uma central, e os elementos são fornecidos prontos, economizando tempo e espaço nos canteiros de obras. Há também armaduras de aço pré-fabricadas em escala industrial, como para vigas, pilares e lajes. Para as lajes, esses sistemas consistem em telas soldadas em diferentes bitolas e malhas. No Brasil, a associação relativa a essa área é o Instituto Brasileiro de Telas Soldadas (IBTS).

A área de construções pré-fabricadas engloba ainda a indústria de estruturas metálicas, em que os elementos são fabricados a partir de perfis e chapas padronizados que podem ser montados ou não em parte na indústria e transportados até o canteiro de obras, onde é concluída a montagem final dos elementos.

4.3.5.15 Construções metálicas

Diz respeito à fabricação e montagem de estruturas metálicas em aço ou em alumínio, para coberturas de edificações, residenciais, comerciais e industriais, incluindo os pilares, as vigas metálicas, as treliças metálicas, as coberturas e os sistemas de ligação e contraventamento. As construções em estruturas metálicas podem ser em edificações ou em pontes, viadutos, *pipe rack*, passarelas de pedestres etc. Esse setor tem se desenvolvido, e suas aplicações incluem os sistemas *steel frame* ou *light steel frame* utilizados como elementos estruturais em construções com paredes de fechamento ou internas com gesso acartonado ou em placas OSB. Esse tipo de estrutura possui mercado crescente no Brasil para coberturas de residências, comércios e indústrias.

As construções metálicas, conforme já explanado anteriormente, se encaixam na área de industrialização da construção e tiveram início a partir da Revolução Industrial, com o ferro fundido e, posteriormente, com o aço. Permitem a fabricação em planta industrial e a montagem no canteiro da obra. Possuem grande flexibilidade e peso relativamente baixo, alcançando grandes vãos. São muito utilizadas em países desenvolvidos, como Estados Unidos e Canadá, com a construção de edifícios altos em estruturas de aço. No Brasil, são muito utilizadas em plantas industriais, torres de transmissão de energia ou de telecomunicações, coberturas em edifícios e galpões, estruturas de pontes, viadutos e passarelas de pedestres, e também em edificações, entre outras aplicações.

4.3.5.16 Indústrias de materiais para construção civil

Nesse setor existe uma grande variedade de produção de materiais de construção civil, como indústrias de cimento e cal, indústrias cerâmicas (tijolos, telhas, pisos, revestimentos, tubos etc.), indústrias de pré-moldados de concreto (postes, vigas, pilares, lajes pré-moldadas etc.), materiais básicos e de acabamento para a construção, indústrias de aditivos para concretos, argamassas e impermeabilizantes, tintas, vidros para engenharia, calhas e rufos, perfis dobrados a frio para estruturas metálicas, rochas ornamentais e de revestimento, forros e divisórias de gesso acartonado ou outros materiais, indústrias de argamassas prontas para assentamento de pisos e revestimentos, indústrias de portas e janelas metálicas ou em PVC, produção de agregados para argamassas e concretos (areias e britas), indústrias de produtos acabados da madeira para a construção (caixilhos, portas, janelas, pisos, divisórias, revestimentos etc.), usinas de produção de concretos e argamassas, indústrias de materiais hidráulicos e sanitários (tubos, conexões, metais e louças sanitárias etc.), indústrias de equipamentos para saneamento e meio ambiente, indústrias de geossintéticos e gabiões para a construção, entre outras do setor da construção civil. Participam da fabricação e produção dos diversos materiais industrializados da construção civil vários setores industriais e das engenharias, como a engenharia química, mecânica, de materiais, de produção, de metalurgia, entre outras.

4.3.5.17 Reciclagem de materiais na construção civil

As atividades da construção civil geram uma quantidade relativamente grande de resíduos, tanto nas indústrias como, principalmente, nos canteiros de obras. Os resíduos são gerados sobretudo com a utilização dos materiais nas fases da construção, reformas ou em demolições, em obras de recuperação de pavimentos ou de pavimentação rodoviária e urbana, em obras de terraplenagem, manutenção da via permanente ferroviária, ou em quaisquer atividades da indústria da construção civil. No Brasil, quem regula o assunto é o Conselho Nacional do Meio Ambiente (CONAMA), por meio da Resolução n. 307, de 5 de julho de 2002, e suas Resoluções Complementares n. 348, de 2004, n. 431, de 2011, e n. 448, de 2012, que estabelecem diretrizes, critérios e procedimentos para a gestão dos resíduos na construção. Os resíduos são classificados em classes de acordo com o tipo de material: os de classe A são agregados provenientes de construção, reformas e pavimentação, com origem em materiais cerâmicos, restos de concretos e argamassas, fragmentos de rochas, fragmentos de pavimentação asfáltica e solos de terraplenagem; os resíduos de classe B são separados e reciclados para outras finalidades da indústria, como plásticos, papel, papelão, metais, vidros, madeiras e gesso; os resíduos de classe C ainda não possuem tecnologias que permitam o seu reaproveitamento, como as placas de gesso; e os resíduos de classe D são classificados como perigosos, como tintas, óleos, amianto, materiais radioativos, entre outros, que possam prejudicar a saúde. Os resíduos podem ser reaproveitados ou reciclados e transformados em novos materiais que serão reutilizados.

Portanto, o reaproveitamento, o transporte e a disposição correta dos resíduos na construção civil devem ser realizados segundo as melhores técnicas e da sustentabilidade, como os de classe A e B, que são reciclados e reaproveitados como novos materiais, e os de classes C e D, conforme a Resolução n. 307 do CONAMA, ratificada pela Política Nacional de Resíduos Sólidos, Lei n. 12.305 de 2010 e Decreto n. 7.404 de 2012. Para melhor entendimento sobre esse assunto, o leitor deverá consultar as legislações pertinentes e a bibliografia específica, como a Lei n. 12.305, de 2 de agosto de 2010, já citada, que classifica os resíduos sólidos em onze tipos.

Atualmente, instalaram-se no mercado da construção civil empresas especializadas na coleta, transporte e reciclagem de resíduos da construção civil, transformando resíduos classe A em novos produtos agregados que são reutilizados, diminuindo o impacto ambiental e gerando economia. Essas atividades, dependendo dos materiais e dos processos industriais envolvidos, necessitam de equipes multidisciplinares compostas por profissionais de outras modalidades de engenharia ou de outras áreas de especialização ou atuação.

4.3.5.18 Usinas de concretos e argamassas

São plantas industriais para a produção de concretos de cimento Portland ou argamassas para a indústria da construção. Esses materiais são dosados, preparados e entregues na obra com caminhões betoneiras dentro dos prazos, após controle de qualidade e com a resistência característica necessária, solicitada para cada tipo de projeto de acordo com as normas técnicas. Esse setor tem crescido muito, o que favorece a qualidade e a rapidez na preparação e lançamento dos concretos ou na aplicação das argamassas pré-preparadas em usinas.

4.3.5.19 Usinas de asfaltos

Como nos concretos de cimento Portland e argamassas, as usinas de asfalto dosam e preparam os concretos asfálticos ou o asfalto líquido para serem lançados diretamente nas obras de pavimentações rodoviárias, urbanas etc.

4.3.5.20 Laboratórios de ensaios e controle tecnológico

Os principais laboratórios ligados à construção civil realizam ensaios de materiais industrializados, como cimentos, cal, asfaltos, agregados, produtos aditivos para argamassas e concretos, materiais cerâmicos como tijolos, telhas, pisos e azulejos; aços, madeiras, materiais hidráulicos (tubos, conexões, louças sanitárias, metais sanitários, entre outros), produtos geossintéticos, materiais sintéticos, portas, batentes, fechaduras, caixilhos, vidros etc. Os materiais produzidos na obra ou em usinas que são ensaiados são os concretos de cimento Portland, as argamassas, os concretos asfálticos, solo-cimento e solo-cal. Para os materiais naturais há ensaios de mecânica dos solos e das rochas, areias para a construção; ou de resíduos como as amostras de resíduos sólidos (rejeitos), resíduos líquidos, entre outros (Figura 4.57). A área de ensaios e controle tecnológico de materiais e produtos para a construção civil é bastante ampla, e os ensaios são normatizados pela Associação Brasileira de Normas Técnicas (ABNT), que define a qualidade dos produtos e os ensaios necessários.

Figura 4.57 – Exemplos de ensaios em laboratório de construção civil. (a) Controle da consistência do concreto; (b) ensaio de ruptura do concreto.

4.3.5.21 Planejamento e gerenciamento de obras

É uma área de especialização dos profissionais que atuam como liberais, como consultores ou em empresas. Nesse setor existem empresas especializadas no planejamento e gerenciamento de médios e grandes empreendimentos imobiliários ou de qualquer ramo da construção civil. Atuam desde o projeto básico até o acabamento e funcionamento da obra. É um setor que vem crescendo muito nos últimos tempos, principalmente na construção de *shopping centers*, centros comerciais, centros industriais, núcleos habitacionais, obras viárias, de saneamento, entre outras, e que necessita de profissionais especialistas. Também fazem parte desse setor, atuando nas construções, gestores de qualidade e gestores ambientais.

4.3.5.22 Obras marítimas

São construções realizadas no mar ou nas proximidades do litoral. As obras marítimas incluem a construção de muros de proteção de erosões provocadas pela ação do mar, como dissipadores de energia das ondas. Os molhes são estruturas que avançam do litoral até o mar e são apoiadas no fundo oceânico, constituídas de barragens formadas por blocos de rocha ou elementos de concreto especiais de forma prismática. Quebra-mares são espécies de molhes, alocados de forma que as duas extremidades se encontram dentro da área inundada, cuja finalidade é a proteção de embarcações e atracadouros da ação das ondas. Píeres são estruturas em forma de plataforma que avançam no mar com o objetivo de servir de atracação de embarcações, recreação, proteção contra impactos das ondas etc. Os píeres podem ser construídos em madeira, estrutura metálica, concreto armado, ou em cortinas de estacas-pranchas com aterro interno. São consideradas também nessas categorias as construções das estruturas e fundações de portos, emissários submarinos, túneis subaquáticos e instalações fixas para exploração de petróleo ou gás. Essa área possui uma interface com outras áreas como a geotecnia e a hidráulica, bem como com a oceanografia e a engenharia oceanográfica, a geologia e a engenharia de petróleo, entre outras especializações (Figura 4.58).

Figura 4.58 – Molhes e quebra-mares. (a) Píer em concreto armado; (b) quebra-mar; (c), (d) elementos prismáticos em concreto utilizados na construção de molhes e quebra-mares.

4.3.6 ENGENHARIA URBANA

A engenharia urbana é uma área que tem sido desenvolvida e estudada em várias universidades no Brasil, em cursos de pós-graduação *stricto sensu* (mestrado e doutorado) ou *lato sensu* (especialização). Essa especialidade não foi considerada nas áreas tradicionais descritas anteriormente porque envolve praticamente todas as áreas da engenharia civil; envolve, também, arquitetura, urbanismo, planejamento e outras modalidades de engenharias e profissões.

Essa especialização engloba o planejamento, projeto e construção de obras de infraestrutura das cidades, buscando a melhoria da qualidade de vida da população inserida no ambiente urbano. Trata-se da gestão da mobilidade nos grandes centros, o que engloba problemas de traçado das cidades, sistemas de transporte urbano e meio ambiente. Engloba ainda questões de gestão do meio ambiente e saneamento básico, como recursos hídricos, tratamento e abastecimento de água potável, condução e tratamento de resíduos líquidos (esgotos) e coleta, disposição adequada e tratamento de resíduos sólidos (rejeitos), reciclagem e reutilização dos resíduos da construção civil, entre outros. Essa especialização compreende também o planejamento e gestão do uso e ocupação do solo, bem como do parcelamento adequado, com o objetivo de mitigar os impactos ambientais.

É uma especialidade do presente e do futuro, principalmente quanto à qualidade de vida nos grandes centros, por causa do crescimento demográfico e dos desafios que a engenharia terá de enfrentar no futuro próximo.

A engenharia civil tem uma participação importante nessa especialidade, pois esta envolve áreas amplas e diversificadas, com conhecimentos científicos e tecnológicos em estradas e transportes, hidráulica e saneamento, geotecnia, estruturas, materiais e construção civil. A participação do urbanismo, das áreas ambientais, da sociologia, do direito, da administração pública, da economia, bem como de outras áreas, é fundamental, pois essa é uma especialização que se caracteriza por seu aspecto multidisciplinar, envolvendo profissionais e especialistas em diversos setores.

4.3.7 OUTRAS ÁREAS DE ATUAÇÃO DO ENGENHEIRO CIVIL

O engenheiro civil pode exercer sua profissão em uma gama muito diversificada de atividades na indústria, comércio, construções e serviços nas diversas áreas da construção civil, dentro das suas atribuições profissionais e de acordo com a Resolução n. 218, de 29 de junho de 1973, do Confea. Pode, principalmente, atuar na prestação de serviços em planejamentos, projetos e especificações, produção técnica e especializada, condução de equipes técnicas, consultorias, construções, fiscalizações, padronizações, orçamentos, coordenação de obras, direção de projetos e obras, estudos de viabilidade técnico-econômica, perícias técnicas, pareceres técnicos, vistorias, avaliações, assistências técnicas, mensurações, ensaios em laboratórios de engenharia civil, ensino, pesquisas científicas e tecnológicas, experimentação, entre outras. Como exemplos, podem-se citar as atividades a seguir.

a) Perícia judicial: elaboração de perícias judiciais e laudos periciais nas diversas áreas da engenharia civil e construção. Atua também na elaboração de pareceres técnicos para as partes envolvidas em processos judiciais referentes às diversas áreas da engenharia civil e construção. Para exercer essas atividades, o profissional pode se especializar mediante cursos e se associar no Instituto Brasileiro de Avaliações e Perícias de Engenharia (Ibape).

b) Avaliações: elaboração de relatórios técnicos e avaliação de imóveis, em ações judiciais, desapropriações, inventários, divisões, comercializações de imóveis, entre outros.

c) Ensaios tecnológicos: realização de ensaios tecnológicos relativos a materiais e produtos de construção civil, em todas as áreas da engenharia civil, em laboratórios de ensaios e de controle tecnológico. Alguns exemplos são ensaios em materiais cerâmicos, concretos, argamassas, cimentos, cal, asfaltos, aços para construção, materiais hidráulicos, materiais granulares como britas e areias, compostos de solo-cimento e solo-cal, ensaios em laboratórios de mecânica dos solos, mecânica das rochas, entre outros.

d) Escritórios de projetos: atuar como profissional liberal com escritórios de projetos e consultorias nas diversas áreas da engenharia civil.

e) Construção: exercer as atividades profissionais em empresas construtoras no planejamento, direção, fiscalização, coordenação, entre outras atividades, na construção de obras de diversos tipos e finalidades nas áreas da construção civil.

f) Empresas de prestação de serviços: possuir a sua própria empresa de prestação de serviços, envolvendo a parte comercial, produção, instalação e manutenção de diversos produtos ou materiais de construção, dentro das áreas da engenharia civil e da indústria da construção civil.

g) Empresas de prestação de serviços no setor de hidráulica e saneamento: projeto, montagem e execução de instalações hidráulicas e sanitárias prediais e industriais. Prestar serviços de manutenção e reparo de sistemas hidráulicos residenciais, comerciais e industriais. Manutenção e reparo de redes de esgotos, principalmente na desobstrução de tubulações residenciais, urbanas e industriais. Execução e manutenção de sistemas hidráulicos de combate a incêndio, bem como outras atividades técnicas correlatas dentro dessas áreas.

h) Empresas de sistemas de andaimes e cimbramentos: montagem e execução de sistemas estruturais de andaimes pré-fabricados modulares para movimentação de operários e materiais dentro das normas de segurança, bem como estruturas de escoramentos e suportes das formas dos elementos estruturais ou estruturas provisórias durante o período da execução das obras. Essa atividade vem crescendo e se expandindo no mercado da construção civil, que busca segurança e rapidez nas estruturas provisórias e auxiliares nos canteiros de obras.

i) Especialização: o engenheiro civil pode fazer cursos de especialização a fim de adquirir outras atribuições profissionais. Uma especialização em engenharia de segurança do trabalho, por exemplo, permite que ele passe a atuar nessa área, principalmente no setor de segurança na construção civil, ou nos diversos setores das indústrias.

j) Pesquisas: nas diversas áreas da engenharia civil, em universidades públicas ou privadas, institutos e centros de pesquisas tecnológicas, empresas, indústrias de materiais de construção civil, no desenvolvimento de teorias, sistemas, métodos, materiais, experimentação, entre outros.

k) Empreendedor na construção civil: o engenheiro civil é um dos profissionais que, na qualidade de empreendedor, pode atuar como empresário na construção de imóveis residenciais, comerciais, industriais, entre outros. Aplicando os seus conhecimentos técnicos e científicos nas diversas áreas da profissão, e procurando sempre agir segundo os princípios éticos, pode construir com qualidade e segurança.

Verifica-se que em todas as grandes áreas da engenharia civil existem ligações e sobreposições, de modo que todos os projetos requerem o conhecimentos das cinco grandes áreas já citadas, além de outros profissionais interligados a essas áreas, já que as construções civis necessitam de estudos topográficos, arquitetônicos, urbanísticos, paisagísticos, de planejamentos, de meios de transportes, geotécnicos, estruturais, hidráulicos, de saneamento, ambientais, de informática, laboratoriais, de tecnologia dos materiais, metodologias e técnicas construtivas etc.

Em virtude dessas ligações entre as áreas, a formação do engenheiro civil é eclética, tanto no Brasil como no exterior. Por exemplo, no projeto e construção de uma estação de tratamento de águas, necessita-se de conhecimentos sobre recursos hídricos; topografia, para o estudo do relevo do terreno e locação das obras; saneamento e de técnicas de tratamento de águas; geotecnia, para os estudos do subsolo e projeto das fundações e dos elementos estruturais; terraplenagem, para a execução de cortes e aterros e a preparação e compactação adequada do terreno; estruturas de concreto, para os elementos em concreto armado ou protendido; estruturas metálicas e estruturas de madeiras; hidráulica, para o dimensionamento dos canais, dos sistemas elevatórios e das tubulações; drenagem superficial e subterrânea; impermeabilização; materiais de construção civil, metodologias e técnicas construtivas; gerenciamento de obras, entre outros, pois é uma obra que se insere dentro da construção civil. O mesmo vale para rodovias, ferrovias, barragens, pontes, túneis, loteamentos, aeroportos, portos, edificações etc. – enfim, para projetos específicos e construções em qualquer área da indústria da construção civil e das atribuições profissionais dos engenheiros civis, conferidas pelo Confea.

Portanto, a engenharia civil não envolve uma ou algumas áreas específicas de especialização, e sim compõe-se de diversas grandes áreas que se interligam, formando o todo da profissão.

Os engenheiros civis – em virtude da sua formação, que lhes oferece conhecimentos nas áreas de ciências exatas e tecnológicas –, assim como os profissionais de outras modalidades de engenharia, podem se tornar especialistas em outras áreas por meio da formação em outros cursos de graduação ou pós-graduação *lato sensu* (especialização) ou *stricto sensu* (mestrado e doutorado).

CAPÍTULO 5
DESASTRES NATURAIS E ENGENHARIA CIVIL

5.1 INTRODUÇÃO

Os desastres naturais são eventos de grande monta que ocorrem devido a manifestações diretas da natureza, afetando áreas urbanas ou rurais e ocasionando danos a construções ou edificações de todos os tipos e dimensões.

Essas manifestações podem ter origem interna na crosta terrestre, mediante ações endógenas, ou externas, mediante ações exógenas, como ações do clima e do ciclo hidrológico sobre os materiais constituintes nas proximidades da superfície da crosta.

São manifestações endógenas os movimentos de placas tectônicas, as erupções vulcânicas e os terremotos, os quais, dependendo da intensidade do abalo sísmico, agem diretamente nas construções, provocando desabamentos e grandes tragédias humanas, principalmente em regiões urbanas. Esses fenômenos provocam também desmoronamentos de massas de solos e/ou rochas, com consequentes deslizamentos, atingindo áreas urbanas ou rurais.

As ações dos terremotos em profundidade na crosta terrestre, abaixo dos fundos oceânicos, geram uma liberação de energia que pode provocar grandes ondas, denominadas *tsunamis*, com até dezenas de metros de altura e capazes de varrer regiões litorâneas e destruir comunidades inteiras.

Quanto às manifestações da natureza de origem externas, ou exógenas, estas são produzidas pela ação do clima e da interação deste com o relevo e os solos e/ou rochas nas proximidades da superfície terrestre. Podem ocorrer também em função da ocupação humana em áreas de risco geológico, sem as devidas providências preventivas, mitigadoras ou solucionadoras de tal risco.

São exemplos de ações exógenas as enchentes, os deslizamentos de solos e/ou rochas em encostas naturais, afundamentos do terreno e os ciclones ou furacões. Assim como os fenômenos endógenos, os exógenos também causam grandes prejuízos e perdas de vidas.

As manifestações internas da Terra possuem uma previsão menos precisa e podem atuar de forma inesperada, não permitindo, em muitos casos, tempo suficiente para que sejam tomadas medidas preventivas ou mitigadoras. Já as manifestações externas possuem certa previsibilidade, principalmente em virtude dos estudos meteorológicos, geológicos e geotécnicos nas regiões ou áreas específicas nas quais podem ocorrer esses fenômenos.

Outros tipos de desastres podem ocorrer de forma não natural, isto é, provocados por algum problema local, como explosões, incêndios, escorregamentos, contaminações químicas, biológicas ou radioativas, ou por outros acidentes provocados que possam afetar construções e comunidades humanas.

Tanto antes das ocorrências, de forma preventiva, como depois, de forma mitigadora ou reparadora dos danos, a engenharia civil tem um papel importante na solução desses problemas, pois eles afetam diretamente as construções civis em áreas urbanas ou rurais, e as obras reparadoras exigem conhecimentos específicos e especializados de todas as áreas da engenharia civil. Esses fenômenos naturais que atingem as construções estão relacionados à geologia da região, geofísica, meio ambiente, clima e outras ações endógenas e exógenas da Terra. Devem, portanto, ser estudados por profissionais especializados, como geólogos, geofísicos, meteorologistas, oceanógrafos, entre outros.

A seguir estão detalhados alguns dos principais fenômenos que afetam as obras de engenharia civil.

5.2 ÁREAS SUJEITAS À AÇÃO DE SISMOS (TERREMOTOS)

Esse tipo de fenômeno natural tem sido registrado desde tempos muito antigos, como a erupção do vulcão Vesúvio no ano 79 d.C., descrita pelo historiador Plínio, o Jovem, sobrinho do historiador Plínio, o Velho, que faleceu na erupção. Essa erupção soterrou as cidades de Pompeia e Herculano, na Itália, ceifando a vida de milhares de pessoas. Outro exemplo mais recente foi a explosão do Krakatoa em 1883, na Indonésia, que destruiu totalmente a ilha de mesmo nome e matou mais de 36 mil pessoas pela ação direta da explosão e devido ao *tsunami* gerado na região. Lançou detritos a mais de 20 km de altura, produzindo uma nuvem de poeira que se espalhou por praticamente toda a Terra.

Na atualidade, um dos grandes sismos a atingir áreas urbanas densamente povoadas foi o terremoto na região de Kobe e Osaka, no Japão, em 1995, que alcançou magnitude da ordem de 7,2 na escala Richter, matando mais de 6 mil pessoas e destruindo mais de 100 mil construções nas áreas metropolitanas.

Outros fenômenos sísmicos de grande monta têm ocorrido em toda a Terra, provocando perdas de vidas e materiais. A Figura 5.1 ilustra alguns tipos de danos provocados por terremotos em construções civis.

Figura 5.1 – Exemplos de construções destruídas por terremoto. (a) Rodovia pavimentada e (b) estrutura em concreto armado destruídas por terremoto.

As construções e edificações em regiões sujeitas a abalos sísmicos são projetadas e construídas considerando essas ações dinâmicas. Os elementos estruturais, como fundações, pilares, vigas, lajes, escadas, entre outros, devem ser dimensionados e interligados de modo a absorver esforços dinâmicos sem sofrerem danos que os levem ao colapso. Devem ser estudados e aplicados, dentro dos sistemas construtivos, técnicas e materiais adequados, que permitam absorver e suportar as ações.

Nos países em que ocorrem sismos com frequência, a legislação e as normas técnicas relativas às construções normalmente regulamentam os projetos e construções buscando a prevenção dos problemas.

As áreas da engenharia civil que estão mais relacionadas com a mitigação dos efeitos desses fenômenos nas construções são a geotecnia e a de estruturas. Na área de geotecnia, as ações sísmicas são aplicadas diretamente aos elementos estruturais das fundações, como sapatas, estacas e tubulões, e no comportamento dos solos, principalmente em solos saturados que podem perder momentaneamente a capacidade de suporte, ou sofrer liquefação. Nessas áreas, o dimensionamento de túneis, aterros, taludes, estruturas de arrimo e barragens devem levar em consideração as ações sísmicas, principalmente quanto ao comportamento mecânico dos solos compactados e maciços de solos e/ou rochas naturais. Na área de estruturas, a modelagem estrutural, o comportamento das ligações, as dimensões dos elementos e os materiais utilizados devem ser estudados sob o ponto de vista teórico e experimental, buscando as melhores tecnologias para cada tipo de estrutura.

Algumas das técnicas mais comumente utilizadas para a diminuição ou solução de problemas estruturais em construções sob a ação de sismos, em países e regiões onde ocorrem com frequência terremotos de intensidade elevada, são:

- Projeto e construção de fundações adequadamente dimensionadas com determinados graus de liberdade para permitir os movimentos sem afetar os demais elementos estruturais.

- Análise da simulação da estrutura por meio de modelos computacionais e experimentais em laboratório, com o objetivo de simular os comportamentos das ações sísmicas sobre o conjunto da estrutura, bem como materiais adequados e sistemas de ligações entre os diversos elementos estruturais.

- Controle da vibração e oscilação mediante sistemas de pêndulo (*friction pendulum bearing* – FPB), que consistem em elementos articulados ou apoiados sobre base deslizante que permitem a compensação das oscilações com esforços em sentido oposto.

- Outro sistema utilizado é dotar o reservatório superior de água, em edifícios altos, de câmaras que permitam o escoamento em contraposição aos esforços da oscilação.

Cuidados especiais devem ser tomados no projeto e construção de usinas nucleares em áreas de risco sísmico, pois problemas relacionados a esse tipo de construção podem trazer consequências gravíssimas à população e ao meio ambiente. O acidente nuclear ocorrido em 2011 na Usina de Fukushima, no Japão, é um exemplo disso: ele teve como causa um *tsunami* provocado por um terremoto.

5.3 ÁREAS AFETADAS POR ENCHENTES OU AÇÃO DA ÁGUA EM LARGA ESCALA

O crescimento das cidades em todo o mundo e a proximidade com os cursos d'água são os principais fatores das inundações. Esse tipo de ocorrência tem se tornado frequente nas grandes cidades, causando prejuízos materiais e perdas de vidas (Figura 5.2).

(a) (b)

Figura 5.2 – (a) Área urbana afetada por enchentes e (b) rodovia afetada por enchentes.

As causas das enchentes e transbordamentos podem ter várias origens, como a ocupação desordenada e sem planejamento de áreas urbanas e de regiões baixas e laterais de vales ribeirinhos, provocando a impermeabilização do solo da bacia hidrográfica e aumentando o escoamento superficial. Nesses casos, as consequências são desastrosas, e as soluções, difíceis e de custo elevado. Uma das soluções encontradas, em áreas urbanas densamente povoadas, é a construção de reservatórios subterrâneos, denominados "piscinões", para a coleta e o armazenamento da água do escoamento superficial e a liberação em um espaço de tempo suficiente para não provocar danos no escoamento normal do curso d'água.

Do ponto de vista preventivo, uma das soluções que tem sido estudada e proposta por vários pesquisadores e especialistas é o planejamento adequado da ocupação urbana, de modo a conservar extensas áreas verdes e construir sistemas de coleta e infiltração das águas pluviais em cada edificação. Dessa forma, a maior parte da água precipitada passa a infiltrar no subsolo e alimentar o lençol subterrâneo, não escoando livremente em curto espaço de tempo.

Uma outra solução para evitar o transbordamento de cursos d'água e a ocorrência de enchentes é a construção de barragens lineares protetoras (diques) nas proximidades das margens dos cursos d'água, denominadas, em inglês, de *levee*, como as que foram construídas nas margens do Rio Mississipi, nos Estados Unidos. Outra solução para cursos d'água de pequenas e médias dimensões é a construção de barreiras de concreto armado, ou de outros materiais, em forma de muros protetores contra enchentes.

As inundações também podem ser provocadas pela elevação da maré em áreas litorâneas, ou por ondas gigantescas formadas pelos *tsunamis*. Os efeitos das marés podem ser mitigados com a construção de barreiras protetoras, utilizando diversas técnicas disponíveis na engenharia civil. Já as consequências dos *tsunamis* são de difícil mitigação, pois estes ocorrem com a liberação de grandes energias, provocadas principalmente por sismos nos assoalhos oceânicos, e atingem no litoral alturas da ordem de dezenas de metros. Não se pode deixar de citar o *tsunami* ocorrido em 2004 no oceano Índico, que vitimou cerca de 230 mil pessoas, e o ocorrido em 2011 no litoral do Japão, também causando grande perda de vidas e prejuízos materiais. Barreiras construídas contra esse tipo de fenômeno têm se mostrado pouco eficientes, a exemplo do que ocorreu no Japão em 2011.

Alguns especialistas consideram que essas barreiras podem diminuir o efeito do impacto das ondas, mas não trazem uma total segurança à população litorânea, e que a melhor solução seria a habitação em áreas elevadas litorâneas sujeitas a esse tipo de fenômeno, com sistemas de alarmes, de modo que as ondas não possam alcançar as pessoas e as construções.

Um exemplo histórico do avanço do mar sobre o continente é o holandês. Cerca de 50% do território holandês encontra-se abaixo do nível do mar, de modo que há séculos os holandeses lutam para salvar áreas cultiváveis e não perder território para as inundações. Foram desenvolvidas técnicas engenhosas que permitiram a ocupação dos espaços com certa segurança.

Em 1953, uma inundação proveniente do oceano causou a morte de 1.800 pessoas e trouxe grandes prejuízos materiais à Holanda, levando o país a tomar medidas mais eficazes no combate do avanço da água sobre o território. Em 1991 teve início um dos maiores projetos com esse objetivo: a barreira Maeslant, próximo ao porto de Roterdã, eleita a maior estrutura para fins hidráulicos e uma das maravilhas da engenharia civil moderna. A sua finalidade é proteger o território contra a elevação do nível do mar em decorrência de tempestades que ocorrem naquela região. Quando é acionada, dois gigantescos portões curvos em estrutura metálica, com peso cada um de 680 toneladas, altura de 12 m e comprimento de 240 m, são fechados lentamente. Em 8 de novembro de 2007, uma tempestade no oceano obrigou o seu primeiro fechamento, durante uma hora, protegendo o país do avanço das águas.

As enchentes causadas por furacões podem atingir áreas relativamente grandes próximas do litoral, trazendo enormes prejuízos materiais e perdas de vidas. Um exemplo é o furacão Katrina, que atingiu Nova Orleans, no estado da Louisiana, Estados Unidos, em 29 de agosto de 2005, destruindo parte dos diques de proteção *levee* e inundando cerca de 80% da área metropolitana, deixando a cidade sem luz, água encanada, gás e outros equipamentos urbanos, destruindo grande quantidade de imóveis e ceifando a vida de aproximadamente 1.500 pessoas.

Nos projetos e construções de obras litorâneas, como cais de portos, barreiras de proteção, diques, pontes, muros, entre outras, devem ser levados em consideração as oscilações das marés, os impactos das ondas e as alturas que elas podem atingir. Deve-se procurar adotar nos projetos soluções que mitiguem ou evitem o comprometimento dessas estruturas, em face das oscilações do nível da água e pela ação dinâmica e contínua da água, bem como das condições ambientais e de ação química das águas sobre as estruturas.

5.4 ÁREAS AFETADAS POR FURACÕES OU TORNADOS

São fenômenos meteorológicos constituídos por massas de ar que se movimentam em alta velocidade de forma circular, formando grandes vórtices que podem atingir áreas rurais ou urbanas. A velocidade dos ventos nos furacões pode ultrapassar 140 km/h e atingir até 400 km/h. Já os tornados atingem áreas mais restritas e são mais violentos, podendo atingir velocidades da ordem de 500 km/h.

Esses tipos de fenômenos atingem diretamente as construções civis e, dependendo da velocidade dos ventos, as soluções preventivas são muito difíceis do ponto de vista da estabilidade e segurança das construções, além de terem custos elevados (Figura 5.3).

Figura 5.3 – Construções afetadas por tornado.

Nos países ou regiões onde ocorrem esses tipos de fenômenos, as normas técnicas e as metodologias de projeto e construção levam em conta os esforços causados pelo deslocamento do ar em altas velocidades. Em alguns lugares estão previstos abrigos subterrâneos para a proteção de pessoas e animais. No Brasil, as normas técnicas para projetos estruturais prescrevem a necessidade de se prever e calcular os efeitos dos ventos e suas ações sobre os elementos das estruturas das construções.

Outro fenômeno que pode ocorrer junto com as chuvas e tempestades é a queda de granizo, capaz de afetar diretamente as construções e danificar coberturas (telhados) ou caixilhos com vidros. Para a prevenção desse tipo de ocorrência, deve-se projetar e executar esses elementos de modo a suportar os impactos do granizo sem sofrer danos consideráveis.

5.5 ESCORREGAMENTOS DE ENCOSTAS

Os escorregamentos podem ser de solos e/ou rochas, lama ou neve. Foram classificados em vários sistemas por diversos autores ao longo da história da mecânica dos solos e da geologia de engenharia.

Os escorregamentos são genericamente denominados em geotecnia de movimentos de massas e podem consistir em sistemas complexos, com diversas causas internas, externas e materiais. Podem ocorrer a velocidades muito lentas, da ordem de alguns centímetros por ano, até velocidades relativamente rápidas, da ordem de quilômetros por hora.

As quedas ou avalanches de blocos de rochas com solos ou avalanches de neve ocorrem em regiões acidentadas. Os blocos de rochas, junto com partes de solos, normalmente escorregam, rolam ou saltam em encostas íngremes com condições geológicas favoráveis, principalmente do ponto de vista do intemperismo químico e físico (alteração química e fragmentação das rochas).

As avalanches de neve ocorrem em regiões de clima temperado a frio em encostas íngremes, devido ao acúmulo do material e à perda da estabilidade. Podem atingir velocidades elevadas e provocar graves danos a construções e a pessoas nas encostas ou nas bases das elevações.

De modo geral, todos os tipos de movimentos de massas podem afetar a segurança e a estabilidade de construções civis, como rodovias, ferrovias, pontes, barragens, edificações e áreas urbanas e rurais, causando grandes perdas materiais e de vidas (Figura 5.4). Para a prevenção desses tipos de fenômenos, as encostas nas proximidades de construções devem ser estudadas e monitoradas sob o ponto de vista climático, geológico e geotécnico, e medidas capazes de evitar ou diminuir a ocorrência dos movimentos devem ser tomadas.

Figura 5.4 – (a) Rodovia e (b) construções em área de encosta afetadas por deslizamento de solos e rochas.

Os locais sujeitos a esses tipos de fenômenos são denominados áreas de risco geológico, e sua ocupação deve ser planejada com a realização de obras que evitem a degradação do meio físico e a consequente desestabilização dos maciços.

Essas áreas devem ser estudadas por geólogos de engenharia especialistas nesses tipos de problemas e engenheiros civis de geotecnia, para a apresentação das soluções de engenharia preventivas ou corretivas dos problemas.

Possíveis obras preventivas incluem a drenagem adequada das águas pluviais e subterrâneas, o retaludamento das encostas, obras de contenção, como estruturas de arrimo ou cortinas atirantadas, ações preventivas e/ou obras de proteção contra a queda de blocos de rocha ou neve, estruturação dos maciços. Se for confirmada a determinação de risco geológico em área não segura para a habitação humana, sua ocupação deverá ser evitada, tornando-se a área não habitável. O entorno desses tipos de áreas deve também ser considerado, pois a ocupação com construções na superfície, no sopé ou no topo de encostas naturais sob risco de deslizamento deve ser evitada, já que essas áreas poderão sofrer a ação direta dos materiais instabilizados.

Outro problema que pode ocorrer em determinadas áreas é o colapso do terreno devido ao abatimento de tetos de cavernas subterrâneas. Esses abatimentos refletem na superfície em forma de cratera afunilada denominada dolina (Figura 5.5). Esse fenômeno ocorre em áreas de formações geológicas calcárias, também denominadas áreas de "carste", pela dissolução do carbonato de cálcio com a ação da água. Normalmente, em função do rebaixamento do nível d'água e consequente alívio de pressões, ocorre o colapso das cavernas, vindo a atingir a superfície. Isso pode ocorrer também em regiões de antigas minas subterrâneas abandonadas ou mal estabilizadas.

Figura 5.5 – Dolina em virtude do colapso de cavernas subterrâneas em região calcária (carste). Cenote (México).

A prevenção desse tipo de problema inclui o estudo prévio da ocupação de áreas urbanas ou rurais por geólogos especialistas, que devem apresentar relatório geológico da área, e por outros profissionais das áreas ambientais e de planejamento. Em se verificando esse tipo de formação e o risco geológico, não devem ser implantados loteamentos, construções ou habitações nessas áreas; elas podem ser utilizadas como áreas de preservação ambiental ou para outras finalidades.

CAPÍTULO 6
PRINCIPAIS MATERIAIS UTILIZADOS NA CONSTRUÇÃO CIVIL

6.1 INTRODUÇÃO

A indústria da construção civil envolve quase todas as áreas ligadas à industrialização, produção e aplicação dos materiais utilizados na construção civil e na construção das obras de infraestrutura.

Sob o aspecto dos materiais, há uma grande variedade de produtos oriundos da natureza que passaram por diversas etapas de transformação mediante processos industriais.

Nos cursos de engenharia civil, esse assunto é estudado nas disciplinas Química – Teoria e Laboratório (como disciplina básica), Geologia de Engenharia – Teoria e Laboratório, Materiais de Construção Civil – Teoria e Laboratório, Tecnologia das Construções, Pavimentação e Construção de Edifícios; e em disciplinas eletivas ou optativas das cinco grandes áreas que envolvem os diversos tipos de materiais na área de construção civil e de outras áreas, em que são estudadas as principais características, propriedades e composições dos materiais, comportamentos nas obras, suas aplicações, bem como os ensaios normatizados realizados nos laboratórios de materiais de construção.

Os produtos industrializados para a construção civil normalmente são produzidos por diversos setores das indústrias e áreas de química, engenharia química, engenharia de materiais, metalurgia, entre outras.

A seguir apresentam-se de forma resumida os principais materiais utilizados pelos engenheiros civis em suas atividades.

6.2 CONCRETO

O concreto é um dos principais materiais utilizados na construção civil. Pode ser asfáltico ou de cimento Portland.

6.2.1 CONCRETOS ASFÁLTICOS

Os concretos asfálticos, ou concretos flexíveis, são compostos pela mistura de agregados graúdos e miúdos (britas e areias) com o ligante asfalto. São utilizados na pavimentação de rodovias, vias urbanas, estacionamentos e pistas de aeroportos, impermeabilizações, entre outras aplicações.

Os asfaltos, também denominados materiais betuminosos ou betumes, remontam a aproximadamente 3000 a.C. na Ásia e em torno de 600 a.C. na Babilônia, onde o betume ocorria de forma natural na superfície do terreno. Na Era Contemporânea, sua aplicação intensificou-se na pavimentação de pistas rodoviárias principalmente a partir da primeira década do século XX, com o advento do veículo automotor e o desenvolvimento da indústria do petróleo.

Os asfaltos têm origem na destilação do petróleo. Suas características físicas e químicas variam de acordo com o tipo de petróleo utilizado. Os asfaltos utilizados atualmente são compostos complexos de hidrocarbonetos provenientes do petróleo e com substâncias minerais. Possuem propriedades viscoelásticas, boa adesividade e são impermeáveis à água. São também denominados cimentos asfálticos, pois servem como aglomerantes na constituição da argamassa ou dos concretos asfálticos, utilizados mundialmente na pavimentação de rodovias e vias urbanas. Existem diversos tipos de asfaltos, como os asfaltos de petróleo, asfaltos aniônicos, oxidados por catálise etc.

Os asfaltos podem ser usinados a quente, caso em que recebem o nome de "pré-misturados a quente" (PMQ) ou "concreto betuminoso usinado a quente" (CBUQ), e consistem em uma argamassa ou concreto formado pelo asfalto diluído do petróleo sob temperaturas elevadas, com adição de areias e britas por meio do processo de usinagem a quente em uma usina de asfalto. São largamente utilizados na pavimentação rodoviária, de vias urbanas, de pistas de aeroportos, ou em pátios de estacionamento. Quando usinados a frio são denominados genericamente de "pré-misturados a frio" (PMF), caso em que são pré-preparados em usinas, lançados e compactados no local do pavimento.

Atualmente, pesquisas têm sido desenvolvidas com a aplicação de fragmentos de pneus usados na composição do concreto asfáltico, oferecendo uma melhor elasticidade ao conjunto e propiciando o reaproveitamento de um produto descartável.

Podem ser também utilizados asfaltos especiais para pintura e impermeabilização de superfícies na construção, aplicados diretamente ou em mantas poliméricas embebidas de asfalto.

6.2.2 CONCRETOS DE CIMENTO PORTLAND

Os concretos de cimento Portland são utilizados em larga escala, em todo o mundo, para a execução de estruturas de concreto armado e protendido. São misturas de cimento Portland, água, agregados graúdos (britas) e agregados miúdos (areias) em determinadas proporções. Podem ou não possuir aditivos, objetivando determinada resistência à compressão. Depois de endurecidos, formam um composto sólido que pode ser considerado uma rocha artificial. As resistências à compressão dos concretos são conseguidas por meio da dosagem correta dos seus componentes e comprovadas por ensaios de ruptura de corpos de prova em laboratório, padronizados e normatizados pela Associação Brasileira de Normas Técnicas (ABNT).

As primeiras utilizações do cimento como material de construção, segundo historiadores, remontam à antiga Assíria e ao Egito. No Império Romano, teve grande desenvolvimento com a utilização da pozolana e da cal, fornecendo uma argamassa hidráulica que, misturada com areia e fragmentos de rocha, transformava-se em uma espécie de concreto, muito utilizado no preenchimento interno de paredes e muros, e também na execução de bases para pisos.

Conforme já explanado anteriormente, em 1756 o engenheiro civil britânico John Smeaton produziu, por meio da calcinação de calcários argilosos, um produto que, depois de triturado e misturado com água, se transformava em uma pasta resistente. Smeaton utilizou esse cimento na construção do terceiro farol de Eddystone, na Inglaterra, com 18 m de altura e 8 m de diâmetro na base, construído entre 1756 e 1759.

Em 1818, o engenheiro civil francês Louis-Joseph Vicat (1786-1861) conseguiu resultados semelhantes. Vicat projetou e construiu, de 1818 a 1824, uma ponte em arcos em Souillac, na França, com comprimento de 200 m, somente em concreto, aplicando o cimento por ele desenvolvido, sem a utilização de armaduras. Essa ponte existe até hoje e é considerada um marco na construção com concreto.

A denominação "cimento Portland" deve-se ao químico britânico Joseph Aspdin (1778-1855), que, em 1824, patenteou um produto originário da queima e moagem de rocha calcária e argilas, o qual, ao ser misturado com água, produzia uma pasta de resistência elevada. A denominação deve-se à semelhança na aparência do concreto com as rochas que existiam na ilha de Portland, no sudoeste da Inglaterra.

O surgimento do cimento Portland propiciou as suas aplicações, inicialmente com a produção de elementos decorativos, como vasos, floreiras e barcos, até adquirir grande desenvolvimento no final do século XIX e início do século XX, com o surgimento do concreto armado e, posteriormente, do concreto protendido.

No Brasil, o cimento Portland e suas aplicações são normatizados pela ABNT. Existem, basicamente, onze tipos de cimentos: Portland comum (CP I), Portland comum com adição (CP I-S), Portland composto com escória (CP II-E), Portland composto com pozolana (CP II-Z), Portland composto com fíler (CP II-F), Portland de alto--forno (CP III), Portland pozolânico (CP IV), Portland de alta resistência inicial (CP V-ARI), Portland resistente a sulfatos (RS), Portland de baixo calor de hidratação (BC), Portland branco (CPC) (Figura 6.1).

Figura 6.1 – Indústria de produção de cimento Portland.

O concreto trabalha muito bem a compressão, e sua resistência à tração é em torno de 10% da resistência à compressão. Nos elementos de concreto armado, principalmente nas vigas e lajes, nos locais em que se desenvolvem esforços de tração, são posicionadas barras de aço que, aderidas ao concreto, absorvem os esforços de tração e os transmitem às regiões de compressão do concreto. Para grandes vãos, o concreto armado torna-se antieconômico, pois necessita de peças com seções muito grandes.

Os concretos podem ser dosados e preparados em usinas de concretos e entregues nas obras em caminhões betoneiras, ou podem ser dosados e preparados nas obras com a utilização de betoneiras fixas. Podem ser compostos por diversos tipos de agregados além das tradicionais britas e areias, como fibras metálicas, fibras poliméricas, materiais leves (argila expandida) etc. Podem ainda possuir aditivos para várias finalidades, como fluidez, aceleradores ou retardadores de pega, incorporadores de ar, impermeabilizantes etc. A pega e o endurecimento do cimento Portland se dão por reação química de hidratação dos carbonatos com a água, com pequena liberação de calor, isto é, reação exotérmica.

Na concretagem de peças de grandes dimensões, a liberação de calor pode atingir temperaturas prejudiciais às peças, vindo a provocar fissurações por expansão e retração. Nesses casos, a água deve ser adicionada na forma de gelo para que ocorra a diminuição do efeito da reação e do aumento da temperatura das peças. A temperatura do gelo deve ser determinada em função da temperatura ambiente, das dimensões das peças a serem concretadas e do tipo de cimento utilizado.

Objetivando esbeltez, resistência e economia das peças como vigas e lajes, foram desenvolvidas as teorias de concreto protendido. No concreto protendido as barras de aço (fios especiais) são tracionadas e comprimidas ou aderidas no concreto, de forma a transmitirem às peças tensões de compressão, fazendo com que a seção passe a ser toda comprimida e utilizando bem as características de boa resistência à compressão do concreto.

Os concretos, dependendo da finalidade, podem ser classificados em concretos de alta resistência inicial, concreto resfriado, concreto pesado, concreto leve, concreto celular, concreto com pega programada, concreto com fibras, concreto colorido etc.

Os concretos com fibras têm sido muito utilizados, pois têm encontrado aplicações em diversos setores, como fabricação de pré-moldados, dormentes ferroviários de concreto, concreto projetado para revestimentos de túneis ou contenção de encostas, pavimentos rígidos para tráfego pesado, pisos industriais, recuperação e reforço de estruturas de concreto armado ou protendido, entre outras aplicações do concreto armado. As fibras podem ser de materiais poliméricos, como polipropileno, *nylon*, polímero reforçado com fibra de vidro, fibras de carbono ou fibras metálicas. As fibras mais utilizadas são as de polipropileno e as de aço. Pesquisas têm estudado a aplicação de fibras orgânicas, como a fibra de sisal ou de outros vegetais.

Há também pesquisas para o desenvolvimento de concretos que apresentam alta resistência (concreto de alta resistência – CAR) e alto desempenho (concreto de alto desempenho – CAD). Estes apresentam melhor trabalhabilidade, durabilidade, alta resistência e baixa permeabilidade em ambientes agressivos. Esses concretos normalmente possuem resistências à compressão simples acima de 45 MPa e são preparados com baixo fator água/cimento, adição de aditivos especiais para melhorar a trabalhabilidade e microssílica (sílica ativa), composta por partículas com diâmetros até cem vezes menores que as partículas do cimento. Estas preenchem os vazios na pasta de cimento, tornando-a mais densa, e ainda reagem com a cal livre ou hidróxido de cálcio, aumentando consideravelmente a resistência à compressão e diminuindo a permeabilidade.

As resistências médias obtidas com esses concretos chegam a 125 MPa, consideradas altíssimas em relação à resistência à compressão simples dos concretos mais usuais, em torno de 20 a 45 MPa. Suas aplicações incluem estruturas que exigem altas resistências e durabilidade dos elementos, como pontes, edifícios altos, pistas de aeroportos, obras que necessitam de baixa permeabilidade, entre outras.

6.3 AGLOMERANTES AÉREOS – CAL E GESSO

A cal e o gesso são produtos conhecidos pelo homem desde a Antiguidade.

- Cal: aglomerante aéreo que reage com o oxigênio do ar e endurece, formando um sólido de resistência relativamente baixa e sujeito à dissolução pela ação da água. A cal virgem é obtida por meio de rochas calcárias, ou carbonato de cálcio ($CaCO_3$), calcinadas a temperaturas em torno de 900 °C. Ao ser hidratada, fornece o produto pronto para uso na construção.
- Gesso: utilizado na construção, é um produto industrializado, obtido pela calcinação do sulfato de cálcio ($CaSO_4$), podendo possuir alguns outros minerais.

O pó de gesso misturado com água forma uma pasta cujas principais propriedades são trabalhabilidade, fluidez, adesividade, endurecimento relativamente rápido e excelente acabamento. Os gessos podem receber aditivos a fim de alterar o comportamento da pasta em função da aplicação.

O gesso é muito utilizado como revestimento aplicado diretamente sobre as superfícies, na forma de placas e painéis, molduras, sancas etc. É muito utilizado na fabricação de placas de gesso acartonado, revestidas externamente com lâminas de papel tipo *kraft*. As placas de gesso acartonado servem para a construção de paredes divisórias do tipo *drywall*, forros etc.

A umidade prejudica o gesso. Quando úmido, o gesso não deve entrar em contato direto com o aço, já que a acidez do gesso provoca corrosão no aço.

6.4 ARGAMASSAS

Argamassas são produtos resultantes da mistura de agregados miúdos (areias), cimentos, cal e água, podendo também conter aditivos ou alguns minerais. As argamassas são largamente utilizadas na construção civil, principalmente no assentamento de tijolos, revestimentos internos e externos de paredes, revestimento de lajes e forros, entre muitas outras finalidades. Registros históricos do uso de argamassas formadas por areia e cal datam de aproximadamente 5000 a.C., na região do Oriente Médio.

Quanto aos agregados miúdos, podem ser areia grossa, areia média ou areia fina. Pode haver misturas das areias em proporções previamente determinadas.

As argamassas podem ser produzidas na obra, misturando-se em betoneiras ou argamassadeiras as areias, cal, cimento e água, com ou sem aditivos, em proporções adequadas para a finalidade desejada, ou preparadas em usinas e entregues prontas para uso na obra. Podem ser industrializadas e fornecidas em embalagens às quais se adiciona água quando da utilização na obra. Os aditivos consistem em aceleradores ou retardadores de pega, plastificantes, fluidificantes, impermeabilizantes etc.

De forma resumida, as argamassas são classificadas de acordo com o tipo e suas aplicações:

a) Argamassas de cimento, cal e areias: argamassas que contêm como aglomerantes o cimento Portland e a cal, além de areias e água, em proporções adequadas. Podem receber aditivos. São utilizadas para o assentamento de tijolos e alvenarias, reboco de paredes externas, internas e forros.

b) Argamassas de cimento e areias: utilizadas para chapiscos de aderência entre a superfície das paredes e lajes e os rebocos. Podem ser também utilizadas para a regularização de contrapisos, lajes de piso ou na execução de calçadas e no preenchimento de vazios em alvenarias para a regularização das superfícies.

c) Argamassas de gesso: utilizadas para o revestimento de paredes e para a regularização de superfícies em placas de gesso ou gesso acartonado. Podem receber, além do gesso, a adição de cal.

d) Argamassas para assentamento de pisos e revestimentos cerâmicos, ou argamassas colantes: são argamassas prontas para o assentamento de pisos e azulejos em ambientes internos e externos. Existem no mercado diversos tipos de argamassas para assentamento e colagem de revestimentos, cada tipo adequado a certo piso ou azulejo. A escolha da argamassa colante também se dá em função do ambiente ao qual o revestimento será submetido.

e) Argamassas de rejuntamento: utilizadas para o preenchimento dos espaços entre os revestimentos (pisos e azulejos), permitindo a vedação das juntas e a absorção de pequenas deformações devido às variações de temperatura. São fornecidas em diversas cores.

f) Argamassas de preenchimento em estruturas (grautes): são argamassas prontas, com alta resistência à ruptura e elevada fluidez, constituídas por cimento Portland, areias e aditivos, com a finalidade de recuperação de elementos estruturais existentes. Podem ser também utilizadas como grauteamento de alvenarias estruturais, bases de fundações, preenchimento de canaletas de amarração, reparos em elementos de concreto etc.

6.5 MATERIAIS CERÂMICOS

A cerâmica é uma das descobertas mais antigas da humanidade. O ser humano percebeu que determinados materiais naturais, como as argilas, ao serem queimados, adquiriam resistência relativamente alta e baixa permeabilidade.

As argilas, quando umedecidas, podem ser moldadas facilmente em várias formas, permitindo a confecção de vasos e recipientes para o armazenamento de líquidos e alimentos. Essas descobertas datam do período Neolítico, em torno de 12000 a 4000 a.C. Algumas cerâmicas mais antigas datam de 24000 a.C.

A cerâmica, que, de início, era secada naturalmente ao ar e, mais adiante, cozida, podia ser transformada em elementos prismáticos que permitiam a edificação de abrigos com certa facilidade, oferecendo conforto e segurança. Assim surgiram as alvenarias de tijolos e coberturas de telhas cerâmicas.

As cerâmicas, de modo geral, são obtidas a partir das argilas, que, após a moldagem, são submetidas à secagem ao ar e em seguida cozidas em fornos a temperaturas elevadas. Em geral, são classificadas na construção civil em cerâmicas vermelhas e cerâmicas brancas.

As vermelhas são originadas de depósitos argilosos sedimentares, contendo em sua composição alto teor de minerais de ferro. Os minerais de ferro submetidos à queima resultam na cor característica desses tipos de cerâmicas. São largamente utilizadas na produção de tijolos para alvenaria (tijolos maciços e blocos vazados), telhas dos mais diversos tipos, lajotas para lajes, tubos para esgotamento de águas e esgotos, pisos e revestimentos, vasos, floreiras etc.

As brancas são produzidas a partir de argilas e compostos minerais que adquirem cor clara ao ser cozida. Esses tipos de cerâmicas são utilizados para a produção de revestimentos, como pisos e azulejos, e na produção de louças sanitárias, como vasos sanitários, pias, cubas etc. As técnicas de produção de azulejos para revestimentos e decorações chegaram à península Ibérica no século XIV, por intermédio dos mouros.

Atualmente, os materiais preparados, após a prensagem ou extrusão, passam por secagem e em seguida por uma sequência de queimas e esmaltação, podendo resultar em produtos como porcelanato, grês, semigrês, semiporoso ou poroso.

As cerâmicas para pisos e revestimentos são normatizadas pela NBR 13818 (ABNT, 1997) e devem obedecer a certas características técnicas para serem comercializadas. Possuem grande importância na construção civil, pois proporcionam superfícies regulares para a circulação de pessoas; revestimentos impermeáveis de paredes, importantes principalmente nas áreas sujeitas a umidade; higiene, em virtude de a superfície ser regular e lisa; estética e beleza, graças às cores e desenhos que podem apresentar.

6.6 PRODUTOS SIDERÚRGICOS

Na construção civil, é utilizada uma grande quantidade de produtos siderúrgicos metálicos ferrosos, como os aços em estruturas de concreto armado e protendido ou na forma de perfis e chapas em estruturas metálicas; e não ferrosos, como alumínio, cobre, bronze etc.

O ferro como metal começou a ser utilizado pelo homem na Idade do Ferro, em torno de 1200 a.C., mas somente no século XVIII ocorreu a construção da primeira obra em ferro fundido: a ponte construída por Abraham Darby III, em 1779, na Inglaterra, a pioneira na utilização desse material.

Os metais ferrosos possuem na sua composição um porcentual elevado de ferro, sendo esse o seu principal constituinte. O principal produto metálico ferroso são os aços utilizados na construção civil, principalmente na forma de vergalhões, em pilares, vigas e lajes, ou perfis padronizados, como os elementos das estruturas metálicas.

Os aços passaram a ser fabricados em escala industrial a partir das descobertas de Bessemer, que permitiram a produção do aço fundido em 1855.

Os principais metais não ferrosos são utilizados como elementos não estruturais na indústria da construção civil. O alumínio normalmente é utilizado em elementos de fechamento como esquadrias e pequenas estruturas. Produzido a partir da bauxita, consiste basicamente em uma mistura de óxidos de alumínio (Al_2O_3), embora contenha também outros minerais, como óxido de ferro, sílica etc. Possui excelentes propriedades, como baixo peso específico, resistência à corrosão e resistência mecânica relativamente alta, mas tem um custo mais elevado que o aço. Na construção civil, o alumínio é fornecido na forma de perfis que são largamente utilizados em caixilhos (esquadrias de alumínio e seus componentes) e em estruturas de coberturas leves.

Já o cobre, outro metal não ferroso, é um elemento químico da tabela periódica com o símbolo Cu e número atômico 29. Na natureza, normalmente é obtido por meio do mineral calcopirita, sulfeto de cobre e ferro, com fórmula $CuFeS_2$, podendo também ser encontrado em outros minerais. O cobre produzido industrialmente possui como principais características mecânicas e elétricas a ductilidade e condução de corrente elétrica. É largamente utilizado na construção civil e em outros setores das indústrias em condutores de energia elétrica, tubulações hidráulicas, de gases, elementos decorativos, placas de revestimentos ou coberturas etc.

Já o zinco, elemento de símbolo Zn e número atômico 30, é normalmente utilizado na fabricação de ligas metálicas e como elemento protetor de corrosão em superfícies, principalmente na galvanização do aço.

São utilizados na construção civil outros metais ou ligas, principalmente na fabricação de metais sanitários, como torneiras, registros, válvulas, entre outros. As mais usadas são as ligas de bronze ou latão, que oferecem resistência à corrosão, fornecem estanqueidade nas ligações, excelentes acabamentos e podem trabalhar a temperaturas elevadas da água.

O metal ferroso mais utilizado na construção civil é o aço, na forma de barras ou fios para concreto armado ou protendido, ou na forma de perfis laminados ou de chapas dobradas, utilizados em estruturas metálicas.

- Aços para concreto armado ou protendido: no concreto armado, as armaduras trabalham de forma passiva por meio da aderência com o concreto, e os aços mais utilizados são os padronizados como CA-50 e CA-60. "CA" indica o emprego desses tipos de vergalhões em concreto armado, e o número posterior informa a categoria do aço quanto ao valor característico do limite de escoamento à tração em kN/cm^2. São também normatizadas pela ABNT as categorias de aços CA-25 e CA-40. Para melhorar a aderência entre o concreto e o aço, e de acordo com a NBR-7480 (ABNT, 2007), as barras (vergalhões) devem possuir nervuras transversais e duas longitudinais contínuas e diametralmente opostas.

O aço CA-50 é soldável e é produzido em forma de barras retas, normalmente com 11 m de comprimento, ou em rolos, com os diâmetros de 6,3 mm; 8,0 mm; 10,0 mm; 12,5 mm; e 16,0 mm. Os diâmetros de 4,2 mm e 5,0 mm são em aço CA-60. Esses diâmetros são os mais utilizados no mercado, embora existam outros diâmetros maiores e menores.

As armaduras podem ser também pré-fabricadas, principalmente para a utilização em lajes ou pavimentos rígidos. Nesses casos, são constituídas por telas soldadas.

No concreto protendido, os níveis de tensões são mais elevados que no concreto armado e as armaduras trabalham de forma ativa, isto é, aplicam tensões de compressão ao concreto. As armaduras de protensão são produzidas com aços de alta resistência, submetidos a diversos tratamentos térmicos, de modo a resistirem a grandes esforços por períodos de tempos prolongados e sofrerem pouca deformação.

Podem ser constituídos em um único fio ou em feixes com dois ou mais fios, ou formando cordoalhas com vários fios, engraxadas e revestidas.

- Aços para estruturas metálicas: as estruturas metálicas são formadas por barras pré-fabricadas com diversos tipos de seções (perfis). Os aços utilizados na fabricação das barras, normalmente, são o aço-carbono estrutural comum, com resistência mínima no limite de escoamento de 250 MPa, aço-carbono para perfis formados a frio, com resistência mínima de 230 MPa, aço de baixa liga e alta resistência à corrosão, com resistência mínima de 300 MPa, entre outros tipos de aço de maior resistência mecânica e à corrosão, que são estudados nos cursos de engenharia civil na disciplina Estruturas Metálicas e em outras disciplinas eletivas e optativas na área de estruturas.

As barras podem ser obtidas por processo de laminação, fornecendo os perfis com as formas geométricas bem definidas. Os perfis mais comuns são o "I", "H", "U", "L" e "T". Além dos perfis laminados, há os perfis formados a frio, que são produzidos por meio do dobramento de chapas de aço, normalmente com seções e dimensões padronizadas, mas podendo possuir uma grande variedade de formas, devido ao dobramento ou união por solda entre diversos perfis.

Os perfis laminados ou dobrados a frio são normatizados pela ABNT e possuem dimensões e propriedades mecânicas definidas.

Além desses elementos, são também utilizadas chapas lisas ou dobradas formando perfis que, interligados, são utilizados como fôrmas de lajes em concreto com armadura incorporada, ou em perfis para estacas-pranchas, na contenção de maciços de solos.

São também produzidos por laminação os trilhos ferroviários ou para pontes rolantes, consistindo em diversos perfis normatizados, incluindo também dormentes de aço as fixações dos trilhos, talas de junção e outros acessórios das vias permanentes ferroviárias.

6.7 MADEIRAS

As madeiras foram um dos primeiros materiais utilizados na construção civil, sendo, portanto, um material natural com propriedades excelentes para determinados tipos de estruturas e construções. Restos de construções e de fundações em madeira datam da Antiguidade, em torno de 2000 a.C.

As madeiras utilizadas nos diversos setores da construção civil são retiradas diretamente de troncos de árvores que possuem determinadas características tecnológicas. As madeiras podem ser utilizadas na forma de troncos roliços ou serradas e transformadas em peças como vigas, terças, caibros, ripas, tábuas, dormentes etc. Esses elementos são utilizados na construção de estruturas de telhados ou no conjunto das obras, como colunas, vigas, forros, fechamentos e elementos de fundações, caixilhos, portas e batentes, assoalhos, tacos, painéis de revestimento etc.

Em ferrovias, são utilizadas também como dormentes de madeira para suporte e fixação dos trilhos e interligação com a camada de lastro.

Como elemento estrutural, a madeira encontra diversas aplicações, como na execução de tesouras de telhados, estruturas em arcos, pontes e vários outros tipos de estruturas. Nessas condições, a madeira possui grande versatilidade como material, durabilidade, leveza, resistência, segurança, economia de energia etc.

No Brasil, as madeiras serradas na forma de tábuas e sarrafos são muito utilizadas na execução de fôrmas para estruturas de concreto armado, bem como as toras de eucalipto para escoramentos de fôrmas.

As madeiras utilizadas na atualidade devem ser de origem certificada e, principalmente, de reflorestamentos, com espécies desenvolvidas especialmente para as aplicações na construção civil e projetos previamente aprovados e autorizados pelo Instituto Brasileiro do Meio Ambiente e dos Recursos Naturais Renováveis (Ibama), com documento de origem florestal, sem prejudicar as florestas naturais e as espécies nativas.

As madeiras podem ser também industrializadas, fornecendo uma série de produtos com aplicações nas construções, como a madeira laminada e colada, a madeira compensada, ou na forma de *medium density fiberboard* (MDF), desenvolvida nos Estados Unidos e que hoje encontra grandes aplicações no setor moveleiro e na construção.

Como principais produtos derivados da madeira utilizados na construção civil podem ser citados, além dos MDF, chapas de madeira compensada, chapas de lâminas paralelas ou *laminated veneer lumber* (LVL), chapas de madeira aglomerada, chapas de partículas orientadas *oriented strand board* (OSB), chapas de partículas não orientadas *wafer board* (WB), chapas isolantes de fibras, chapas duras de fibras *hard board* (HB), chapas compostas para pisos ou laminados, chapas sarrafeadas em camadas de lâminas e sarrafos, chapas com encaixes para forros ou pisos etc.

6.8 VIDROS

O vidro é produzido pelo resfriamento da sílica fundida (SiO_2) com a adição de carbonato de cálcio ($CaCO_3$) e carbonato de sódio (Na_2CO_3). A arte da fabricação do vidro é muito antiga, de por volta de 4000 a.C., e sofreu ao longo do tempo aperfeiçoamentos que desembocaram nos produtos atuais, os quais possuem ampla gama de aplicações na construção civil e em outros setores das indústrias.

Na construção civil o tipo de vidro mais utilizado é o plano, que pode ser temperado ou não. Os vidros temperados passam por processo de aquecimento com temperatura em torno de 700 °C e rápido resfriamento com jatos de ar, sofrendo, portanto, um choque térmico que induz tensões de compressão, aumentando consideravelmente a sua resistência. Podem ser produzidos na forma transparente, em diversas cores ou tonalidades, bem como em várias espessuras. Esse tipo de vidro tem que ser preparado nas dimensões corretas, pois após a têmpera não pode mais passar por processo de corte, furação, ou lapidação. Qualquer dano sofrido pela peça de vidro temperado provoca o colapso e a fragmentação.

O vidro temperado é muito utilizado como fechamento de caixilhos (portas, janelas, painéis) e, na arquitetura moderna, como "pele de vidro", proporcionando fechamentos ou revestimentos de grandes espaços em edifícios, com excelente aspecto visual e estético.

Atualmente, o mercado da construção conta com vidros isolantes acústicos e térmicos que oferecem uma maior proteção e conforto ao meio ambiente construído.

6.9 SOLOS E ROCHAS

Na construção civil, materiais naturais como rochas e solos, nas condições naturais, ou extraídas da natureza, como areias, siltes e argilas, são utilizados em larga escala. Pode-se considerar que esses foram os primeiros materiais a serem utilizados pelas primeiras civilizações do passado, principalmente nas edificações dos primeiros núcleos urbanos ou cidades.

As rochas eram utilizadas na forma de blocos entalhados ou cortados, formando paredes em forma de alvenaria, colunas, arcos, revestimentos, muros, entre outras aplicações, desde as mais antigas civilizações. Ainda nos dias atuais, as rochas naturais, cortadas e polidas, são largamente utilizadas como revestimentos e acabamentos em edificações.

A pedra britada possui inúmeras aplicações, como agregado graúdo em concretos de cimento Portland ou asfálticos, lastro ferroviário, enrocamentos em barragens, revestimentos, preenchimentos dos blocos de gabiões, alvenarias, drenos etc. As dimensões, forma das partículas, resistências, entre outras características tecnológicas, são verificadas e normatizadas pela ABNT por meio de ensaios em laboratórios.

As areias são utilizadas como agregados miúdos em concretos e argamassas de assentamentos e revestimentos. As areias misturadas nas proporções corretas com a cal e/ou cimento e adição de água constituem-se nas argamassas, sendo também os constituintes dos agregados miúdos dos concretos.

Areias grossas e pedregulhos são também utilizados como materiais de preenchimento de drenos subterrâneos em diversos tipos de obras. Areias quartzosas constituem a matéria-prima para a fabricação de vidros.

As argilas são utilizadas como materiais de baixa permeabilidade em obras hidráulicas, principalmente em camadas de proteção na base de aterros sanitários ou outros tipos de obras que requeiram a retenção da percolação da água ou poluentes. Outras aplicações das argilas na indústria da construção encontram-se na produção de materiais cerâmicos, como telhas, tijolos, pisos, revestimentos (azulejos), peças sanitárias (vasos sanitários, pias, lavatórios etc.), manilhas, tintas, entre outros produtos.

Os solos são utilizados para a construção de aterros de estradas ou de barragens de solos compactados, casos em que devem ser adequados do ponto de vista geotécnico para essas finalidades. Misturados com água, os solos são utilizados como matéria-prima na construção em taipa, que consiste na construção de paredes ou muros utilizando uma estrutura formada por varas de madeira ou bambu, preenchidas por solo argiloso e acabada externa e internamente. É bastante utilizada no interior do Brasil e em outros países, principalmente na África e na Ásia. É também denominada em algumas regiões do Brasil de "pau a pique", "taipa de mão", "taipa de sopapo", "taipa de pilão" etc. As construções em taipa devem ser construídas de forma adequada, com projeto e sob a responsabilidade de profissional habilitado, pois esse tipo de construção, quando mal executado, pode apresentar espaços vazios e facilitar a instalação de vetores de doenças.

Fibras orgânicas, como fibras de sisal, de piaçaba, ou outro tipo de vegetal que se adeque a essa finalidade, podem ser misturadas ao solo.

Outro tipo de material que utiliza o solo é a mistura de solo e cimento Portland, na fabricação de tijolos de solo-cimento ou tijolos ecológicos. Nas bases rodoviárias também são utilizados os solos misturados ao cimento Portland ou à cal, compactados no local, constituindo as bases de solo-cimento e solo-cal.

Nas condições naturais *in loco*, os solos e/ou as rochas servem como suporte das fundações superficiais ou profundas de construções ou edificações, ou em taludes naturais ou de escavação.

As rochas encontram larga aplicação na construção civil como material de revestimento e ornamental, principalmente quando fragmentadas ou cortadas adequadamente em blocos ou em placas. Podem ser aplicadas nas condições naturais ou polidas para oferecer uma superfície lisa e uniforme.

Os solos e as rochas, com as aplicações em engenharia civil, são tratados pela mecânica dos solos e mecânica das rochas (teoria e laboratório) segundo suas características geotécnicas, bem como as suas classificações e identificações.

Todos os materiais naturais utilizados na construção civil, como rochas, areias, siltes, argilas, entre outros, devem obedecer a determinadas características tecnológicas e serem comprovados por meio de ensaios normatizados.

6.10 MATERIAIS SINTÉTICOS

Os materiais sintéticos normalmente têm origem polimérica, como os plásticos. De modo geral, originam-se do petróleo, embora possam também ter origem vegetal, mineral, entre outras.

Os materiais plásticos, dependendo do tipo, possuem diferentes propriedades físicas. Normalmente são classificados em termoplásticos, termofixos e elastômeros. Os principais polímeros utilizados na construção civil são o policloreto de vinila (PVC), a fibra de vidro (*fiberglass*), o acrílico, as resinas, as tintas, os impermeabilizantes, os geossintéticos, os asfaltos, entre outros, amplamente aplicados por esse setor.

As principais aplicações do PVC nos diversos setores da construção são:

- Tubos e conexões de água fria, água quente, esgotos e dutos para instalações elétricas e de comunicações.
- Revestimento de fios e cabos para energia elétrica e de comunicações.

- Revestimentos para proteção contra a corrosão em cabos e telas metálicas em meios ambientes agressivos.
- Pisos laminados em PVC para construções residenciais, comerciais e industriais.
- Forros e revestimentos internos e externos.
- Caixilhos, como janelas e portas em PVC.
- Construção de casas em PVC, entre outras aplicações.

As principais aplicações do acrílico na construção são:

- Revestimentos de piscinas.
- Coberturas em acrílico.
- Barreiras acústicas (proteção antirruído).
- Coberturas em domos de ventilação e iluminação.
- Corrimão de escadas etc.

A fibra de vidro possui inúmeras aplicações nos diversos setores da indústria. Algumas de suas principais aplicações na construção civil são:

- Filamentos no concreto armado com fibras estruturais.
- Na fabricação de piscinas e reservatórios de águas e resíduos líquidos.
- Telas estruturais em concreto armado.
- Reforços estruturais em placas de rochas, como mármores e granitos.
- Reforços estruturais em revestimentos, como em rebocos ou fissuras em paredes.
- Reforço estrutural em placas de gesso acartonado, entre outros.

As resinas são divididas em diversos tipos segundo sua composição química. Na construção civil são largamente utilizadas principalmente as resinas epóxis, como:

- Resinas para ancoragem de barras em estruturas de concreto.
- Preenchimento de fissuras e juntas de dilatação.
- Colagem de superfícies, entre outros.

6.10.1 TINTAS

As tintas são produtos sintéticos ou de origem natural fornecidos na forma líquida ou em pó solúvel. Existe no mercado uma grande variedade de produtos para diversas aplicações nos setores das indústrias. As primeiras utilizações das tintas datam da Pré-História, tendo sido utilizadas por praticamente todas as civilizações do passado (Egito, Grécia, Roma etc.). Suas aplicações na construção civil são como material de revestimento final e de acabamento para proteção contra o meio ambiente e para proporcionar higiene, estética e beleza.

6.10.2 IMPERMEABILIZANTES

Os impermeabilizantes são produtos cuja finalidade é preencher os vazios e vedar os materiais porosos na construção civil. Existe no mercado uma grande variedade de produtos especializados para cada finalidade e meio ambiente.

Em climas tropicais úmidos, como o do Brasil, todas as obras expostas às intempéries necessitam de projeto de impermeabilização e execução por equipe especializada. Os impermeabilizantes podem ser aplicados em fundações, vigas, lajes, paredes, telhas, muros de arrimo, juntas de caixilhos, entre outros. Para cada tipo de elemento existe um produto mais adequado, indicado pelos profissionais especialistas e fabricantes, os quais devem atender as normas técnicas e comprovar as características do produto por meio de ensaios de campo e laboratoriais.

6.10.3 GEOSSINTÉTICOS

A denominação de geossintéticos é usada para definir, de forma geral, produtos poliméricos utilizados para a solução de problemas de engenharia civil nas áreas de geotecnia, estradas, estruturas, hidráulica e saneamento. Devido à origem sintética, esses produtos possuem estabilidade química, sendo, portanto, aplicados em obras que necessitam de durabilidade.

Em termos de aplicações, os principais tipos de geossintéticos existentes no mercado e empregados em obras civis podem ser resumidos em: geotêxteis tecidos ou não tecidos, geogrelhas, geocompostos, geomantas, geomembranas, georredes, geotubos, e geofibras.

Este setor de materiais e técnicas vem crescendo muito, tornando-se um segmento importante da indústria da construção e uma especialização para engenheiros civis, que podem atuar na pesquisa, desenvolvimento, aplicações e ensaios tecnológicos desses produtos. Vários congressos e eventos brasileiros, pan-americanos e internacionais têm acontecido, com a finalidade de apresentar novos produtos, aplicações, metodologias de projeto e execução de obras com esses materiais.

6.11 MATERIAIS ALTERNATIVOS

Nessa classificação encontram-se os materiais que não agridem o meio ambiente, como tijolos ecológicos, telhas com materiais reciclados, coberturas vegetais, fibras naturais, bambu como material de construção, o barro ou adobe substituindo a alvenaria tradicional, tintas com pigmentos naturais etc.

Esse segmento da construção civil tem sido objeto de diversas pesquisas por especialistas, tanto no Brasil como no exterior, e vem crescendo e oferecendo novas alternativas mais baratas e com menor consumo de energia, em busca do desenvolvimento sustentável e da proteção do meio ambiente.

Os tijolos ecológicos ou de solo-cimento não necessitam da queima da argila e são produzidos a partir de solos arenosos, com determinados teores de argilas, misturados com cimento Portland e prensados com teor de umidade adequado. Após a cura já podem ser utilizados na construção de alvenarias. Esse tipo de tijolo, além de não consumir energia na queima, possui dimensões precisas, resultando em paredes com melhor acabamento.

Atualmente, resíduos resultantes da construção, como restos de concreto, britas, materiais cerâmicos, argamassas, aço, madeiras, papeis e papelão, materiais plásticos, embalagens, entre outros, podem ser reutilizados, reciclados e transformados em novos materiais. Um exemplo são os resíduos de concretos, materiais cerâmicos, argamassas, fragmentos de rochas e britas, que são triturados e transformados em agregados miúdos e graúdos para argamassas e concretos.

As telhas de materiais reciclados normalmente são produzidas com resíduos de embalagens longa vida trituradas e misturadas com produtos especiais. Quando revestidas com alumínio, oferecem conforto térmico e estanqueidade.

A reciclagem e a transformação em novos produtos geram economia, diminuem o consumo de energia e trazem benefícios ao meio ambiente, entre outros.

Uma outra novidade são as coberturas vegetais, soluções ecológicas que objetivam impedir a absorção de calor e manter na superfície do telhado um jardim suspenso, proporcionando um ambiente mais confortável e beleza na construção.

As fibras naturais têm sido estudadas para aplicações em tijolos ecológicos, telhas, compósitos como placas divisórias ou de forros, coberturas, adobe etc. Esses materiais podem ter várias origens e aplicações em uma variedade muito grande de produtos na construção civil. São exemplos as fibras de coco, de aguapé, o bagaço da cana, entre outros.

CAPÍTULO 7
LOCAIS DE TRABALHO DO ENGENHEIRO CIVIL

7.1 INTRODUÇÃO

Verifica-se que, na engenharia civil, as áreas de atuação, bem como as atribuições profissionais, propiciam um mercado amplo e diversificado. O engenheiro civil pode exercer suas atividades tanto como profissional liberal quanto como empregado em empresas públicas ou privadas e na qualidade de empresário nos diversos setores da indústria e comércio da construção civil e de materiais.

Vale mencionar que para atuar como profissional liberal é necessário possuir uma qualificação acadêmica ou técnica registrada em determinada área, como no caso dos engenheiros registrados no Crea. Nesse caso, o profissional deve procurar a prefeitura do município em que deseja exercer a profissão e fazer sua inscrição como profissional liberal. Além da inscrição na prefeitura, deve também realizar inscrição na previdência social. A partir daí, passa a recolher o Imposto Sobre Serviços (ISS), o carnê do Instituto Nacional de Previdência Social (INSS), o Imposto de Renda (IR), entre outros.

O engenheiro civil que pretende tornar-se empresário em determinado setor da indústria da construção civil deve realizar pesquisas de mercado sobre o segmento no qual deseja atuar, buscar orientação sobre a abertura de empresas do setor e fazer cursos de empreendedorismo nos órgãos orientadores das atividades empresariais, como o Serviço Brasileiro de Apoio às Micro e Pequenas Empresas (Sebrae).

É muito importante que o engenheiro civil se associe e participe das associações de classe da sua cidade ou região, como as associações de engenharia. Pode também se filiar às associações profissionais relativas à profissão ou à especialidade que irá exercer.

Como sindicato profissional no estado de São Paulo, o engenheiro civil pode se associar ao Sindicato dos Engenheiros do Estado de São Paulo (Seesp), ou do estado em que residir ou for exercer a profissão.

7.2 PROFISSIONAL LIBERAL

A engenharia civil é considerada uma profissão liberal, pois os profissionais podem exercer as suas atividades na prestação de serviços a clientes ou empresas por meio de escritórios de projetos e consultorias ou empresas de prestação de serviços nas áreas da construção civil. Nessas condições, quando um engenheiro civil atuar em qualquer ramo, dentro das diversas áreas e atividades da profissão, da construção civil e de suas atribuições profissionais conferidas pelo Confea, está atuando na profissão.

Seguem algumas das principais formas de exercício da profissão como profissional liberal:

1) Escritório de projetos ou consultorias: os engenheiros civis podem atuar na qualidade de profissional liberal, com escritório, na realização de fiscalizações, supervisões, assistências, assessorias, vistorias, coordenações, mensurações, direção técnica de obras e consultorias nas diversas áreas da engenharia civil. Elaboração de projetos estruturais, de fundações, impermeabilizações, estruturas de arrimo, estabilidade de taludes, barragens, instalações hidráulicas e sanitárias, projetos hidráulicos, de sistemas de abastecimento de águas e sistemas de esgotos, projetos de sistemas de transportes como estradas (rodovias e ferrovias) e sistemas viários, projetos de terraplenagens, drenagens de obras, edificações, entre outros, dentro das suas atribuições profissionais, nas diversas áreas da engenharia civil.

2) Escritório de prestação de serviços nas áreas de avaliações e perícias: prestar serviços de avaliações de imóveis, bem como prestação de serviços na área de engenharia legal, na elaboração de pareceres técnicos e laudos judiciais relativos às diversas áreas da engenharia civil e construção. Conforme mencionado anteriormente, nessas atividades é importante a especialização em avaliações e perícias de engenharia e a filiação ao Instituto Brasileiro de Avaliações e Perícias de Engenharia (Ibape).

3) Prestação de serviços: constituir empresas de prestação de serviços de projetos, construções, instalações, montagens, reparos, fabricação, produção técnica e especializada, assistência técnica, manutenção de obras e atividades nas diversas áreas da engenharia civil e da construção.

4) Representação e comércio: constituir empresas de representação e comércio de produtos e materiais ligados à construção civil, nas diversas áreas da profissão.

7.3 EM EMPRESAS PRIVADAS

Além de serem empresários, como aborda o item anterior, os engenheiros civis podem participar das empresas como empregados:

1) Escritórios de projetos: como já exposto anteriormente, os engenheiros civis podem exercer suas atividades como projetistas ou calculistas em escritórios de projetos (empresas projetistas) nas diversas áreas da profissão, como estradas, portos, aeroportos, transportes, hidráulica, saneamento, geotecnia, edificações, construções, estruturas, impermeabilizações, drenagens etc.

2) Construtoras: nas empresas de construção, os engenheiros civis podem atuar em obras nas mais diversas modalidades de construções, como residenciais, comerciais, industriais, de transportes, hidráulicas, de saneamento, de geração de energia, de urbanismo etc.

3) Empresas de pavimentação: atuar no projeto, execução e manutenção de obras de pavimentação e recomposição de pavimentos flexíveis (asfálticos) ou rígidos (concreto armado) de vias urbanas, rodovias, aeroportos, pátios de estacionamentos, pisos industriais e calçamentos.

4) Empresas de terraplenagem: no projeto e execução de obras de terraplenagem para construções residenciais, comerciais, industriais, rodoviárias, ferroviárias, barragens, escavação de canais, regularização e estabilização de encostas naturais e taludes artificiais, entre outras.

5) Estradas e transportes: em empresas de infraestrutura de transportes, como construção e manutenção de rodovias, ferrovias, portos, aeroportos, túneis, vias fluviais, planejamento e operação de sistemas de transportes urbanos e de longa distância, engenharia de tráfego etc.

6) Empresas de fundações e geotecnia: no projeto e execução de fundações rasas ou profundas de edificações, pontes, viadutos, estruturas de arrimo, barragens etc., e no reforço e recuperação de fundações com problemas geotécnicos ou estruturais. Podem também realizar estudos de reconhecimento e sondagens do subsolo para fins de geotecnia aplicada à engenharia civil. Aqui também estão englobadas as empresas de desenvolvimento, projeto e fabricação de estacas pré-moldadas em concreto armado ou protendido, estacas metálicas ou de madeira. Os engenheiros civis podem, ainda, atuar no projeto, execução e manutenção de obras geotécnicas, como cortes e aterros; estabilidade de taludes naturais e de escavação; barragens de solos, de enrocamento ou demais tipos e materiais; estruturas de arrimo nos seus mais diversos tipos; projeto, execução e manutenção de túneis; laboratórios de mecânica dos solos e das rochas; e demais atividades da geotecnia relativas à engenharia civil e atribuições profissionais.

7) Reforço e recuperação de estruturas: em empresas especializadas em estudos de degradação e patologia de estruturas em concreto armado, concreto protendido, metálicas, madeiras, alvenarias, fundações etc. Esses tipos de

empresas especializadas participam do estudo, controle, monitoramento, avaliação e recuperação de sistemas estruturais que sofreram danos pelo tempo, uso ou acidentes.

8) Indústrias de materiais de construção: no desenvolvimento, produção técnica e especializada, ensaios, pesquisas e experimentação nas indústrias de materiais de construção dentro das suas áreas de atribuições profissionais, bem como na prestação de assistência técnica e treinamento para a utilização e instalação de materiais e produtos da construção civil.

9) Empresas ou indústrias de geossintéticos: em empresas do setor de geossintéticos, os engenheiros civis podem atuar no desenvolvimento de novos produtos, projeto, fabricação, ensaios e controle de qualidade, instalação, treinamento e assistência técnica. Os geossintéticos em engenharia civil encontram aplicações nas diversas áreas, como edificações, estradas, geotecnia, hidráulica, saneamento, drenagens etc. Vale considerar que a indústria de geossintéticos vem crescendo de forma contínua no Brasil e no mundo, com o surgimento de novos produtos e novas aplicações nos diversos segmentos da construção civil.

10) Empresas ferroviárias: a via permanente ferroviária compreende trilhos, aparelhos de mudança de via, fixações dos trilhos, talas de junções dos trilhos, dormentes, lastro e sublastro ferroviário, camadas finais de terraplenagem e cortes e aterros. Os engenheiros civis, nessas empresas, atuam no projeto, na construção e na manutenção da via permanente, nas obras de arte (pontes, viadutos, túneis, drenagens etc.), bem como em todas as instalações fixas de uma ferrovia. Atuam também no planejamento e operação dos sistemas ferroviários. Esse setor inclui também as empresas de materiais de construção ferroviários ligados à via permanente, como os elementos que compõem a infra e a superestrutura.

11) Empresas de operação, manutenção e construção de portos e obras portuárias: nas empresas privadas que administram e operam instalações portuárias ou em empresas que atuam de forma especializada na construção e manutenção de obras portuárias, dentro da construção civil.

12) Empresas de operação e manutenção de terminais aeroportuários: nas empresas que atuam na operação, bem como na construção e manutenção de aeroportos nos diversos segmentos da construção civil.

13) Empresas de montagens industriais: nas empresas de montagens industriais nos diversos segmentos da construção civil em obras de pequeno, médio e grande porte, principalmente na execução das obras civis de estruturas, coberturas, alvenarias, fundações, instalações hidráulicas e sanitárias, entre outras, em plantas industriais, usinas, destilarias etc.

14) Indústrias de estruturas metálicas para a construção civil: em projeto, fabricação e montagem de estruturas metálicas para diversas finalidades, como plantas industriais, coberturas, edifícios em estrutura metálica, pontes metálicas,

viadutos, passarelas para pedestres, torres de transmissão de energia, torres de comunicações, entre outras.

15) Indústrias de pré-moldados: em indústrias de pré-moldados de concreto armado ou protendido, como pilares, vigas, lajes, escadas, blocos de concreto para alvenarias, dormentes ferroviários, tubos de concreto, postes, guias, blocos de concreto para pavimentos, estacas para fundações etc. Esse setor inclui tanto a fabricação como a montagem ou instalação dos elementos nos canteiros de obras.

16) Empresas de prestação de serviços nas áreas de hidráulica e saneamento: no projeto, construção e manutenção de sistemas de fornecimento de água tratada, de esgotos sanitários (resíduos líquidos) e de resíduos sólidos (lixos urbanos, industriais e de saúde), bem como instalações hidráulicas prediais e industriais. Essas empresas prestam serviços na manutenção de redes de esgotos domésticos, comerciais, industriais e urbanos, promovendo o funcionamento dessas redes mediante serviços de desobstrução, reparos e operação.

17) Empresas de impermeabilização: no projeto, execução e manutenção de sistemas de impermeabilizações de obras para diversas finalidades, como fundações, pilares, vigas, paredes, lajes, coberturas, reservatórios de água, entre outras. No Brasil, por causa do clima tropical úmido, essa área possui grande importância em qualquer tipo de obra, pois a falta de projeto adequado de impermeabilização pode trazer prejuízos ao longo da utilização da obra.

18) Empresas de projeto e execução de piscinas: em empresas que atuam desde o projeto de piscinas, principalmente no que diz respeito à estrutura, fundações, sistemas hidráulicos e de segurança na operação, como na construção e manutenção desses tipos de obras para fins de recreação em residências, hotéis, clubes, entre outros.

19) Laboratórios de ensaios e controle tecnológico: nesses laboratórios os engenheiros civis podem coletar amostras, realizar ensaios e elaborar relatórios de ensaios e controle tecnológico nas diversas áreas da engenharia civil, como materiais de construção, produtos da construção, estruturas, mecânica dos solos e das rochas, saneamento, pavimentação, entre outros.

20) Usinas de concretos e argamassas: nas empresas especializadas na dosagem, preparação e produção de concretos usinados ou argamassas, envolvendo a qualidade dos produtos e fornecendo resultados laboratoriais.

21) Bancos de investimentos: na avaliação de imóveis, fiscalização e acompanhamento das etapas do cronograma físico e financeiro de construções financiadas por bancos de investimentos. Nos bancos, os engenheiros civis atuam também nos departamentos de engenharia, no projeto, construção e manutenção das obras civis das agências bancárias.

22) Seguradoras: nessas empresas, os engenheiros civis atuam na vistoria de imóveis quanto às condições de solidez, estabilidade, segurança e qualidade das construções civis asseguradas por empresas especializadas no setor.

23) Redes hoteleiras: os engenheiros civis podem atuar em construção, reforma e manutenção de edifícios de hotéis e de redes hoteleiras.

24) Hospitais (hospitais públicos ou privados): em projeto, construção, manutenção das instalações da infraestrutura e reforma de hospitais, incumbências relativas à construção civil e dentro das suas atribuições profissionais. Na manutenção hospitalar os profissionais de diversas modalidades de engenharias podem se especializar por meio de cursos em engenharia hospitalar, engenharia de manutenção hospitalar, ou engenharia clínica.

25) Condomínios: os grandes condomínios de edifícios de apartamentos ou de casas necessitam de profissionais habilitados para a aprovação e acompanhamento de projetos, construções e reformas de edificações, reforma e manutenção das unidades habitacionais dentro das normas vigentes. Os engenheiros civis atuam como responsáveis pelas obras e manutenção das áreas e equipamentos de infraestrutura comuns dos condomínios.

26) Agroindústrias: os engenheiros civis podem atuar em diversos setores da agroindústria em posições relacionadas à área da construção civil e de suas atribuições profissionais, como projetos, construções, materiais, obras civis, instalações etc.

27) Mineração: os engenheiros civis podem atuar nos setores da mineração em atividades ligadas à engenharia civil e dentro de suas atribuições profissionais, principalmente nas obras de infraestrutura, como edifícios, estradas, sistemas de saneamento, pontes etc.

28) Dragagens e desassoreamento de lagos, cursos d'água (rios), canais, portos, entre outros, e recuperação de áreas degradadas, junto com outros profissionais especializados, em equipes multidisciplinares.

7.4 EM EMPRESAS, ÓRGÃOS E INSTITUIÇÕES PÚBLICAS

Dentre as várias empresas, órgãos e instituições públicos, nos diversos setores, em nível municipal, estadual ou federal, que contratam engenheiros civis, podem-se citar:

1) Prefeituras: as principais atividades de uma prefeitura ligadas à infraestrutura de um município são o projeto, a construção e a manutenção de obras públicas, como ruas e avenidas, sistemas de drenagem, pavimentação urbana, edifícios escolares, creches, unidades básicas de saúde, prédios públicos, praças públicas, áreas de lazer, centros esportivos públicos, trânsito urbano, limpeza urbana, entre outras. Verifica-se que a engenharia civil é uma profissão muito solicitada em uma prefeitura, pois a infraestrutura urbana possui ligação com essa profissão.

Assim, as prefeituras mantêm quadros desses profissionais nas diversas áreas da administração pública municipal.

2) Departamentos municipais de água e esgotos: os departamentos de água e esgotos, ou serviços de água e esgotos, prestam serviços públicos nas áreas de saneamento básico nos municípios e necessitam de um quadro de engenheiros civis. Esse setor envolve diversas atividades, como planejamentos, projetos, construções e manutenções do setor de saneamento nesses departamentos, como em captação de água, estações de tratamento de águas, redes de distribuição de águas, redes de coleta de esgotos, emissários de esgotos, adutoras de água, reservatórios de água, estações elevatórias de esgotos, estações de tratamento de esgotos, coleta dos resíduos sólidos urbanos, disposição e tratamento dos resíduos sólidos urbanos e de saúde, construção de instalações fixas como as edificações, entre outras.

3) Empresas públicas do setor de habitação: as empresas de desenvolvimento habitacional e urbano, normalmente ligadas às secretarias de habitação, possuem nos seus quadros engenheiros civis, arquitetos, urbanistas, entre outros profissionais, que atuam na execução de programas habitacionais, principalmente em construções populares voltadas para o segmento da população de baixa renda.

4) Empresas públicas de saneamento e meio ambiente: essas empresas atuam tanto em nível municipal como estadual. As estatais desse setor atuam diretamente nos municípios que optaram pela administração dos sistemas de abastecimento de água e disposição e tratamentos dos esgotos. Os municípios que não optaram pela administração e operação estatal possuem departamentos autônomos ou serviços de água e esgotos municipais, conforme já explanado anteriormente. Essas empresas, por estarem ligadas diretamente à infraestrutura urbana e ao saneamento, possuem em seus quadros técnicos engenheiros civis que exercem as suas atividades nos diversos setores de projeto, construção e manutenção das obras e sistemas de saneamento.

5) Empresas públicas do setor de transportes: tanto em nível federal como estadual e municipal, existem diversas empresas ligadas às diversas modalidades de transportes. Podem ser citadas as empresas do setor aeroviário, ferroviário, rodoviário, portuário, hidroviário, dutoviário etc. Como as diversas modalidades de transportes possuem forte ligação com a engenharia civil, essas empresas têm em seus quadros profissionais especializados que atuam em diversas atividades, ligadas ao planejamento, projeto, construção, manutenção e operação da infraestrutura dos sistemas de transportes.

6) Empresas públicas do setor de energia: tanto na geração como na transmissão de energia são necessárias obras de infraestrutura, como barragens, usinas hidroelétricas, usinas nucleares, usinas termoelétricas, usinas eólicas etc. Os engenheiros civis atuam nessas empresas no planejamento, projeto, construção e manutenção das instalações e obras civis, como edificações, barragens, estruturas dos sistemas de transmissões, construção da parte civil de subestações, entre outras.

7) Empresas públicas do setor de telecomunicações: nesse setor, os engenheiros civis atuam no planejamento, projeto, construção e manutenção das obras civis, como instalações fixas (edifícios), construção dos sistemas de suporte (fundações e estruturas) das redes aéreas e subterrâneas e torres de transmissão e recepção de sinais.

8) Empresas de exploração e refino de petróleo: há nesse setor um mercado muito grande e em expansão, que vai da exploração e transporte até o refino, armazenamento e distribuição do petróleo e de seus derivados. Os engenheiros civis atuam no projeto, construção e manutenção das instalações fixas ligadas às obras civis e de infraestrutura. Esse setor requer profissionais de praticamente todas as modalidades de engenharias e outras profissões. No caso da engenharia civil, necessita de especialistas nas cinco grandes áreas (estruturas, estradas e transportes, geotecnia, hidráulica e saneamento, materiais e construção civil). Dependendo das atividades que o profissional vai exercer nessas companhias, normalmente exige-se especialização, ou o profissional passa por um período de treinamento para depois começar a atuar dentro da sua área.

9) Empresas de planejamento: tanto em nível federal como estadual e municipal, existem órgãos públicos ligados ao planejamento, que, do ponto de vista da infraestrutura, podem ser urbano ou regional. No setor de planejamento da infraestrutura os engenheiros civis trabalham com arquitetos, urbanistas e outros profissionais ligados a essas áreas.

10) Forças Armadas: o Exército, a Marinha e a Aeronáutica possuem quadros de engenheiros militares e civis que participam do planejamento, projeto, construção e manutenção de obras públicas nas diversas áreas atuando nos batalhões de engenharia e construção. No Brasil, o Instituto Militar de Engenharia (IME) oferece o curso de engenharia de fortificação e construção, conforme os cursos de engenharia civil oferecidos no país e com as mesmas atribuições profissionais. Possui também cursos de pós-graduação em nível de mestrado e doutorado em diversas áreas.

11) Infraestrutura aeronáutica: essa área está ligada ao planejamento, projeto, construção e manutenção de aeroportos, transporte aéreo e instalações fixas das operações aeroviárias. No Brasil, o Instituto Tecnológico da Aeronáutica (ITA) possui, em São José dos Campos, no estado de São Paulo, o curso de graduação em engenharia civil-aeronáutica, que forma profissionais plenos para atuar nas diversas áreas da engenharia civil, com ênfase nesse setor. O ITA oferece também cursos de pós-graduação em nível de mestrado e doutorado nessa área.

12) Órgãos governamentais: órgãos estatais, como ministérios e secretarias, necessitam de departamentos ou setores que envolvem as engenharias, com quadros de profissionais como engenheiros civis, engenheiros eletricistas, arquitetos urbanistas, engenheiros ambientais, entre outras modalidades e profissões. São exemplos as secretarias de saúde, de educação, de segurança, de justiça, de meio ambiente, de transportes, de habitação, vigilância sanitária, entre outras,

cujas instalações e edificações precisam ser planejadas, projetadas, orçadas, construídas, fiscalizadas, mantidas e reformadas.

13) Universidades e institutos de pesquisas: o engenheiro civil com pós-graduação (mestrado ou doutorado) e especialista em uma determinada área atua na docência, pesquisa e extensão em universidades ou institutos de pesquisas públicos ou privados. Nos *campi* universitários, o profissional exerce a função de engenheiro civil nos escritórios técnicos no setor de projetos, construções, reformas e manutenção da infraestrutura e edificações.

Verifica-se que tanto no setor privado como no público há uma quantidade relativamente grande de empresas, órgãos e instituições (algumas citadas aqui, outras não) que necessitam e empregam engenheiros civis.

Para ingressar no setor público é obrigatória a inscrição e realização de concurso público, de acordo com a Constituição Federal e legislações sobre o assunto.

Para ingressar no setor privado, normalmente o candidato é submetido a um processo de seleção, que pode consistir em prova escrita (técnica, de língua portuguesa e de língua estrangeira, normalmente inglês), entrevistas, dinâmica de grupo, entre outras. As etapas do processo podem variar de acordo com os objetivos de cada empresa e das atividades que o profissional vai exercer.

Assim, o profissional da engenharia civil que pretende exercer a sua profissão no setor privado ou no público deve estar preparado técnica e culturalmente para os processos de seleção que enfrentará.

7.5 PÓS-GRADUAÇÃO EM ENGENHARIA CIVIL

Os cursos de pós-graduação são oferecidos em duas modalidades: pós-graduação *lato sensu* e pós-graduação *stricto sensu*.

Os cursos de pós-graduação *lato sensu* são cursos de especialização e necessitam de um elenco de disciplinas teóricas e práticas dentro das áreas. Esses cursos são oferecidos por instituições privadas ou públicas e normalmente concedem o título de especialista na área específica. Por exemplo, após concluir o curso de engenharia de segurança do trabalho, que possui carga horária mínima de seiscentas horas, o profissional solicita registro no Crea e, além da modalidade de engenharia que já possui, passa a ser engenheiro de segurança do trabalho, gozando das atribuições profissionais relativas a essa modalidade.

A pós-graduação *stricto sensu* é realizada em nível de mestrado e de doutorado em universidades públicas ou privadas, com cursos reconhecidos pelo Conselho Nacional de Educação, do Ministério da Educação e Cultura (CNE/MEC), e recomendados pela Coordenação de Aperfeiçoamento de Pessoal de Nível Superior (CAPES). No Brasil, em nível de mestrado, o pós-graduando deve cursar as disciplinas do programa de pós-graduação e defender uma dissertação sob a orientação de um docente da área. No doutorado, além de cursar as disciplinas, deve defender uma tese de doutorado.

O mestrado e o doutorado nas áreas da engenharia civil podem também ser realizados em instituições no exterior. Nesse caso, o título e o diploma têm de ser reconhecidos e validados por uma universidade pública brasileira.

Normalmente, deve-se concluir o mestrado para em seguida ingressar no programa de doutorado. Essa modalidade de pós-graduação possui um perfil acadêmico, voltado para a pesquisa, desenvolvimento científico e ensino. O engenheiro civil, ao terminar o mestrado, recebe o título de mestre e, ao terminar o doutorado, recebe o título de doutor na área específica da pós-graduação, podendo exercer a profissão como docente e pesquisador em universidades públicas ou privadas, ou exercer as suas atividades profissionais como especialista, em empresas públicas ou privadas de pesquisas, projetos, consultorias e construções, ou como projetista e consultor autônomo na especialidade.

Os estudantes de pós-graduação de mestrado ou doutorado costumam solicitar bolsa de pesquisa nos órgãos de fomento, em nível federal ou estadual. Para o ingresso nos cursos de pós-graduação *stricto sensu*, as universidades ou instituições submetem os candidatos a um processo de seleção.

CAPÍTULO 8
NOÇÕES DE ÉTICA E ATRIBUIÇÕES PROFISSIONAIS DO ENGENHEIRO CIVIL

8.1 CONCEITUAÇÃO DE ÉTICA

A palavra ética é de origem grega (*ethos* ou *ethiké*) e pode ser relacionada com a moral. De acordo com Vázquez (1978, p. 12), "A ética é a teoria ou ciência do comportamento moral dos homens em sociedade. Ou seja, é a ciência de uma forma específica de comportamento humano". Ainda segundo esse autor (1978, p. 14), "Certamente, moral vem do latim *mos* ou *mores*, 'costume' ou 'costumes', no sentido de conjunto de normas ou regras adquiridas por hábito. A moral se refere, assim, ao comportamento adquirido ou modo de ser conquistado pelo homem".

A ética tem sido estudada pelas civilizações desde os antigos filósofos, como Sócrates, Platão, Pitágoras e Aristóteles, até outros mais modernos. O termo diferencia-se de moral, uma vez que a moral é histórica e muda em função da dinâmica de cada sociedade. As regras morais no Império Romano, por exemplo, eram diferentes das regras morais na Idade Média, que são diferentes, por sua vez, das regras morais dos tempos atuais. Vale considerar que a moral trata das normas específicas referentes à conduta humana dentro de uma determinada sociedade e dos valores dessa sociedade no tempo e no espaço.

Simplificando, o indivíduo ético cumpre as regras e as legislações estabelecidas pela sociedade em que vive e não prejudica outras pessoas ou instituições, buscando sempre o bem-estar da sociedade em que está inserido e o da humanidade como um todo.

Nos dias de hoje, a ética se estende para além do ser humano e compreende também a proteção dos animais, do meio ambiente, dos patrimônios históricos e culturais, bem como a busca pelo respeito e pela harmonia entre os diversos sistemas.

Sob a luz da ética e da moral, foi criada uma série de regras para balizar os comportamentos socialmente aceitos dentro do espaço de cada atividade humana. Foi assim que surgiu a ética nas atividades ou nas profissões: existe a ética na política, nos negócios, no direito, nas ciências humanas, na medicina e nas áreas da saúde, nas ciências biológicas, nas engenharias, entre outros.

No mundo moderno, o exercício de uma profissão torna-se impossível sem a ética, pois as responsabilidades perante a sociedade devem ser fundamentadas nas leis e nos direitos e deveres profissionais. O profissional que atua estritamente dentro da ética e das leis tem uma vida profissional mais promissora, principalmente nas relações humanas e na execução de atividades técnicas.

8.2 O QUE SE ENTENDE POR ÉTICA PROFISSIONAL

Quando o estudante inicia o curso de graduação, já pretendendo o exercício futuro da profissão, deve estar consciente do arcabouço de conhecimentos profissionais que deverá adquirir e das atribuições profissionais referentes ao ramo escolhido. Quando da colação de grau, deve estar imbuído das responsabilidades, direitos e obrigações para com a sociedade, que irá receber os resultados do exercício do seu trabalho.

No momento da colação de grau, nas diversas áreas e profissões, os graduandos fazem um juramento se comprometendo a exercer a sua profissão com ética e sempre em benefício da humanidade.

Esse juramento é público e se reveste de grande importância, pois o profissional fará parte de uma categoria regida por atribuições, direitos e obrigações no exercício profissional. Esse juramento traz publicamente o compromisso do profissional e do exercício da sua profissão para com a sociedade.

As proposições éticas vêm de muito tempo dentro das sociedades e das profissões, e surgem naturalmente pela necessidade de regramento das atividades profissionais e da importância que as profissões possuem na sociedade moderna.

Um dos códigos mais antigos a citar regras relativas às responsabilidades na construção civil é o código de Hamurabi, datado de aproximadamente 1700 a.C. Na construção civil, há ainda, entre outros, o primeiro estatuto de Schaw, criado em 1598 pelo mestre construtor do rei James VI da Escócia, William Schaw (1550-1602), que regulamentava em 22 itens o exercício do mestre construtor. Alguns dos itens do estatuto de Schaw, com mais de quatrocentos anos, possuem conotações éticas e morais que são utilizadas até os dias de hoje.

Verifica-se, portanto, que ao longo da história as atividades relacionadas à construção civil sempre foram revestidas de grandes responsabilidades para os profissionais que planejam, projetam, coordenam, executam e mantêm as obras de construção. Essas responsabilidades envolvem atividades contratuais e legais, de planejamento, dos projetos, da estabilidade estrutural, dos materiais aplicados, da execução das obras, da segurança das obras, dos solos e rochas das fundações ou dos maciços, a verificação e conferência dos projetos recebidos e que serão realizados, a segurança dos operários envolvidos na construção e das pessoas que utilizarão os espaços construídos ou edificados.

O engenheiro civil, no exercício da sua profissão, deve estar sempre atualizado científica e tecnicamente, e também a par da legislação e normas técnicas em vigor, bem como atuar dentro da mais perfeita ética profissional e dos conceitos morais, objetivando o melhor serviço aos seus clientes, ao bem público e à sociedade em geral.

8.3 CÓDIGO DE ÉTICA DO ENGENHEIRO

Como em várias outras profissões, a engenharia possui, no Brasil e em outros países, um código de ética, estabelecido por meio de legislação específica. A ética na engenharia é regulamentada pela Lei n. 5.194, de 24 de dezembro de 1966, nos artigos 27, alínea "n", 34, alínea "d", 45, 46, alínea "b", 71 e 72, e obriga todos os profissionais do sistema Confea/Crea à observância e cumprimento do Código de Ética Profissional e da Resolução n. 205, de 30 de setembro de 1971, do Conselho Federal de Engenharia, Arquitetura e Agronomia (Confea), publicado no *Diário Oficial da União* em 23 de novembro de 1971.

A versão atual do Código de Ética Profissional foi regulamentada por meio da Resolução n. 1.002, do Conselho Federal de Engenharia e Agronomia (Confea), de 26 de novembro de 2002. Os estudantes e profissionais poderão adquirir o Código de Ética do Engenheiro por meio das publicações do Confea ou dos Crea estaduais.

O engenheiro civil deve, portanto, ser uma pessoa pautada pela ética, moral e educação, com conduta exemplar, principalmente no que diz respeito ao bem público, ao bem particular, ao meio ambiente, à cidadania, aos clientes e empregadores, aos colegas de profissão, aos subordinados e colaboradores, à profissão e à humanidade em geral.

8.4 ATRIBUIÇÕES PROFISSIONAIS

As atribuições profissionais são definidas nas atividades regulamentadas por lei, no que diz respeito à atuação profissional em cada modalidade. No Brasil, as atribuições, no caso das engenharias, são concedidas ao profissional com base na formação de cada modalidade e das disciplinas ou conjunto de disciplinas cursadas na graduação, relativas às grandes áreas de cada modalidade. As atribuições profissionais especificam os tipos de atividades que o graduado, devidamente registrado no Conselho Regional de Engenharia e Agronomia (Crea), poderá exercer dentro da sua modalidade.

A forma de aplicação das atribuições profissionais depende da legislação de cada país. Dependendo do país, o graduado ou bacharel em engenharia em cada modalidade, para exercer a profissão, deve se submeter a exames perante conselho ou ordem profissional, ou diretamente a um órgão governamental estadual ou federal.

Até o início do século XIX, as atividades relativas às engenharias não possuíam regulamentação. Eram exercidas por profissionais que aprendiam na prática, detentores de conhecimentos empíricos transmitidos de profissional para profissional, sem formação acadêmica. Com a instituição dos primeiros cursos de engenharia no Brasil, na primeira metade do século XIX, teve início a necessidade de o exercício profissional nessas áreas ser praticado por profissionais com formação acadêmica e licenciados. Um dos marcos históricos, no Brasil, foi a fundação do Clube de Engenharia do Rio de Janeiro, em 24 de dezembro de 1880, que passou a congregar os profissionais da área. Outro exemplo de associação profissional na área, também como fato importante, foi a fundação do Instituto de Engenharia de São Paulo (IE), em 13 de outubro de 1916.

O Conselho Federal de Engenharia, Arquitetura e Agronomia, ou sistema Confea/Crea, foi criado pelo Decreto-Lei n. 23.569, de 11 de dezembro de 1933, para regulamentar as profissões ligadas às áreas das engenharias e da arquitetura – razão pela qual 11 de dezembro é considerado no Brasil o "Dia do Engenheiro". A partir de 2011 a Lei n. 12.378, de 31 de dezembro de 2010, criou o Conselho de Arquitetura e Urbanismo (CAU). A partir de então, o Confea denomina-se Conselho Federal de Engenharia e Agronomia.

No Brasil, as atribuições são concedidas aos engenheiros civis, aos engenheiros de outras modalidades e às profissões que fazem parte do sistema Confea/Crea por meio da conclusão da graduação em uma instituição nacional, para cada modalidade ou profissão, reconhecida pelo Ministério da Educação e Cultura e pelo Conselho Federal de Engenharia e Agronomia (Confea), de acordo com a Lei Federal n. 5.194, de 24 de dezembro de 1966, e com a Resolução n. 218, de 29 de junho de 1973, do Confea.

8.5 ATRIBUIÇÕES PROFISSIONAIS DO ENGENHEIRO CIVIL SEGUNDO A RESOLUÇÃO N. 218 DO CONFEA

De acordo com a Resolução n. 218, de 29 de junho de 1973, do Confea:

> Art. 7º – Compete ao ENGENHEIRO CIVIL ou ao ENGENHEIRO DE FORTIFICAÇÃO e CONSTRUÇÃO:
>
> I – o desempenho das atividades 01 a 18 do artigo 1º desta Resolução, referentes a edificações, estradas, pistas de rolamentos e aeroportos; sistemas de transportes, de abastecimento de água e de saneamento; portos, rios, canais, barragens e diques; drenagem e irrigação; pontes e grandes estruturas; seus serviços afins e correlatos. (CONFEA, 1973)

Portanto, de acordo com o artigo 7º da Resolução n. 218 de 1973, os engenheiros civis desempenham todas as atividades, de 1 a 18, relacionadas a seguir:

> Art. 1º – Para efeito de fiscalização do exercício profissional correspondente às diferentes modalidades de Engenharia, Arquitetura e Agronomia em nível superior e em nível médio, ficam designadas as seguintes atividades:
>
> Atividade 01 – Supervisão, coordenação e orientação técnica;
>
> Atividade 02 – Estudo, planejamento, projeto e especificação;
>
> Atividade 03 – Estudo de viabilidade técnico-econômica;
>
> Atividade 04 – Assistência, assessoria e consultoria;
>
> Atividade 05 – Direção de obra e serviço técnico;

Atividade 06 – Vistoria, perícia, avaliação, arbitramento, laudo e parecer técnico;

Atividade 07 – Desempenho de cargo e função técnica;

Atividade 08 – Ensino, pesquisa, análise, experimentação, ensaio e divulgação técnica; extensão;

Atividade 09 – Elaboração de orçamento;

Atividade 10 – Padronização, mensuração e controle de qualidade;

Atividade 11 – Execução de obra e serviço técnico;

Atividade 12 – Fiscalização de obra e serviço técnico;

Atividade 13 – Produção técnica e especializada;

Atividade 14 – Condução de trabalho técnico;

Atividade 15 – Condução de equipe de instalação, montagem, operação, reparo ou manutenção;

Atividade 16 – Execução de instalação, montagem e reparo;

Atividade 17 – Operação e manutenção de equipamento e instalação;

Atividade 18 – Execução de desenho técnico.

(CONFEA, 1973)

Devem também ser consultadas pelo leitor as resoluções mais recentes sobre as atribuições dos profissionais do sistema Confea/Crea, como a Resolução n. 1.073 do Confea, de 19 de abril de 2016, que regulamenta a atribuição de títulos, atividades, competências e campos de atuação profissionais aos registrados no sistema Confea/Crea, para efeito de fiscalização do exercício profissional no âmbito da engenharia e da agronomia (Confea, 2016), e a Decisão Normativa n. 104, de 29 de outubro de 2014, do Confea sobre as atividades de parcelamento do solo urbano (Confea, 2014).

Na dúvida, os profissionais podem consultar o Confea ou o Crea para obter maiores informações sobre as atribuições profissionais da sua modalidade.

Portanto, conforme exposto, de acordo com a legislação em vigor verifica-se que a engenharia civil possui amplo campo de atuação profissional, envolvendo várias áreas de especialização e a necessidade de muitos conhecimentos científicos e tecnológicos.

Dependendo da área de atuação, o profissional pode fazer especialização em nível de pós-graduação *lato sensu* ou *stricto sensu*, tornando-se especialista em áreas ou subáreas específicas dentro da profissão.

Vale considerar que, quando uma profissão possui muitas atribuições, isso implica muitas responsabilidades, principalmente porque a engenharia civil lida diretamente com a segurança das pessoas e com o patrimônio nos diversos espaços construídos ou edificados. O profissional deve, portanto, buscar uma sólida formação científica e tecnológica dentro de todas as áreas da profissão e um aprender continuado por meio de cursos de pós-graduação, especialização, estudos, participação em eventos específicos, e atuação na prática da profissão, dentro da área especializada na qual irá exercer suas atividades.

8.6 ANOTAÇÃO DE RESPONSABILIDADE TÉCNICA (ART)

A Anotação de Responsabilidade Técnica é um documento obrigatório para quaisquer serviços nas áreas das engenharias e das profissões registradas no Confea. É um documento preenchido e assinado pelo profissional e registrado no Crea mediante o recolhimento de um valor estipulado. Foi criada pela Lei n. 6.496, de 7 de dezembro de 1977, que institui a "Anotação de Responsabilidade Técnica" na prestação dos serviços de engenharia e agronomia.

8.6.1 O QUE É A ART

De acordo com a legislação e com o Confea:

a) É o documento que define para os efeitos legais os responsáveis técnicos por uma obra ou serviço nas áreas da engenharia e da agronomia, conforme determina a Lei n. 6.496, de 7 de dezembro de 1977, e a Resolução n. 425, de 18 de dezembro de 1998, do Confea.

b) É um instrumento básico para a fiscalização do exercício da profissão, permitindo identificar se uma obra ou serviço está sendo realizado por um profissional habilitado.

8.6.2 A IMPORTÂNCIA DA ART PARA A SOCIEDADE (CONFEA)

a) Permite que a sociedade identifique os responsáveis por determinado empreendimento e as características do serviço prestado.

b) Em caso de sinistro e acidentes, a ART identifica, individualmente, os profissionais responsáveis, auxiliando na acareação dos responsáveis pelo poder público.

8.6.3 A IMPORTÂNCIA DA ART PARA O PROFISSIONAL (CONFEA)

a) Garante os direitos autorais.

b) Define os limites de responsabilidade e viabiliza o Acervo Técnico.

Portanto, de acordo com a legislação do Confea e a Lei n. 6.496/1977, para os efeitos legais, a ART define os responsáveis técnicos pelo empreendimento de engenharia e agronomia e o cliente na prestação de serviços de engenharia, além de garantir os direitos do autor.

8.7 PLACA DE IDENTIFICAÇÃO PROFISSIONAL EM OBRAS/ SERVIÇOS

A identificação do profissional responsável por obra ou serviço de engenharia civil deve constar em placa a ser fixada em local visível da obra.

O uso de placa é obrigatório, conforme a Resolução n. 407, de 9 de agosto de 1996, do Confea.

De acordo com o artigo 16 da Lei Federal n. 5.194, de 24 de dezembro de 1966:

> Enquanto durar a execução de obras, instalações e serviços de qualquer natureza, é obrigatória a colocação e manutenção de placas visíveis e legíveis ao público, contendo o nome do autor e coautores do projeto, em todos os seus aspectos técnicos e artísticos, assim como os dos responsáveis pela execução dos trabalhos. (BRASIL, 1966)

CAPÍTULO 9
NOÇÕES SOBRE RESPONSABILIDADES DECORRENTES DA CONSTRUÇÃO CIVIL

9.1 INTRODUÇÃO

Na construção civil, os espaços utilizados, ocupados ou habitados implicam responsabilidades para os profissionais habilitados e/ou empresas envolvidas nos projetos, construções ou edificações, reformas, com os materiais aplicados, com a avaliação da capacidade de suporte dos solos e subsolos, solidez dos elementos das fundações, resistência adequada dos elementos estruturais, alvenarias, revestimentos, acabamentos, instalações etc. Essas responsabilidades se formam em uma cadeia que vai desde os projetistas aos construtores, fornecedores dos materiais e equipamentos, fiscais, consultores, entre outros.

Esses assuntos são tratados neste livro de forma resumida e simplificada, a fim de transmitir ao estudante iniciante no curso algumas noções básicas. Portanto, para maior aprofundamento, o leitor deverá ler as referências bibliográficas indicadas, como livros, legislações e publicações especializadas sobre esses assuntos. Os cursos de engenharia civil costumam oferecer disciplinas voltadas para a ética e a legislação na construção civil, que permitem ao aluno ampliar seus conhecimentos na área.

9.2 RESPONSABILIDADE CIVIL

A responsabilidade decorrente da construção civil é um assunto de grande importância para os engenheiros civis e para outros profissionais das áreas da construção, pois envolve a atuação profissional e empresarial num setor muito importante para a segurança e a qualidade das construções e para a economia e o desenvolvimento da nação. No Brasil, o Instituto Brasileiro de Direito da Construção (IBDiC) promove a discussão acadêmica e técnica sobre o setor da construção civil, com a participação de diversos profissionais, como advogados, projetistas e engenheiros, além de empresas, indústrias e outras entidades ligadas à construção.

Na história da humanidade, desde o início, nas construções das primeiras cidades, o ser humano já questionava a segurança das edificações quanto à estabilidade de seus elementos estruturais e do subsolo, a fim de garantir o bem-estar das pessoas que habitariam ou frequentariam os espaços edificados ou construídos.

Um dos códigos mais antigos a tratar desse assunto é o Código de Hamurabi, criado em cerca de 1700 a.C. na Babilônia e encontrado em 1901 pela expedição do arqueólogo francês Jean-Jacques de Morgan (1857-1924). O bloco de rocha original com o código encontra-se hoje no museu do Louvre, em Paris.

De acordo com o artigo 229 do Código de Hamurabi, "Se um pedreiro edificou uma casa para um homem mas não a fortificou e a casa caiu e matou o seu dono, esse pedreiro será morto" (VIEIRA, 1994, p. 38). Conforme o artigo 232, "Se causou a perda de bens móveis, compensará tudo que fez perder. Além disso, porque não fortificou a casa que construiu e ela caiu, deverá reconstruir a casa que caiu com seus próprios recursos" (VIEIRA, 1994, p. 38). É um exemplo do rigor com que era tratada a responsabilidade relativa à construção ou edificação para fins civis há 3.700 anos.

A seguir apresentam-se, de forma resumida, alguns tópicos relativos às responsabilidades que o engenheiro civil possui sobre projetos, construções e serviços. Essas informações servem para orientar os estudantes sobre suas responsabilidades futuras quando do exercício da profissão que escolheram.

Nos cursos de engenharia civil, esse assunto costuma ser estudado na disciplina obrigatória Ética e Legislação Profissional, ou Ciências Jurídicas e Sociais, ou Legislação e Direito de Construir.

As responsabilidades na construção civil têm sido tratadas por vários autores e juristas por meio de livros e publicações, como Ribeiro dos Santos (2003), Cavalieri Filho (2007), Meirelles (2011), Baptista (2011), Del Mar (2015), Marcondes (2014, 2015), Gonçalves (2017a), além de revistas especializadas, artigos em eventos e na legislação, que o leitor pode pesquisar para se aprofundar no assunto.

A construção ou edificação de qualquer tipo de obra, particular ou pública, implica responsabilidades diversas aos autores dos projetos, como os profissionais habilitados responsáveis pela execução, ou o construtor ou empreiteiro habilitado, empresas, fiscais ou consultores habilitados envolvidos e, em certos casos, ao proprietário e ao poder público.

Essas responsabilidades podem ser contratuais ou extracontratuais, pois resultam das leis. Portanto, as responsabilidades envolvem condições que podem não constar nos contratos, mas que são consagradas por meio da legislação.

Na ocorrência de um acidente em uma construção que traga prejuízos materiais ou humanos, para a obra ou para terceiros, devem ser apreciadas as responsabilidades dos profissionais e/ou empresas envolvidas em cada parte do projeto e da construção, buscando, por meio de perícias, as causas dos problemas e os seus verdadeiros responsáveis. Portanto, qualquer serviço de engenharia deve ser acompanhado de toda documentação técnica e da Anotação de Responsabilidade Técnica (ART) das empresas e dos profissionais habilitados responsáveis.

No meio técnico, os termos "desabamento" e "desmoronamento" possuem algumas conotações diferentes. Desabamentos se caracterizam pelo colapso total ou parcial de estruturas artificialmente edificadas ou construídas, como um edifício, uma ponte, um túnel, uma estrutura de contenção, uma barragem ou outro tipo de estrutura artificial. Já os desmoronamentos ocorrem quando há ruptura de maciços naturais ou escavados, como rupturas de taludes em encostas naturais em solos ou rochas, quedas de blocos de rochas ou avalanches, rupturas de taludes de cortes executados em solos ou rochas, rupturas de valas executadas em solos, entre outros.

Observa-se, portanto, que, se ocorrer um desabamento de obra em construção, ou após a conclusão, e ficar comprovada a culpa do construtor ou responsável pela execução da obra e demais participantes, tem-se praticamente, em função dos danos, as seguintes ações de responsabilidades:

a) Ação de reparação dos danos causados.

b) Ação de responsabilização criminal.

c) Ação de responsabilização e sanção do profissional e/ou empresa no órgão profissional, no caso o Crea.

d) Ação de responsabilidade trabalhista se houver danos aos operários envolvidos na obra.

No primeiro caso (a), constitui-se em responsabilidade civil; no segundo (b), em responsabilidade penal; no terceiro (c), em responsabilidade administrativa no conselho profissional; e, no quarto (d), em responsabilidade no âmbito trabalhista.

Todo projeto submetido a aprovação no poder público deve ter, além de outros documentos, no caso da engenharia civil, a ART do profissional habilitado responsável pela obra, registrando no Crea as suas atividades.

Quando um projeto de construção ou edificação é submetido ao poder público para análise e aprovação (prefeituras e demais órgãos públicos), cabe a este, após a aprovação do projeto, conceder o alvará de construção, desde que a obra se enquadre no código de obras e nas leis que regem aquele tipo de empreendimento dentro de cada município ou estado.

O alvará de construção é concedido constando o responsável pela execução da obra (no caso da engenharia civil, o engenheiro civil ou empresa construtora habilitada, com o número do registro no Crea), transferindo para o profissional ou empresa habilitada as responsabilidades relativas à segurança e qualidade, decorrentes da construção. Essas responsabilidades também são registradas na ART quando da aprovação do projeto.

De acordo com Meirelles (2011), é do profissional habilitado ou empresa construtora responsável pela execução da obra a responsabilidade pela segurança, solidez e integridade da construção. Aos demais profissionais que atuam na obra, como mestres de obra, pedreiros, eletricistas, armadores, carpinteiros encanadores, entre outros, não cabem responsabilidades pela segurança e solidez, cabendo essa responsabilidade ao profissional habilitado responsável, pois este é o profissional registrado no Crea.

Quanto à segurança do trabalho, é uma atribuição do engenheiro de segurança do trabalho, que é o profissional habilitado especializado nesse tipo de atividade, junto com outros profissionais especializados na área de nível superior e técnico, devendo obedecer à Norma Regulamentadora n. 18 – Condições e meio ambiente de trabalho na indústria da construção, do Ministério do Trabalho (BRASIL, 1978), e às demais normas e legislações sobre o assunto.

As responsabilidades relativas à construção civil podem ser divididas nos seguintes tipos:

a) Responsabilidade pela perfeição da obra: a responsabilidade pela perfeição de obra pública ou privada decorre da lei e recai sobre a empresa ou profissional habilitado responsável pela execução da obra. É entendimento no meio jurídico que, em todo contrato de construção de obra pública ou privada, deve-se presumir essa responsabilidade, mesmo que não tenha sido especificada em nenhuma cláusula contratual.

De acordo com Meirelles (2011) e Gonçalves (2017a), atualmente as atividades técnicas da construção civil devem ser realizadas por profissionais especializados e habilitados, pois nos dias atuais tem-se a *peritia technica*, fundamentada nas ciências e na tecnologia, em substituição à *peritia artis* dos mestres construtores do passado, que, conforme já exposto no Capítulo 2, projetavam e construíam com base na experiência passada de um profissional a outro, isto é, no empirismo.

Daí a engenharia civil ser uma profissão científica e tecnológica, pois o exercício dessa profissão exige formação acadêmica e conhecimentos profundos das ciências e tecnologias referentes às diversas áreas e atividades da profissão na construção civil.

Os projetos devem ser confeccionados por meio das metodologias científicas consagradas no meio técnico da engenharia e das prescrições das normas técnicas relativas a cada assunto específico, publicadas pela Associação Brasileira de Normas Técnicas (ABNT) ou outro órgão normatizador especializado. Os materiais produzidos por empresas especializadas e comercializados devem se enquadrar, quanto à qualidade dos produtos, às normas técnicas e aos controles de qualidade, devendo o profissional, quando necessário, solicitar ensaios específicos padronizados que comprovem tal qualidade.

Quanto aos defeitos apresentados, considera-se como vícios aparentes ou de fácil observação, por exemplo, vazamentos em tubulações, desprendimentos de pisos ou revestimentos, material com resistência inferior à especificada, materiais com vencimento expirado, entre outros, que podem ocorrer durante ou logo após a execução da obra.

Sobre esse assunto, o leitor pode consultar o Novo Código Civil Brasileiro, Lei n. 10.406 de 10/01/2002, Art. 615 e 616.

b) Responsabilidade pela solidez e segurança da obra: ainda de acordo com o Novo Código Civil Brasileiro, Capítulo VIII, "DA EMPREITADA", artigos 618 e 622 (BRASIL, 2002), a responsabilidade pela solidez de obra particular ou pública é de natureza legal.

A responsabilidade do prestador de serviços, tanto em projetos como na execução de obras, deve seguir também toda a legislação do Código de Defesa do Consumidor (BRASIL, 1990).

Sobre o artigo 618 do Novo Código Civil Brasileiro (BRASIL, 2002), referente ao prazo quinquenal de responsabilidade do empreiteiro de materiais e execução, Meirelles (2011) e Gonçalves (2017a) consideram que esse prazo é de garantia, e não de prescrição. Esse prazo pode ser considerado principalmente quando ocorrem vícios ocultos em projetos ou durante a construção. Deve-se observar a data da finalização definitiva da obra, registrada na documentação ou no habite-se emitido pelo poder público competente.

Pode ser considerado como vício oculto, por exemplo, uma viga baldrame concretada com a base e as laterais em contato com o solo, isto é, uma viga enterrada na qual, por falta de proteção adequada do concreto (cobrimento das armaduras) e da não verificação da posição correta das armaduras no momento da concretagem, o aço venha a entrar em contato com o solo e iniciar um processo de corrosão. Num primeiro momento a viga não apresenta problema, mas, com o passar do tempo, as armaduras sofrerão diminuição das seções devido à ação corrosiva, vindo a romper e provocar a instabilidade dessa viga, refletindo em danos estruturais na construção suportada por esse elemento estrutural ou, dependendo do caso, o comprometimento da obra.

De acordo com Meirelles (2011, p. 299): "Juntamente com o construtor, podem ser responsabilizados o autor do projeto e o fiscal ou construtor da obra, desde que se apure sua incorreção profissional, equiparável à culpa comum".

Vale ainda mencionar o artigo 927 do Novo Código Civil Brasileiro (BRASIL, 2002), no seu parágrafo único: "Haverá obrigação de reparar o dano, independentemente de culpa, nos casos especificados em lei, ou quando a atividade normalmente desenvolvida pelo autor do dano implicar, por sua natureza, risco para os direitos de outrem".

Segundo Meirelles (2011), os profissionais que não são habilitados, como os pedreiros, armadores, carpinteiros, encanadores, eletricistas, entre outros, não são responsabilizados diretamente.

De acordo com o Novo Código Civil Brasileiro (BRASIL, 2002): "Art. 932. São também responsáveis pela reparação civil: III – o empregador ou comitente, por seus empregados, serviçais e prepostos, no exercício do trabalho que lhes competir, ou em razão dele". De acordo com o "Art. 933. As pessoas indicadas nos incisos I a V do artigo antecedente, ainda que não haja culpa de sua parte, responderão pelos atos praticados pelos terceiros ali referidos".

No caso do direito de regresso, reza o Novo Código Civil Brasileiro: "Art. 934. Aquele que ressarcir o dano causado por outrem pode reaver o que houver pago daquele por quem pagou, salvo se o causador do dano for descendente seu, absoluta ou relativamente incapaz".

c) Responsabilidade por danos a vizinhos e terceiros: a construção, tanto durante o período de execução quando da utilização da obra, muitas vezes pode provocar danos à vizinhança, por sobrecarga no solo, recalques do terreno, escoamento das águas, geração de poluição, ruídos excessivos, vibrações do estaqueamento de fundações, vibrações de máquinas, quedas de materiais, e outros eventos na construção ou edificação. De acordo com a legislação, comprovada a culpa, esses danos devem ser reparados pelos seus responsáveis. Vale considerar que vizinho não é somente aquele que está ao lado ou faz divisa com a obra, e sim quem se encontra nas proximidades e é afetado pela construção.

Um exemplo muito comum é a construção de aterros em terrenos urbanos próximos das construções existentes, principalmente sobre solos colapsíveis ou solos porosos não saturados, solos esses que ocorrem com certa frequência em vários locais do estado de São Paulo e do Brasil e que vêm sendo estudados por especialistas, com muitos trabalhos já publicados como teses, dissertações, livros e artigos em eventos (congressos, simpósios etc.) da área de geotecnia. Os recalques resultantes da colapsividade do solo produzem um arqueamento no terreno original, atingindo construções vizinhas e produzindo nelas danos estruturais, como trincas ou rachaduras, ruptura de canalizações, danos em esquadrias, pisos, lajes, revestimentos, entre outros, podendo, em certos casos, colocar em risco a segurança da edificação. Conforme dito anteriormente, muitas pesquisas têm sido realizadas sobre o comportamento dos solos colapsíveis, solos arenosos porosos não saturados que, se submetidos a sobrecargas, sofrem quebra da estrutura nos contatos entre as partículas, diminuindo de volume e provocando recalques no terreno.

Outro exemplo é a execução de fundações em estacas pré-moldadas cravadas ou estacas executadas *in loco* por meio de pilão (estacas apiloadas), que provocam vibrações no terreno e podem atingir construções nas proximidades, vindo a causar problemas estruturais nestas.

Portanto, o engenheiro civil, quando responsável por projetos e/ou pela execução de obras, deve estar atento a esses e outros problemas que podem ocorrer principalmente devido à não previsão de comportamentos geotécnicos e estruturais.

d) Responsabilidade pelos materiais utilizados na obra: a qualidade dos materiais a serem empregados na obra ou serviço é da competência dos profissionais habilitados responsáveis pelos projetos e pela obra. Logo, por medida de precaução, de segurança e de melhoria da qualidade dos projetos, tornou-se habitual fazer as especificações desses materiais por meio do "Memorial Descritivo" e das "Especificações Técnicas", determinando tipo, marca e peculiaridades outras, dentro dos critérios exigíveis de qualidade e de segurança. Quando o material não estiver de acordo com as especificações ou não atender aos critérios de segurança, o profissional deve rejeitá-lo, sob pena de responder por qualquer dano futuro. Todo procedimento ou materiais utilizados na construção civil devem atender e estar de acordo com as prescrições das normas da ABNT, ou atender a outros critérios dos fabricantes, comprovadamente científicos ou de qualidade.

e) Responsabilidade objetiva: de acordo com Gonçalves (2017a), a responsabilidade é denominada objetiva quando, na ocorrência de um dano, a obrigatoriedade de indenizar é independente da culpa, bastando que haja relação de causalidade entre a ação e o dano.

De acordo com o Novo Código Civil Brasileiro, "Art. 186. Aquele que, por ação ou omissão voluntária, negligência ou imprudência, violar direito e causar dano a outrem, ainda que exclusivamente moral, comete ato ilícito" (BRASIL, 2002). Ainda de acordo com o Novo Código Civil Brasileiro, "Art. 927. Aquele que, por ato ilícito (arts. 186 e 187), causar dano a outrem, fica obrigado a repará-lo.

Parágrafo único. Haverá obrigação de reparar o dano, independentemente de culpa, nos casos especificados em lei, ou quando a atividade normalmente desenvolvida pelo autor do dano implicar, por sua natureza, risco para os direitos de outrem" (BRASIL, 2002).

Estabelecidas pelo Código de Defesa do Consumidor (Capítulo IV, Seção II, artigos 12 e 14) (BRASIL, 1990), essas responsabilidades são resultantes das relações de consumo, envolvendo o fornecedor de produtos e de serviços (pessoa física ou jurídica) e o consumidor. Esse tipo de responsabilidade independe de culpa ou dolo do agente causador, entendendo-se, portanto, que o contratante deve ser indenizado. Verifica-se também que os contratos de construção englobam obrigação de resultado, com a obra pronta segura e funcional, pronta para ser utilizada ou habitada.

De acordo com o Código de Defesa do Consumidor:

"SEÇÃO II"

"Da Responsabilidade pelo Fato do Produto e do Serviço"

Art. 12. O fabricante, o produtor, o construtor, nacional ou estrangeiro, e o importador respondem, independentemente da existência de culpa, pela reparação dos danos causados aos consumidores por defeitos decorrentes de projeto, fabricação, construção, montagem, fórmulas, manipulação, apresentação ou acondicionamento de seus produtos, bem como por informações insuficientes ou inadequadas sobre sua utilização e riscos. [...]

Art. 14. O fornecedor de serviços responde, independentemente da existência de culpa, pela reparação dos danos causados aos consumidores por defeitos relativos à prestação dos serviços, bem como por informações insuficientes ou inadequadas sobre sua fruição e riscos [...]. (BRASIL, 1990)

O código procura dar proteção e garantia ao consumidor, principalmente no que diz respeito ao aspecto econômico, à vida, ao meio ambiente, entre outros.

Portanto, é imprescindível que o profissional ou os profissionais envolvidos em projetos e construções obedeçam às metodologias científicas consagradas, às normas técnicas, à legislação, à segurança na execução das construções e à execução de orçamento prévio de projeto completo, com especificações corretas de qualidade, quantitativos, garantia contratual (contrato escrito) e legal (ART).

Outras responsabilidades são:

- Responsabilidade administrativa.
- Responsabilidade ética.
- Responsabilidade trabalhista.
- Responsabilidade por tributos.

O leitor interessado poderá pesquisar essas responsabilidades nas referências bibliográficas citadas neste livro ou em outras publicações especializadas.

9.3 RESPONSABILIDADE PENAL

Responsabilidade penal é toda aquela que decorre de infração definida em lei como crime ou contravenção, sujeitando o autor e coautor, somente pessoas físicas, a sanções de natureza corporal (reclusão, detenção, prisão simples), multa, ou restritiva de direito ou atividade.

a) Responsabilidade por desabamento e desmoronamento: desabamentos são considerados no meio técnico da construção civil como instabilização e colapso de uma obra pela ruptura dos elementos estruturais da superestrutura (lajes, vigas, alvenarias), da mesoestrutura (pilares, pilares paredes) ou da infraestrutura (blocos e fundações). Já os desmoronamentos são os colapsos de estruturas naturais ou artificiais, formadas por maciços terrosos e/ou rochosos, como taludes de encostas naturais, taludes artificiais de cortes no terreno ou de aterros, estruturas de arrimo ou contenção do terreno, ou colapso de escavações de valas ou na abertura de túneis. Nesses casos o leitor deve consultar o artigo 256 do Código Penal Brasileiro (BRASIL, 1940).

A responsabilidade dos profissionais habilitados, no caso dos engenheiros civis, decorre da regulamentação dessa profissão e da legislação específica dos profissionais do Confea e das normas infraconstitucionais brasileiras. O fundamento para isso é o fato de a construção civil envolver atividades e conhecimentos científicos e tecnológicos especializados, disponíveis aos profissionais habilitados, com formação acadêmica e atribuições específicas e licenciados para o exercício da profissão.

b) Contravenção de desabamento: a contravenção de desabamento se distingue do crime de desabamento, porque, para o crime, de acordo com Meirelles (2011), é necessário que a ação tenha resultado em perigo real para as pessoas ou bens. Por outro lado, para a ocorrência da contravenção, basta a possibilidade da exposição de perigo às pessoas ou bens. Por exemplo, na construção civil, se alguém demolir uma laje em balanço de uma marquise em concreto armado, em área urbana, sobre uma calçada com grande movimento de pessoas, em hora movimentada e sem os devidos cuidados, cometerá crime, pois expõe as pessoas a perigo concreto. Se, nesse caso, executar a demolição sem os devidos cuidados em uma hora erma, com pouco movimento, cometerá contravenção, pois ocorreu perigo eventual em relação aos passantes, considerando que havia a possibilidade de que alguém estivesse passando pelo local no momento da demolição e se ferisse.

c) Contravenção de perigo de desabamento: nesse caso a infração contravencional é dada somente pela omissão das providências quanto a reparos ou demolição de obra, exigida pelo estado instável de suas estruturas, considerando o perigo pela potencial possibilidade de desabamento ou desmoronamento. Esse tipo de problema normalmente ocorre em obras muito antigas, deterioradas, com as estruturas instáveis e sem manutenção. Esse tipo de obra pode colocar em risco tanto os habitantes como os vizinhos e pessoas ou bens nas proximidades. Outro exemplo pode ser uma construção nova, com uma estrutura em concreto armado, em que não foram considerados corretamente os esforços, e os elementos estruturais encontram-se com excessivas deformações (flexão, flambagem e/ou fissuração), em iminência de colapso.

d) Responsabilidade por construção clandestina: considera-se construção clandestina toda obra que não possui o responsável habilitado e o licenciamento com a aprovação pelo poder público. Portanto, toda obra realizada sem um projeto elaborado por profissional habilitado responsável e sem aprovação (alvará de construção) é uma obra ilícita. Quem a executa sem o projeto aprovado, ou se afasta do projeto original licenciado, fica sujeito à sanção administrativa correspondente. A construção clandestina está sujeita à ação de embargo e, em certos casos, de demolição pelo poder público (prefeitura), de acordo com a legislação (MEIRELLES, 2011).

Os assuntos expostos neste capítulo foram considerados de forma simplificada, não objetivando oferecer conhecimentos mais abrangentes sobre as responsabilidades na construção civil.

Portanto, considerando que esses assuntos são amplos e complexos, conforme já sugerido, o leitor deverá buscar maiores conhecimentos por meio de bibliografia específica e na legislação em vigor, para maior aprofundamento sobre os temas abordados.

9.4 MANUAL DO PROPRIETÁRIO

Atendendo à legislação relativa à construção civil, ao Código Civil (BRASIL, 2002) e ao Código de Defesa do Consumidor (CDC) (BRASIL, 1990), o construtor responsável pela obra fornece ao proprietário ou usuário da obra edificada um manual do proprietário. Esse documento é fornecido junto com o documento de conclusão da construção ou "Habite-se", emitido pelo poder público (prefeituras), especificando que a partir daí a edificação ou edificações constantes podem ser efetivamente habitadas ou utilizadas.

Esse manual deve atender às normas NBR-5674 – Manutenção de edificações – Procedimento (ABNT, 1999); NBR-14037 – Manual de operação, uso e manutenção das edificações – Conteúdo e recomendações para elaboração e apresentação (ABNT, 2014b); NBR-15575 – Edifícios habitacionais – Desempenho (ABNT, 2013); NBR-16280 – Reforma em edificações – Sistema de gestão de reformas – Requisitos (ABNT, 2014c).

O profissional pode elaborar o manual do proprietário, específico para o tipo de edificação ou construção entregue, bem como contratar esse tipo de documento em empresas especializadas nesse tipo de serviço.

Esse tipo de manual normalmente é bastante extenso, envolvendo as garantias, utilização do imóvel, manutenções periódicas, materiais utilizados, segurança da edificação, entre outros itens importantes que devem constar do documento. Objetiva orientar e dar a garantia, durabilidade e segurança aos proprietários e usuários das obras. Quando se tratar de edificações em condomínios, deve-se apresentar também um manual de utilização das áreas comuns.

Vale considerar que, de acordo com as normas e legislações, qualquer tipo de reforma, ou construção em uma obra já existente, necessita de profissional responsável habilitado, com as devidas ART ou RRT.

9.5 ALGUMAS CONSIDERAÇÕES SOBRE A CONSTRUÇÃO CIVIL

Como já exposto anteriormente, ao longo da história, a construção civil enquanto atividade voltada à construção dos espaços habitados ou ocupados pelo ser humano teve início nos primórdios das civilizações. Ao longo do tempo, não se distinguia claramente a separação entre as atividades civis e militares nas áreas da construção. Essa distinção teve início na era moderna, a partir do século XVIII, quando ocorreu a separação entre a construção para finalidades militares e para finalidades civis, surgindo então a profissão de engenheiro civil, ligado diretamente às *civitas*, isto é, à infraestrutura das cidades, estados e países, compreendendo as atividades que não eram da alçada militar. Modernamente, essas construções constituem uma atividade técnica e econômica, ou um ramo do setor industrial importante para a infraestrutura, economia e desenvolvimento de cada país, e é denominada genericamente de "indústria da construção civil".

Todas as atividades relacionadas à construção civil, como projetos, execuções, materiais, características tecnológicas, ensaios, entre outros, no Brasil, são normatizados pela ABNT ou por outros órgãos especializados, obedecendo também às normas legais. As metodologias de projetos e construções são fundamentadas em ciências e tecnologias, principalmente em metodologias consagradas nas diversas áreas e tecnologias da construção.

A construção civil é um dos maiores setores industriais em todos os países, tendo grande influência na economia e na geração de empregos, pois está relacionada diretamente aos demais setores industriais na cadeia produtiva.

A seguir são apresentadas, de forma resumida, algumas terminologias usuais na profissão. O leitor interessado em se aprofundar nesse assunto pode pesquisar publicações como livros, revistas especializadas, anais de congressos, normas, entre outras, além das legislações vigentes.

9.6 SIGNIFICADOS DE ALGUNS TERMOS UTILIZADOS NA CONSTRUÇÃO CIVIL

9.6.1 PROJETO

Nas atividades da construção civil, *projeto* é o conjunto de documentos compostos por desenhos, memoriais, especificações, recomendações, cronogramas, orçamentos, entre outros, com a finalidade de planejamento, da concepção e execução de obras de edificações, estradas, transportes, hidráulicas, saneamentos, estruturas, geotécnicas, entre outras.

Normalmente, são divididos em diversas partes, constando atividades e projetos específicos para cada área ou tipo de obra. De forma resumida, por exemplo, nas edificações, dependendo do caso, as partes são as seguintes:

- Estudos de planejamento, viabilidade técnica e econômica do empreendimento.
- Levantamentos topográficos do terreno.
- Estudos geotécnicos de campo e de laboratório.
- Projetos arquitetônicos e/ou urbanísticos.
- Projeto de terraplenagem.
- Projetos estruturais e dimensionamento dos elementos estruturais de suporte da obra como pilares, vigas, lajes, escadas, coberturas etc.
- Projeto e dimensionamento estrutural e geotécnico dos elementos das fundações.
- Projetos de impermeabilização.
- Projetos elétricos e dos sistemas de comunicações.
- Projetos de ar-condicionado.
- Projetos dos elevadores, pontes e esteiras rolantes.
- Projetos de instalações hidráulicas de água fria e quente, e de combate a incêndio.
- Projetos das instalações sanitárias.
- Projetos dos revestimentos.
- Projetos de drenagens.

- Projetos de pavimentação e sinalização dos pátios, estacionamentos e sistemas de acessos.
- Projetos de tubulações de gases.
- Projetos paisagísticos.
- Memoriais descritivos, memoriais de cálculo, especificações técnicas e cronogramas físicos financeiro.
- Orçamentos das diversas etapas da obra.
- Outros projetos específicos, dependendo do tipo de obra.

Além desses documentos, poderão ser exigidos outros em comum acordo entre o contratante e o contratado, em função do tipo e da complexidade da obra e das exigências normativas e/ou legais.

Todos os documentos dos projetos devem ser acompanhados das respectivas ART ou RRT, em função das atribuições dos profissionais de cada modalidade ou profissões envolvidas, com as descrições das atividades e profissionais habilitados, autores e responsáveis por cada projeto e atividade.

Todo projeto deve ser confeccionado de acordo com as teorias consagradas no meio técnico das áreas da engenharia civil, ou das demais modalidades profissionais envolvidas relativas a cada projeto. Todos os elementos do projeto devem ser descritos de forma clara e detalhados por meio das plantas (desenhos), especificações técnicas, memoriais descritivos, cronogramas, memórias de cálculo, entre outros, obedecendo às prescrições das normas técnicas relativas a cada atividade ou especialidade.

Etapas de um projeto, em construção civil, diz respeito às várias etapas em que um projeto é dividido. A Lei Federal n. 8.666, de 21 de junho de 1993, dispõe quanto ao projeto básico para obras de construção civil, assim como a Lei Federal n. 12.462, de 4 de agosto de 2011. Dependendo do tipo de obra, as etapas envolvem ainda estudos e projetos arquitetônicos, urbanísticos, ambientais, entre outros. A seguir apresentam-se, de forma geral e resumida, as etapas para a confecção de um projeto de construção civil:

a) Planejamento: os projetos e obras na construção civil envolvem atividades complexas, necessitando, antes do início, de estudos preliminares de planejamento. Nessa etapa são pesquisadas as reais necessidades, a viabilidade técnica e econômica da obra, as suas relações com o meio físico, os cronogramas e uma série de outros estudos que vão fornecer às etapas posteriores um desenvolvimento adequado dos projetos e construções.

b) Anteprojeto básico: nessa etapa são definidas as dimensões e forma da obra, ou o partido, constando das diretrizes gerais, com o traçado definitivo com base nos estudos e projetos, como topográficos, geotécnicos, arquitetônicos, de materiais, entre outros, em função do tipo de obra. Nessa fase procura-se adequar o projeto às condições das legislações ambientais e dos poderes públicos.

c) Projeto básico: normalmente baseia-se nos estudos anteriores, que garantem a viabilidade técnica, as condições ambientais, os prazos de execução da obra, os custos envolvidos etc. Para maiores informações, o leitor deve consultar a Lei n. 8.666, de 21 de junho de 1993, Seção II – Das Definições – artigo 6º, IX (BRASIL, 1993).

d) Projeto executivo: de acordo com o artigo X da Lei n. 8.666, de 21 de junho de 1993, é "o conjunto dos elementos necessários e suficientes à execução completa da obra, de acordo com as normas pertinentes da Associação Brasileira de Normas Técnicas – ABNT" (BRASIL, 1993). Alguns desses elementos seriam, por exemplo, os contidos nos projetos de terraplenagem, ensaios de campo e de laboratório, projetos de fundações, cálculos e detalhamento dos elementos estruturais e ligações, instalações hidráulicas e sanitárias, instalações elétricas e de comunicações, sistemas de drenagem, pavimentações, impermeabilizações, áreas verdes e de infiltração das águas pluviais, sistemas executivos e materiais aplicados, equipamentos utilizados, entre outros.

e) Projeto de detalhamento: nessa fase são apresentadas as especificações técnicas executivas e de materiais com maior precisão de detalhes, de forma a permitir, com maior exatidão, calcular os custos envolvidos, os tempos de execução das atividades e as metodologias construtivas aplicadas, bem como o detalhamento dos materiais, equipamentos fixos e móveis, tipos de revestimentos, acabamentos etc.

Essas etapas, com as descrições apresentadas, são genéricas e simplificadas. É possível incluir ou excluir alguns itens em função de cada tipo de projeto e obra, como uma edificação, estradas (rodovias ou ferrovias), pontes, portos, aeroportos, obras de urbanização, sistemas de transportes, barragens, diques, túneis, obras hidráulicas e de saneamento, canais, drenagens etc. Em função das necessidades, também é possível incluir mais detalhes de cálculos, quantificações, custos, desenhos, projetos, materiais, especificações, memoriais, execução ou manutenção.

Essas etapas contribuem para que um projeto seja realizado com o máximo de detalhes e especificações, de forma que, quando da execução da obra, não ocorram imprevistos que poderiam ter sido evitados nas fases anteriores de projeto.

Um projeto bem concebido, com a aplicação das melhores técnicas e metodologias científicas, realizado por profissionais habilitados, especializados e experientes, e obedecendo às normas vigentes, traz segurança e economia para o cliente e para os futuros usuários da obra.

9.6.2 NORMAS TÉCNICAS

As normas técnicas são documentos produzidos e publicados por organismos especializados, as quais definem, prescrevem regras, metodologias, características, entre outras, das atividades ou produtos ligados à construção civil e de outros setores ou áreas das indústrias.

As normas técnicas são elaboradas por entidades especializadas em cada país, com a consultoria de profissionais especializados e em função dos resultados de estudos científicos. No Brasil a entidade responsável pela elaboração das normas técnicas é a Associação Brasileira de Normas Técnicas (ABNT), que fornece as bases necessárias ao desenvolvimento tecnológico brasileiro. Trata-se de uma associação civil, sem fins lucrativos e de utilidade pública, fundada em 1940. É reconhecida como o Foro Nacional de Normalização, por meio da Resolução n. 07 do Conselho Nacional de Metrologia, Normalização e Qualidade Industrial (Conmetro), de 24 de agosto de 1992.

A publicação das normas técnicas sobre determinada área deve ser de conhecimento dos profissionais e atendimento na realização de projetos, ensaios laboratoriais e de campo, e execução de obras.

Portanto, ao elaborar um projeto ou executar uma obra, o engenheiro civil deve, além de aplicar os conhecimentos científicos e tecnológicos, procurar estudar todas as ações internas ou externas sofridas pela edificação ou construção, tanto durante o período da construção como ao longo da vida útil da obra, conhecer e seguir as prescrições de todas as normas técnicas relativas a métodos, especificações, sistemas, materiais, características tecnológicas, ensaios, entre outros, do serviço ou serviços que serão realizados e aplicar as melhores metodologias e técnicas científicas consagradas no meio específico.

REFERÊNCIAS

ACKERMAN, J. S. "Ars sine scientia nihil est": Gothic theory of architecture at the cathedral of Milan. *The Art Bulletin*, v. 31, n. 2, p. 84-111, jun. 1949.

ALVIN, Z.; GOULART, S. (Coord.). *Escola Politécnica*: cem anos de tecnologia brasileira. São Paulo: Grifo Projetos Históricos e Editoriais, 1994.

AMERICAN Society of Civil Engineers (ASCE). Disponível em: http://www.asce.org/. Acesso em: 6 maio 2019.

ANTHONY, D. W. *The horse, the wheel, and language.* Princeton/Oxford: Princeton University Press, 2007.

ASSOCIAÇÃO Brasileira de Geologia de Engenharia e Ambiental (ABGE). *Estatuto*. [S.l.], 2011. Disponível em: http://www.abge.org.br/uploads/arquivos/pdf/estatuto20170328144330134484.pdf. Acesso em: 9 mar. 2019.

ASSOCIAÇÃO Brasileira de Normas Técnicas (ABNT). *NBR-5674*. Manutenção de edificações – Procedimento. Rio de Janeiro, 1999.

ASSOCIAÇÃO Brasileira de Normas Técnicas (ABNT). *NBR-6118*. Projeto de estruturas de concreto – Procedimento. Rio de Janeiro, 2014a.

ASSOCIAÇÃO Brasileira de Normas Técnicas (ABNT). *NBR-7480*. Aço destinado a armaduras para estruturas de concreto armado. – Especificação. Rio de Janeiro, 2007.

ASSOCIAÇÃO Brasileira de Normas Técnicas (ABNT). *NBR-13818*. Placas cerâmicas para revestimento – Especificação e métodos de ensaio. Rio de Janeiro, 1997.

ASSOCIAÇÃO Brasileira de Normas Técnicas (ABNT). *NBR-14037:2011 Versão Corrigida:2014*. Diretrizes para elaboração de manuais de uso, operação e manutenção das edificações – Requisitos para elaboração e apresentação dos conteúdos. Rio de Janeiro, 2014b.

ASSOCIAÇÃO Brasileira de Normas Técnicas (ABNT). *NBR-15575*. Desempenho de edificações habitacionais. Rio de Janeiro, 2013.

ASSOCIAÇÃO Brasileira de Normas Técnicas (ABNT). *NBR-16280*. Reforma em edificações – Sistema de gestão de reformas – Requisitos. Rio de Janeiro, 2014c.

BAPTISTA, L. O. (Coord.). *Construção civil e direito*. São Paulo: Lex, 2011.

BLAINEY, G. *Uma breve história do mundo*. São Paulo: Fundamento Educacional, 2007.

BOYER, C. B. *História da matemática*. São Paulo: Blucher, 1974.

BRASIL. Decreto-Lei n. 2.848, de 7 dezembro de 1940. Código Penal Brasileiro.

BRASIL. Decreto-Lei n. 23.569, de 11 de dezembro de 1933. Regula o exercício das profissões de engenheiro, de arquiteto e de agrimensor.

BRASIL. Lei n. 5.194, de 24 de dezembro de 1966. Regula o exercício das profissões de Engenheiro, Arquiteto e Engenheiro-Agrônomo, e dá outras providências.

BRASIL. Lei n. 6.496, de 7 de dezembro de 1977. Institui a "Anotação de Responsabilidade Técnica" na prestação de serviços de engenharia, de arquitetura e agronomia; autoriza a criação, pelo Conselho Federal de Engenharia, Arquitetura e Agronomia – Confea, de uma Mútua de Assistência Profissional; e dá outras providências.

BRASIL. Lei n. 8.078, de 11 de setembro de 1990. Dispõe sobre a proteção do consumidor e dá outras providências.

BRASIL. Lei n. 8.666, de 21 de junho de 1993. Regulamenta o art. 37, inciso XXI, da Constituição Federal, institui normas para licitações e contratos da Administração Pública e dá outras providências.

BRASIL. Lei n. 10.406, de 10 de janeiro de 2002. Código Civil Brasileiro.

BRASIL. Lei n. 12.378, de 31 de dezembro de 2010. Regulamenta o exercício da Arquitetura e Urbanismo.

BRASIL. Lei n. 12.462, de 4 de agosto de 2011. Institui o Regime Diferenciado de Contratações Públicas – RDC.

BRASIL. Ministério do Trabalho. Norma Regulamentadora n. 18, de 8 de junho de 1978. Condições e meio ambiente de trabalho na indústria da construção.

BURNS, E. M. *História da civilização ocidental*. 2. ed. Porto Alegre: Globo, 1968. v. 1.

CAVALIERI FILHO, S. *Programa de responsabilidade civil*. 12. ed. São Paulo: Atlas, 2015.

CERAM, C. W. *Deuses, túmulos e sábios*: o romance da arqueologia. 14. ed. São Paulo: Melhoramentos, 1972.

CHARLE, C.; VERGER, J. *História das universidades*. São Paulo: Unesp, 1996.

CINTRA, J. P. História técnica das rodovias e ferrovias brasileiras. In: VARGAS, M. (Coord.). *Contribuição para a história da engenharia no Brasil*. São Paulo: Epusp, 1994. p. 217-258.

CODUTO, D. P. *Foundation design*: principles and practices. 2. ed. Upper Saddle River Prentice Hall, 2001.

CODUTO, D. P. *Geotechnical engineering*: principles and practices. Upper Saddle River: Prentice Hall, 1998.

CONSELHO Federal de Engenharia e Agronomia (Confea). Decisão Normativa n. 064, de 30 de abril de 1999. Dispõe sobre o registro de Anotação de Responsabilidade Técnica – ART pertinente aos trabalhos que abrangem as jurisdições de diversos Creas. Brasília, 1999.

CONSELHO Federal de Engenharia e Agronomia (Confea). Decisão Normativa n. 104, de 29 de outubro de 2014. Sobre as atividades de parcelamento do solo urbano. Brasília, 2014.

CONSELHO Federal de Engenharia e Agronomia (Confea). *O código de ética começa por você profissional*. 5. ed. Brasília, 2008.

CONSELHO Federal de Engenharia e Agronomia (Confea). Resolução n. 205, de 30 de setembro de 1971. Adota o código de ética profissional. Brasília, 1971.

CONSELHO Federal de Engenharia e Agronomia (Confea). Resolução n. 218, de 29 de junho de 1973. Discrimina atividades das diferentes modalidades profissionais da Engenharia, Arquitetura e Agronomia. Brasília, 1973.

CONSELHO Federal de Engenharia e Agronomia (Confea). Resolução n. 407, de 9 de agosto de 1996. Revoga a Resolução n. 250/77, que regula o tipo de uso de placas de identificação de exercício profissional em obras, instalações e serviços de Engenharia, Arquitetura e Agronomia.

CONSELHO Federal de Engenharia e Agronomia (Confea). Resolução n. 1.002, de 26 de novembro de 2002. Adota o código de ética profissional da engenharia, da arquitetura, da agronomia, da geologia, da geografia e da meteorologia e dá outras providências. Brasília, 2002.

CONSELHO Federal de Engenharia e Agronomia (Confea). Resolução n. 1.073, de 19 de abril de 2016. Regulamenta a atribuição de títulos, atividades, competências e campos de atuação profissionais aos profissionais registrados no Sistema Confea/Crea para efeito de fiscalização do exercício profissional no âmbito da Engenharia e da Agronomia. Brasília, 2016.

CONSELHO Federal de Engenharia e Agronomia/Conselho Regional de Engenharia e Agronomia (Confea/Crea). *Código de ética profissional da engenharia, da agronomia, da geologia, da geografia e da meteorologia*. 9. ed. Brasília, 2014.

CONSELHO Nacional de Metrologia, Normalização e Qualidade Industrial (Conmetro). Resolução n. 07, de 24 de agosto de 1992.

CONSELHO Regional de Engenharia e Agronomia do Distrito Federal (Crea-DF). Disponível em: http://www.creadf.org.br. Acesso em: 6 maio 2019.

CONSELHO Regional de Engenharia e Agronomia do Estado de São Paulo (Crea-SP). Disponível em: http://www.creasp.org.br. Acesso em: 6 maio 2019.

CONSELHO Regional de Engenharia e Agronomia do Estado de São Paulo (Crea-SP). Lei n. 8.078, de 11 de setembro de 1990. *Manual do profissional*: código de proteção e defesa do consumidor.

CONSTRUÇÕES fabulosas. Barcelona: Ediciones del Prado, 1991. v. 1 e 2.

CUNHA, J. C. da. *História das construções*. São Paulo: Autêntica. v. 1-4.

DA VINCI, L. *Pensieri filosofici e scientifici*. Roma: Angelo Signorelli, 1970.

DEL MAR, C. P. *Direito na construção civil*. São Paulo: Pini, 2015.

DEL VECCHIO, M. *Railroads across America*. Ann Arbor: Lowe & B. Hould Publishers, 1999.

DIAS DE ANDRADE, F. de P. A construção de edifícios. In: VARGAS, M. (Coord.). *Contribuição para a história da engenharia no Brasil*. São Paulo: Epusp, 1994. p. 33-76.

EDITORA Atlas. *Novo Código Civil*. 3. ed. São Paulo: Atlas, 2003.

ENCICLOPÉDIA Mirador internacional. São Paulo: Enciclopédia Britânica do Brasil Publicações, 1977. 20 volumes.

FARIA, E. *Dicionário latino-português*. Rio de Janeiro: Livraria Garnier, 2003.

FOUST, C. *John Frank Stevens: Civil engineer*. Bloomington/Indianapolis: Indiana University Press, 2013.

GLARE, P. G. W. (Ed.). *Oxford Latin Dictionary*. New York: Oxford University Press, 1982.

GLOCK, R. S.; GOLDIM J. R. Ética profissional é compromisso social. *Mundo Jovem*, v. 41, n. 335, p. 2-3, 2003.

GONÇALVES, C. R. *Direito civil brasileiro*. 12. ed. São Paulo: Saraiva, 2017a. v. 4: Responsabilidade civil.

GONÇALVES, C. R. *Sinopses jurídicas:* direito das obrigações. São Paulo: Saraiva, 2017b. t. 2, parte especial Responsabilidade Civil.

HARARI, Y. N. *Sapiens:* uma breve história da humanidade. 18. ed. Porto Alegre: L&PM, 2016.

HARESNAPE, B. *O fascinante livro dos trens*. São Paulo: Siciliano, 1983.

INSTITUTO de Engenharia de São Paulo. *Diretrizes técnicas:* inspeção de manutenção predial. DT 004/14 DTPC. São Paulo, 2014.

INTERNATIONAL Association for Engineering Geology and the Environment (IAEG). *Mission*. Disponível em: https://www.iaeg.info/mission/. Acesso em: 9 mar. 2019.

KRICK, E. V. *Introdução à engenharia*. Rio de Janeiro: Livro Técnico, 1970.

LEAKEY, R. E. *A evolução da humanidade*. São Paulo/Brasília: Melhoramentos/Círculo do Livro/Universidade de Brasília, 1981.

LEMOS, C. A. C. *O que é arquitetura*. São Paulo: Brasiliense, 1986. (Coleção primeiros passos).

MARCONDES, F. *Direito da construção*. São Paulo: Pini, 2014.

MARCONDES, F. (Org.). *Temas de direito da construção*. São Paulo: Pini, 2015.

MASSAD, F. *Obras de terra: curso básico de geotecnia*. São Paulo: Oficina de Textos, 2003.

MEIRELLES, H. L. *Direito de construir*. 11. ed. atualizada por A. A. Dallari, D. L. Di Sarno, L. G. da C. Wagner Jr. e M. Novis. São Paulo: Malheiros Editores, 2011.

MOREUX, J. C. *História da arquitetura*. São Paulo: Cultrix/Edusp, 1983.

NOVA Enciclopédia Barsa. São Paulo: Barsa Planeta Internacional, 2002.

OSTROW, S. A. *Bridges*. New York: Metro Books/Michael Friedman Publishing Group, 1997.

PARKER, G. et al. *Atlas da história do mundo*. 4. ed. São Paulo: Folha de São Paulo, 1995.

QUEIROZ, R. C. *Geologia e geotecnia básica para engenharia civil*. São Paulo: Blucher, 2016.

REIS, C. P. dos; MAGALHÃES, J. M. de. *A Ética na sociedade atual*. Trabalho para a disciplina Filosofia do curso de Administração. Centro Universitário Leonardo Da Vinci (UNIASSELVI), 2009.

RIBEIRO DOS SANTOS, L. C. *Guia jurídico para engenheiros, arquitetos e agrônomos: tudo o que você precisa saber sobre responsabilidade profissional*. São Paulo: DF5 Comunicação, 2003.

RODRIGUES, A. V. *História breve da engenharia civil:* o pilar da civilização ocidental. Porto: Ordem dos Engenheiros, 2006.

SOUZA, A. de. *Arquitetura no Brasil:* depoimentos. São Paulo: Edusp, 1978.

STRAUB, H. A. *History of civil engineering:* an outline from ancient to modern times. Cambridge: MIT Press, 1964.

VARGAS, M. (Coord.). *Contribuições para a historia da engenharia no Brasil*. São Paulo: Epusp, 1994.

VARGAS, M. *Metodologia da pesquisa tecnológica*. Rio de Janeiro: Globo, 1985.

VÁZQUEZ, A. S. *Ética*. 3. ed. Rio de Janeiro: Civilização Brasileira, 1978.

VERGER, J. *As universidades na Idade Média*. Trad. Fúlvia M. L. Moretto. São Paulo: Unesp, 1990.

VERÍSSIMO, G. de S.; CÉSAR Jr., K. M. L. *Concreto protendido:* fundamentos básicos. 4. ed. Departamento de Engenharia Civil – Centro de Ciências Exatas e Tecnológicas – Universidade Federal de Viçosa, 1998.

VIEIRA, J. L. (Org.). *Código de Hamurabi*: Código de Manu. São Paulo: Edipro, 1994.

WOOD, D. M. *Civil engineering:* a very short introduction. New York: Oxford University Press, 2012.

YENNE, B. *The great railroads of North America*. New York: Barnes & Noble Books, 1999.